UNA GENERACIÓ SENSE NOVEL·LA?

llibres a l'abast, 122

Alan Yates

UNA GENERACIÓ SENSE NOVEL·LA?

La novel·la catalana entre 1900 i 1925

edicions 62 s/a., barcelona

Per a Gay i George,
i (1981) Sam.

Coberta de Jordi Fornas.

Primera edició: juny de 1975.
Segona edició: març de 1981.
Tercera edició: juny de 1984.

Imprès a Aleu s/a., Zamora 45, Barcelona-5.
Dipòsit Legal: B. 22.919-1984.
ISBN: 84-297-1104-X.

Prefaci

Una generació sense novel·la? L'interrogant expressa el propòsit i el punt de partida d'aquest estudi de la novel·la catalana en el primer quart del segle XX. El títol d'una conferència de Carles Riba, divorciat del missatge que encapçalà i emprat massa improvisadament per la crítica posterior, ha tingut durant cinquanta anys una influència deformadora i deformada en la historiografia de la literatura catalana. Aquest llibre és un intent de rectificació.

La publicació de *Literatura catalana contemporània* de Joan Fuster i una nova edició de les *Obres completes* de Víctor Català han suscitat darrerament un munt de comentaris i de discussions ben oportuns. Aquesta activitat, tota plegada, ve a confirmar que encara està per escriure la història de la novel·la moderna en català, que la versió oficial i consagrada enclou una sèrie d'omissions fonamentals i de tòpics persistents. El desideràtum major, com va assenyalar Joan Triadú en el centenari de Prudenci Bertrana, és una revaloració positiva de la novel·la i la narració modernistes. Joan-Lluís Marfany i Jordi Castellanos ja hi han aportat contribucions apreciables, des d'una perspectiva que significa una restitució objectiva de molts dels valors que van arraconar els escriptors i crítics de la promoció noucentista. Enric Jardí ajudà a definir les limitacions del Noucentisme, i en l'obra de Joaquim Molas, Albert Manent, Eduard Valentí, Xavier Fàbregas i Jordi Solé-Tura trobem aspectes diversos d'una nova aproximació mesurada a una de les etapes més crucials de l'evolució cultural de la Catalunya moderna. Voldria que les meves investigacions sobre la novel·la s'incorporessin dins aquest corrent fructífer.

Vull fer constar aquí el meu agraïment sincer a la senyoreta Montserrat Martí i als senyors Ramon Aramon, Joaquim Molas, Amadeu Soberanas, Joan-Lluís Marfany i Jordi Castellanos, que m'han ajudat amb dades bibliogràfiques i han estimulat generosament la meva labor. Faré un esment especial de l'ajut constant que he rebut del doctor Geoffrey J. Walker, que m'inicià en l'estudi del català i de la literatura catalana. També estic molt agraït als funcionaris de la Biblioteca de Catalunya i de l'Arxiu Històric de la Ciutat de Barcelona, per llur cooperació pacient en la facilitació de moltes i moltes consultes, i al Research Fund de la Universitat de Sheffield, per dues beques que han subvingut als meus viatges d'estudi a Barcelona.

Aquest llibre és el resultat de la tesi doctoral que vaig llegir en la Universitat de Cambridge, l'any 1971. La traducció veu la llum gràcies a la mediació amistosa de Francesc Vallverdú i, sobretot, gràcies a la col·laboració generosa i eficient dels companys Josep Maria Sala i Ubaldina Lorda, que van fer-ne la primera versió. En revisar-la per a la publicació, he fet uns petits escurçaments i algunes esmenes que imposaven les meves reflexions posteriors. També he incorporat referències als estudis i aportacions principals que han anat sortint des del 1970, les quals he consignat a les notes i a la «Bibliografia complementària». Diversos d'aquests treballs m'han ajudat a puntualitzar o matisar interpretacions meves, i han omplert un nombre de buits que encara eren considerables quan em vaig posar a explorar el camp de la literatura modernista i noucentista. La meva «tesi» original, però, ha quedat intacta, i els esdeveniments dels últims quatre anys han refermat la meva esperança de contribuir a una discussió important i progressiva.

A.Y.

Sheffield, octubre de 1974.

Introducció

Cronologia

El camp de la història literària —Wellek i Warren, entre altres, ens ho han advertit—[1] és un terreny ple de paranys per a l'incaut investigador. Això de tallar o trencar el temps en períodes pot ocasionar de bell antuvi falsejaments radicals. Tot i això, sembla possible tanmateix prendre el període 1900-1925 com una fase completa de la vida cultural de Catalunya i com una «secció de temps» significativa en la història de la novel·la catalana. Ho podem fer sense referir-nos a *Una generació sense novel·la* de Carles Riba,[2] i, de fet, no convé invocar l'ajut de Riba, car el seu pronunciament sobre la novel·la catalana —amb totes les seves connotacions cronològiques— és intrínsecament un component d'aquest període, i no pas un judici crític distanciat d'ell. En la historiografia de la novel·la catalana hem de veure *Una generació sense novel·la* com una part integrant del problema al qual es refereix i no pas com una solució. Examinarem més avall la confusió creada per la tendència, fins ara prevalent, de prendre les paraules de Riba fora de llur veritable context. Primer, però, una descripció o registre del període 1900-1925 ha de posar els fonaments per a la investigació del seu significat literari.

Les dues dècades que formen el pont entre els segles XIX i XX constitueixen per a la història de la cultura catalana una època extraordinàriament densa i agitada. L'ús corrent però poc disciplinat del terme Modernisme per a denominar tot aquest període ha creat gairebé tanta confusió com n'ha resolta. Comptat i debatut, el Modernisme català sembla un fenomen massa polifacètic per a sotmetre'l a una sola definició comprensiva.[3] L'analogia amb el *Modernismo* hispànic en general té una validesa força limitada: ben mirat, només fa ressaltar els problemes relatius a la definició i, alhora, la complexa individualitat de la manifestació catalana.[4] Efectivament, cal començar aquí i veure en el Modernisme un esforç de modernització i d'europeïtzació, i alhora una versió específicament catalana de la cultura europea de fi de segle, inextricablement lligada als impulsos del naixent catalanisme polític:

> «*Sus ingredientes fueron muchos y muy distintos, e incluso contradictorios. En realidad fue la suma de una serie de reflejos de corrientes extranjeras que perdieron su significación propia para ponerse al servicio de un punto de vista apropiado al país.*» [5]

Prendre el Modernisme com la consumació o la crisi del segle XIX vol dir apreciar la multiplicitat dels corrents artístics i ideològics que hi convergiren. Josep Pla ho resumeix succintament quan parla de l'*isme* a què aboca tota una proliferació d'*-ismes*.[6] En un moment tan culminant és natural que la novel·la sorgida del XIX tingui un lloc central. A manera de compendi literari d'aquell segle, ara fragmentada entre les alternatives conflictives del Naturalisme i el Simbolisme, la condició d'aquest gènere ve a reflectir la total conjuntura cultural. Aprofundint la diversitat novel·lística del Modernisme és possible diagnosticar molts trets essencials de la seva estètica, i ètica, complexa.[7] Un enfocament ampli i empíric correspon, per tant, a la realitat d'un fenomen literari fonamentalment heterogeni, les energies principals del qual són l'individualisme i la dispersió:

> «Sectes en té moltes, però no té, que jo sàpiga, credo reconegut. Qui volgués estudiar-lo hauria d'anar recordant les grans figures que en les distintes rames de l'art són invocades com ídols de la tendència reformista, i els vicis i morbositats que els enemics li atribueixen, per a deduir, enmig de la varietat desordenada i confusa, els trets característics... Els modernistes són coloms d'escampadissa, i cadascú vola pel seu compte.» [8]

Sense entrar en minúcies, podem establir els límits cronològics del Modernisme entre el 1888 (l'Exposició Universal de Barcelona) i el 1911 (la mort de Maragall i la de Nonell).[9] Es tracta d'un període jalonat tant per esdeveniments civils i polítics com per fites culturals. Una agitació pregona de desorientacions i reorientacions, expressada en un extrem per l'anarquisme, forma el fons sòcio-polític del Modernisme,[10] el qual no és, ni en la seva complexitat, una fase cultural continuada ni integral. Hi ha un canvi pronunciat en la direcció interna, el qual divideix el Modernisme en dos períodes distints i gira sobre el fulcre del canvi de segle. En l'esfera artística es troba una forta reacció contra els gustos i convencionalismes de la dècada anterior.[11] El trienni 1898-1901 conté una sèrie d'esdeveniments polítics —des del desastre colonial espanyol a la creació de la Lliga Regionalista i els seus èxits electorals del 1901— que condicionen pregonament els canvis culturals.[12] En un temps tan curt es catalitza una cadena de reaccions que produeix modificacions concretes en el caràcter i la direcció del Modernisme.

Tot l'esperit del Modernisme és informat per un dualisme intrínsec heretat del segle XIX.[13] En ambdós períodes opera una tensió constant entre la mentalitat positivista i la idealista, entre realisme i romanticisme, entre naturalisme i simbolisme. En la primera dècada, això no obstant, el primer element de cada antítesi és el predominant, malgrat l'atracció més i més forta de concepcions irracionalistes (neoidealistes, neoromàntiques, simbolistes) importades per vents del nord. A la segona dècada, en canvi, s'ha consumat la reacció, i el Modernisme que sobreviu té la seva modalitat dominant en el neoromanticisme (sigui decadentista, vitalista o neomístic), en l'individualisme i en una concepció de l'artista com a rebel o *outsider*. «Joventut», fundada significativament el 1900 amb títol tan ressonant, no és la successora espiritual de «L'Avenç» sinó una nova arrencada per camins ben distints dels que seguí aquell òrgan del primer Modernisme regeneracionista.[14] Amb el canvi de segle sorgeixen a l'escena literària unes figures joves, plenes d'energies noves i d'un entusiasme acabat de descobrir, que ensolcaran el Modernisme vers els límits de les experiències romàntiques, i vers la final i destructiva «agonia romàntica».[15]

La vella línia de «L'Avenç» no sobreviu com un component vital dintre del Modernisme, però tampoc no desapareix. Les tradicions regeneracionistes i més aviat positivistes del XIX són assimilades per una reacció nova i vigorosa, nascuda també en la conjuntura de 1900-1901. Ja al 1898 Alexandre Cortada demanava «una intellectualisació» i «l'aspiració a un abstracte i elevat concepte de civilisació i de patria».[16] Tal crida se la fan seva les forces creixents del Noucentisme. Després del tomb del segle la tensió interna dins el Modernisme és ultrapassada com a focus cultural per una oposició força més radical entre Modernisme i Noucentisme. En una dècada de crisi el rebuig modernista del realisme esdevé cada cop més una fuga de la realitat, i el seu neoidealisme degenera en una exacerbació de la neurosi romàntica. El 1910 Pere Corominas reitera encara el tòpic favorit del decadentisme —«Catalunya està malalta»— i conclou desesperadament que «la seva malaltia és una crisi del propi ideal».[17] Per al Noucentisme, en canvi, la mateixa dècada comença amb la ferma asserció que «Catalunya ha recobrat conciencia de la seva personalitat».[18] Aquestes declaracions manifesten la distància que separa dues mentalitats irreconciliables: una ideologia de crisi i una ideologia de perfeccionisme.

L'energia fonamental i la justificació del Noucentisme deriven d'una reacció concertada contra tot el que en el Modernisme recorda el decadent segle passat:

> «Això era a la fi del segle XIX. En deien per antonomàsia "la fi del segle". I de la seva decadència i del seu mal, cínicament els homes que el vivien se'n feien una manera d'orgull. Temps de descomposició, aquell. Una tèrbola senilitat s'ajuntava a la febre de les generacions noves, que encara no es sabia quina fruita havien de dur. Un neguit dolorós, un apetit de tenebra s'ensenyorien de les ànimes. La fe religiosa no era pas ben reconquerida; la fe en la ciència redemptora, que durant un segle enter il·lusionà els homes, era ensorrada ja també. El nou idealisme no s'havia articulat i restava només com una altra causa per acréixer el malestar davant les realitats de l'existència. Fou aquest el temps de l'anarquisme, quan el florir universal de les doctrines i quan els primers atemptats, la crueltat i l'estupidesa dels quals astoraren el món. Fou el temps de decadentisme i de la sensualitat malalta...»[19]

Mentre que el Modernisme, d'una manera gairebé inherent, defuig la concreció definida, el Noucentisme, en canvi, és un moviment que propaga definicions.[20] Hom ha observat com el moviment es descriu a si mateix amb els termes que expressen les seves pròpies aspiracions i els mitjans pels quals aquestes han désser assolides.[21]

El procediment mateix, muntat sobre una sèrie de parelles de conceptes antitètics, és una manera de negar allò que s'ha de superar. La Cultura oposada a la natura, l'Arbitrarietat a l'espontaneïtat, la Ciutat a la ruralia, el Classicisme al romanticisme, la Tasca a l'elegia: tal és la imatge exacta que el Noucentisme malda per projectar. I en un cert moment arriba a incloure una oposició entre «Poesia» i «novel·la».[22]

La història del Noucentisme és la d'una campanya cultural al servei de les aspiracions polítiques catalanes coalitzades el 1901: en un mot, una campanya cultural al servei del programa de la Lliga.[23] Les activitats culturals són «institucionalitzades» ensems —o amb antelació— al desenvolupament de les estructures administratives. Prat de la Riba delega l'autoritat a Ors, Fabra i Carner, els quals encapçalen i dirigeixen l'àmplia mobilització dels artistes i intel·lectuals. El moviment té el caràcter extern, com ha constatat Carles Soldevila, d'una burocràcia literària o «una mena de llista civil de la intel·lectualitat».[24] La revolució dels valors i criteris empresa pels noucentistes té molts aspectes i correspon a tot un conjunt de desideràtums artístics genuïns. En la seva literatura, però, tots aquests són sintetitzats en un sol fi que resumeix els objectes bàsics del moviment. La fita principal de la creació literària del Noucentisme és d'exemplificar una nova formalitat i estabilitat del llenguatge literari. La constitució de les *Normes ortogràfiques* esdevé el punt de reunió d'una causa que solidaritza els noucentistes i que identifica com a enemics aquells que no poden o no volen conformar-s'hi.[25]

La lluita per la reforma lingüística, amb la revisió de valors literaris que s'hi associa, produeix una polarització de les forces culturals entre antagonistes i protagonistes, i entre dues fases, la d'abans i la de després.[26] L'observació feta per Manent, que el Noucentisme representa «l'esforç de dues generacions en una mateixa Tasca recobradora», té només una validesa parcial.[27] Vist des de dintre el moviment té una cohesió inspiradora. Hi ha, en efecte, una continuïtat que es pot remuntar fins a l'època de «L'Avenç», on foren iniciades les reformes lingüístiques de Fabra. A través dels personatges majors —Prat, Fabra, Ors i Carner— molts progressos que provenen del segle XIX són assimilats i transmesos a la nova generació de deixebles noucentistes.[28] Vist des de fora, però, el quadre canvia. En realitat el Noucentisme aborda una campanya intransigent que es nodreix de la confrontació. Més que una mera reacció contra el Modernisme, sovint sembla interpretar la seva funció cultural com una inquisició rigorosa erigida contra els seus antecedents. La col·lisió entre mentalitats culturals és exterioritzada, pels noucentistes mateixos, en un conflicte desigual entre dues «generacions».[29]

La cronologia del Noucentisme pot ésser establerta amb una precisió que reflecteix la claredat de la definició del moviment.[30] Comença amb les victòries electorals de la Lliga el 1901 i el Congrés Universitari Català de 1903. El Noucentisme és suportat, doncs, simbòlicament, pels pilars bessons d'una institució cultural i d'un moviment polític. Els anys 1901-1911 són la dècada de crisi del Modernisme i la dècada de realitzacions i de consolidació del Noucentisme. Seria natural que hi hagués elements de transició i d'interacció, com, de fet, s'esdevingué, per exemple, en els casos d'Ors i Carner i en la revista «Catalunya».[31] Però la veritable dinàmica és la del conflicte. A mitjan decenni les forces oposades han pres ja posicions inconciliables: el 1906 és un any curull d'episodis decisius.[32] En una sèrie de *gloses* notables el recentment instal·lat Xènius escollia llargament dues obres publicades en aquell mateix any: *Enllà* de Maragall i *La nacionalitat catalana* de Prat de la Riba.[33] Manifesta que el contrast entre les dues obres és absolut, que no hi pot haver reconciliació entre el romanticisme vuitcentista de Maragall i el Classicisme noucentista. Sobre la *summa* política de Prat de la Riba Xènius basa l'exposició d'un credo estètic —l'Estètica Arbitrària— que ha de superar la «sublim anormalitat» romàntica de la *paraula viva* i tot el que representa:

> «...en l'estètic l'adveniment de la generació noucentista contradiu, amb direccions noves, la direcció anterior. La direcció estètica anterior del Catalanisme era produïda sempre en un mateix sentit, en sentit de romanticisme, des d'en Piferrer, el nostre primer gran romàntic, fins en Maragall, el nostre darrer gran romàntic... Cal arribar als nostres dies per assistir a l'obertura d'un cicle de classicisme essencial. El nou cicle és ja obert, ara. L'era del romanticisme està ja ben pròxima a esgotar la seva significança entre nosaltres...»

Arrenglats amb *Enllà*, a la banda del romanticisme decadent (és a dir, del Modernisme) de 1906, hi trobem *Pilar Prim* d'Oller, *Josafat* de Bertrana i *Solitud* de Víctor Català.[34] Al costat de *La nacionalitat catalana* se situen *Els fruits saborosos* de Carner i *Horacianes* de Costa i Llobera. Les institucions del Noucentisme reforcen conjuntament els seus esforços individuals: 1906, el primer Congrés Internacional de la Llengua Catalana; 1907, la fundació de l'Institut d'Estudis Catalans. El contrast és ben clar. El Noucentisme és representat per una doctrina política, per una acadèmia, per una poesia de sensibilitat clàssica i per una consciència lingüística. El Modernisme, en canvi, s'articula en una literatura —i remarquem de pas el pes específic que hi té la novel·la— on la contemplació estètica i la intuïció subjectiva predominen sobre l'ètica i, encara més, sobre la política. La Setmana Tràgica de 1909 és molt més que un esclat de tensions generades pel Modernisme.[35] De primer antuvi, però, és un senyal del temps que sembla confirmar la necessitat urgent de l'*obra civilista.*

Després del 1906 el Modernisme va declinant vers el fracàs espiritual i vers el silenci. «Joventut» cessa de publicar-se el mateix any que Xènius puja a la tribuna. El 1911 veu la resolució inevitable i final del conflicte en «la liquidació del Modernisme i la majoria d'edat del Noucentisme».[36] És un moment crucial i decisiu per a la cultura catalana. D'una banda, la mort de Maragall i la de Nonell; de l'altra, la fundació de la Secció Filològica de l'Institut, la primera edició de *La Ben Plantada* i l'aparició de l'*Almanac dels noucentistes.* Sembla que s'ha entrat ja de debò al «nou cicle» anunciat per Xènius. Amb les *Normes ortogràfiques* de 1913 i, l'any següent, la institució de la Mancomunitat, prenen volada els interdependents ideals civilitzadors del Noucentisme. Els dos esdeveniments representen la culminació d'esforços previs i, alhora, la base per a una futura expansió: semblen inaugurar la gloriosa edat de l'«Imperialisme».

Al cap de poc temps, però, comença a albirar-se una reacció. Després del 1917 una cadena de contradiccions internes i de pressions externes debilita el Noucentisme.[37] La mort de Prat de la Riba provoca o deixa al descobert una desunió progressiva dins el moviment, així en el front polític com en el cultural. Els efectes econòmics de la neutralitat espanyola en la Primera Guerra Mundial creen noves contingències que compliquen els problemes interiors. La guerra, també, destrossa la imatge d'una Europa ideal, en la qual s'inspirà el Noucentisme.[38] Després de la inicial unitat de propòsits i de l'entusiasme de la campanya a favor de les *Normes ortogràfiques*, la literatura noucentista comença a fragmentar-se mirant d'abastar horitzons més amples. Tal procés és impel·lit per les vindicacions de nous interessos i de les faccions prèviament excloses de l'*establishment* noucentista.[39] Amb la marxa de Xènius el 1920 comencen a engrandir-se les esquerdes, i l'adveniment de la Dictadura, l'any 1923, segella el destí de la Mancomunitat. Un cop abolida la validesa política del moviment, el seu organisme cultural és inevitablement afeblit i els valors d'aquest són sotmesos a la revisió. Cap al 1925 la perspectiva es fa més objectiva, i hom comença a mirar el Noucentisme com una fase ja consumada de tot un procés històric més ampli. Ho referma el fet que, aquell mateix any, cristal·litzi un fenomen simptomàtic, encara que de curta durada: l'antinoucentisme. El 1925 és un punt decisiu, tan crucial com ho foren els anys 1900 i 1911.

Les vicissituds de la novel·la catalana entre 1900 i 1925 es poden mesurar —ja n'hem tingut algun indici— amb les mateixes fites cronològiques que acabem de registrar. El canvi de direcció en el Modernisme, entorn del 1900, és reflectit —i àdhuc reforçat— per un moviment paral·lel en el desenvolupament de la novel·la. *La bogeria* d'Oller (1898) liquida simbòlicament el naturalisme vuitcentista de modalitat positivista. La novel·la modernista entra dins l'època del simbolisme. En aquest pas de la novel·la del XIX devers el nou segle, encara que sobreviuen moltes de les seves estructures bàsiques, aquestes han d'ésser adaptades a les troballes estètiques recents i a les darreres evolucions de la sensibilitat. Així, en la novel·la modernista posterior al 1900, una crisi de tècnica engrana en una ideologia de crisi. Alguns factors locals singularitzen l'experiència catalana d'uns problemes estètics generalitzats en les literatures europees coetànies. A penes la novel·la del XIX s'hagué arrelat, la seva vigència fou minada per una reacció contra la «vulgaritat» del vell realisme convencional. Tal situació, accentuada per la manca d'una sòlida tradició novel·lística en català modern, promou inevitablement la incertitud i el sentit del buit. La novel·la modernista no té on recolzar-se.

Les heterogènies energies del darrer Modernisme influeixen, en grau variable, el gran auge d'activitat novel·lística que té el seu cim en la juntura crítica del 1906. Entre 1905 i 1907 apareixen unes obres a través de les quals es pot traçar el contorn de la novel·la modernista: *Solitud* (1905); *Pilar Prim, Josafat* i *Romàntics d'ara* (1906); *Aigua avall* i *L'auca del senyor Esteve* (1907). La diversitat d'aquestes obres mostra les diferents interpretacions de les noves orientacions estètiques, l'àmplia varietat de solucions formals i temàtiques que permeten. La mateixa diversitat també fa palesa la pronunciada tendència a la fragmentació que caracteritza la novel·la postnaturalista. L'esclat de creativitat tradueix aspectes diversos de la situació de crisi i de conflicte que l'origina. *Romàntics d'ara* i *Aigua avall,* cadascuna a la seva manera, fan revifar antigues estructures i convencions realistes, posant-les en contacte amb la nova realitat contingent i amb una sensibilitat individual més aguditzada. Altres obres adopten criteris més radicals, que gairebé tenen com a conseqüència la pèrdua d'identitat de la «novel·la», com s'escau en *Solitud* i en *L'auca.* Hom veu, però, en cada cas que el resultat és una consumació (o transmutació provisional) de desenvolupaments anteriors, i no pas un nou punt de partida que tingui viabilitat absoluta. L'impacte del Noucentisme confirma que es tracta del cant de cigne o de les convulsions agonitzants de la novel·la del segle XIX.

El 1911, data de la majoria d'edat del Noucentisme, és un any climatèric en tot un altre sentit per a la novel·la catalana. La imatge d'un Xènius corregint proves de *La Ben Plantada,* tot vetllant el cadàver de Maragall, és una evocació sublim d'un moment decisiu i transcendentalíssim.[40] El Noucentisme injecta profundament l'«antinovel·la» dins una mentalitat estètica i un sistema que pretenen negar la influència del segle XIX.[41] La funció central dels esforços lingüístics en la literatura noucentista, la seva comesa d'elaborar un llenguatge literari «civilitzat», reforça una aversió pregona contra la novel·la no solament com a activitat sinó també com a institució. *La Ben Plantada* surt en volum el 1912, i aquest mateix any *La vida i la mort d'en Jordi Fraginals* de Pous i

Pagès ve a marcar la gloriosa liquidació de la vella novel·la.[42] A aquestes dues obres segueix un silenci en la novel·la catalana, el qual silenci coincideix amb el període de màxima autoritat del Noucentisme durant els primers anys de la Mancomunitat. Cap al 1917 hom registra ja indicis d'un desvetllament d'interès pel gènere desaparegut; per raons diverses, la gent el troba a faltar. El moviment passa ràpidament, de la simple constatació de la manca d'una novel·lística catalana viva, a convertir-se en una discussió més fonamental i més completa que es desenvolupa en estreta relació amb el procés declinant del Noucentisme.[43] Coincideixen en la cruïlla del 1925 el reviscolament de la novel·la, la conclusió d'un llarg debat sobre aquest mateix tema —del qual *Una generació sense novel·la* no és sinó una perllonga o afegitó— i la dissolució de l'hegemonia cultural del Noucentisme.

Estudiant els orígens del Noucentisme J. M. Capdevila ha advertit, oportunament, que «no hi guanyem res de partir en dues centúries una història coherent i única.»[44] Pels nostres propòsits, tanmateix, creiem haver demostrat la coherència del període 1900-1925 com a cicle íntegre o «secció de temps» significativa de la història de la novel·la catalana. Es tracta, doncs, d'una «secció de temps definida per un sistema de normes fixades en el procés històric i inseparables d'aquest», «establerta per criteris estrictament literaris».[45] El període, amb el seu centre crític en el punt mitjà de 1911-1913, enclou una etapa de lluita entre els valors antagònics del Modernisme i del Noucentisme (1900-1911), seguida del triomf i, més tard, del desgast d'aquest (1913-1925). Els jalons interns de 1906 i 1917 complementen l'esquema total. Es pot comprovar també que la trajectòria de la novel·la en aquest període reflecteix els mateixos moviments de crescuda i de minvament. Ara, si «la història d'un període consisteix a traçar el canvi d'un sistema de normes devers un altre»,[46] la història de la novel·la catalana entre 1900 i 1925 ha de seguir les reaccions o la interacció del gènere amb les convencions literàries emparades pels valors divergents del Modernisme i el Noucentisme.

Joan Fuster ens proporciona un resum de la situació de la novel·la catalana en el període que acabem d'amollonar:

> «L'entrada del segle XX sorprèn la novel·la catalana d'inspiració realista en un moment d'aparença feliç. En els primers anys de la nostra centúria es publiquen encara algunes de les obres que avui considerem clàssiques del gènere: *Pilar Prim* i *Solitud*, per exemple. Però es tractava només d'una aparença. Quan semblava que l'àmbit d'influències en què es movien els novel·listes catalans havia d'eixamplar-se, necessàriament, amb la incorporació dels grans autors russos —molt parcialment coneguts, i poc assimilats, durant el període anterior— i de l'escola psicològica francesa, es produeix una sobtada davallada, en quantitat, de llur producció. Continuen, és clar, publicant-se novel·les; tanmateix, ja no pot parlar-se d'un conreu assidu, ni pot dir-se, sobretot, que existeixi una novel·lística catalana coherent i viva, com un fet alhora literari i social. La pausa d'esterilitat col·lectiva es prolongà anys i anys, i el 1925 va suscitar un toc d'atenció de Josep Maria de Sagarra i unes lúcides reflexions de Carles Riba, als quals, potser, es deu en part la revifalla constatable a partir d'aleshores. Mentrestant, però, i com una compensació, el conte i la narració curta assoleixen una esplendor inigualada: certament, tenien una tradició més forta que no pas la novel·la —pensem que fins i tot en l'obra dels nostres millors novel·listes predominen aquelles altres formes narratives—, i alguns factors materials prou importants els afavorien. De tota manera, el Nou-cents també va repercutir en la prosa d'imaginació, com en les altres províncies de la cultura catalana, amb una evident eficàcia renovadora.» [47]

Transcrivim sencera aquesta llarga citació perquè ofereix una sinopsi accessible de les interpretacions corrents i perquè permet ensems de reconèixer diversos punts on la perspectiva manca de claredat.

De primer, la naturalesa i la causa de la «sobtada davallada» en la producció novel·lística no és ni definida ni analitzada. Per què és interrompuda tan bruscament la fecunditat de la primera fase? La possible connexió entre això i la subsegüent «esterilitat col·lectiva» es redueix a la d'una simple continuïtat; no s'insinua pas cap lligam més profund. Queda poc clara l'extensió d'aquest segon fenomen —«anys i anys»—, perquè no s'especifica quan comença. La coincidència d'aquesta manca de novel·les amb un relatiu auge del conte i la narració curta s'explica per una referència a una tradició més forta d'aquests últims, però l'esment imprecís que fa Fuster d'«alguns factors materials prou importants» confirma les sospites que moltes i més complexes qüestions s'hi involucren. Llavors, enmig de la vaguetat general del quadre, s'hi introdueixen dos trets concrets i específics: el primer, que la producció de novel·les comença de nou el 1925; i el segon, que la intervenció de Sagarra i de Riba influeix d'alguna manera en tal reviscolança. El dubte de Fuster a atribuir-los la responsabilitat directa —«als quals, *potser*, es deu *en part* la revifalla»— és interessant i, com més avall veurem, ben justificat.

Les llacunes en l'exposició de Fuster són bàsicament les mateixes que trobem en l'examen del mateix assumpte fet una mica abans per Ruiz i Calonja.[48] L'autor d'*Història de la literatura catalana* comença declarant la manca de fermes orientacions interpretatives: «El panorama que ofereix la prosa catalana del primer terç del nostre segle presenta problemes interessants, que no han estat encara prou estudiats.» Es refereix, com Fuster, a la preponderància del conte, tot afirmant que caldria que la crítica dediqués més atenció a aquesta branca de la literatura catalana. Sense relacionar les dues coses, prossegueix a descriure l'espasmòdica evolució de la novel·la pròpiament dita: «... la producció i l'evolució del gènere novel·lesc experimenta sotracs i interrupcions per causes molt difícils d'escatir.» Passant per la novel·la realista dels primers anys del segle, on ressalten els noms de Casellas, Víctor Català i Bertrana, Ruiz i Calonja remarca després «un buit estrany en la novel·lística catalana». Com en el cas de Fuster, no s'intenta de datar l'inici de tal situació, però trobem la mateixa referència al temps precís de la seva terminació:

> «L'any 1925, Carles Riba i Josep Maria de Sagarra, en sengles conferències, constataven el fet i donaven l'alarma. Llur avís tenia ressonàncies i ben aviat els novel·listes madurs tornaven a aparèixer, i s'insinuaven noves valors entre els més joves.»

Ruiz i Calonja no solament concreta més la forma de llur intervenció —«sengles conferències»— sinó que també atribueix explícitament als dos autors un paper comú i actiu d'estimular un retorn general a la novel·la. La seva conclusió, però, reitera la incertitud que domina en la resta del seu comentari: «No podem pas explicar a què fou deguda la crisi ni tampoc aquesta manca [de novel·les i de novel·listes].»

Comparant aquestes dues exposicions sumàries, ens adonem d'un nombre de buits comuns i d'un desequilibri general de perspectiva crítica. Ni Fuster ni Ruiz i Calonja no estableixen una relació coherent entre l'evolució de la novel·la i les circumstàncies culturals immediates. El fet de no remarcar que la «sobtada davallada» o el «buit estrany» de la novel·la coincideix amb la fase de la supremacia noucentista, fa que els dos crítics desaprofitin la més ferma premissa sobre què construir una anàlisi eficaç del fenomen. Ambdós veuen, dins el panorama total, com prosperen durant el primer quart de segle la narració curta i altres formes de la creació en prosa, però no esbrinen si això té alguna relació amb la situació de la novel·la, a través de les estètiques del Modernisme i del Noucentisme.[49] Aquestes són les deficiències principals dintre de les limitacions de llur esbós. El desequilibri es troba en la incongruència entre, d'una banda, aquesta incertesa de l'aproximació general al tema i, de l'altra, l'èmfasi concret donat als esdeveniments de 1925. L'exactitud dels dos crítics —a propòsit d'aquesta data particular i de la intervenció de Riba i de Sagarra— és desvalorada per algunes discrepàncies en la qüestió del veritable paper d'aquests dos autors en la revifalla de la novel·la. Quan Ruiz i Calonja els atribueix clarament una influència directa i en cooperació, Fuster sembla dubtar, però sense proposar cap altra explicació de la revifalla. Com més considerem les implicacions de la interpretació del primer, menys convincent ens va semblant. ¿Pot ésser satisfactori considerar el ressorgiment de tot un gènere literari com a conseqüència d'una veu d'alarma individual? ¿No s'hi barregen forces més complexes i d'arrels més pregones? Ben mirat, allò que al primer cop d'ull semblava ésser l'única part clara de la imatge, resulta que comparteix la confusió del quadre total.

Altres crítics i comentaristes han afegit anàlisis i avaluacions que van omplint alguns dels buits de la sinopsi que acabem de mirar. Concretament, Serrahima, Gaziel i Molas han començat a escatir la connexió entre la crisi de la novel·la catalana i els valors i procediments literaris del Noucentisme.[50] Triadú ha aprofundit, tot i que breument, alguns dels problemes fonamentals que han condicionat les actituds de la crítica envers la novella en el Modernisme i el Noucentisme.[51] Montoliu ha fet un diagnòstic inicial de la crisi de la novel·la modernista, tot esbrinant alguns punts centrals per a una anàlisi més detinguda.[52] Es troben d'altres aportacions que aclareixen diversos detalls del panorama.[53] Tanmateix l'embrollament final roman, de manera «tantalitzadora», inexplicat. Hom al·ludeix invariablement a Riba i a Sagarra, però llur paper i posició en l'any decisiu de 1925, així com els esdeveniments amb què són relacionats, no s'han acabat de dilucidar del tot.

El 1934 Maurici Serrahima es fixa en el silenci de la novel·la catalana que va des de la fi del Modernisme «fins que la generosa crida de Josep Maria de Sagarra inicià un tercer període...»[54] Uns dinou anys després modifica una mica la seva versió dels fets:

> «*Unos resonantes artículos de Sagarra i Riba llamaron la atención, en 1925, sobre esa crisis de la novela, y dieron lugar a grandes polémicas... La reacción fue rápida y una nueva hornada de novelistas... reemprendió la producción.*»[55]

En 1935 Tasis i Marca atribueix únicament a Riba el paper d'instigador:

> «Fins al moment que vibrà el crit d'alarma de Carles Riba, i sorgiren els exemples de Prudenci Bertrana, de Carles Soldevila, de Puig i Ferreter i dels altres novellistes incipients.»[56]

Llavors, en el seu estudi posterior, intenta, amb poc èxit, posar cada cosa en el seu lloc. En cert moment esmenta de passada «la veu d'alarma de Carles Riba» i la seva influència a estimular una represa de la novel·la.[57] Dues pàgines més endavant, torna al mateix tema amb una versió bastant diferent:

«L'any 1925 era publicat l'assaig de Carles Riba "Una generació sense novel·la". L'havia precedit de poc —i n'era la motivació aparent— una conferència de Josep M. de Sagarra en la qual era aconsellat als nostres escriptors que esdevinguessin novel·listes...» [58]

Triadú repeteix aquest detall segons el qual Sagarra és el conferenciant, però insisteix en una crida conjunta dels dos autors: «Cap a l'any 1925, Carles Riba i Josep M. de Sagarra aixecaren la veu a favor de la novel·la catalana...»[59] Ruiz i Calonja —ja ho hem vist— es refereix a «sengles conferències» de Riba i de Sagarra. Joaquim Molas, en canvi, matisa lleugerament el context introduint-hi un nom nou, però no deixa per això d'afirmar l'actuació directa de Riba en la represa del gènere:

«"Una generació sense novel·la"..., escrit arran d'una polèmica suscitada l'any 25 per Sagarra i Pla, ajudà a promoure una de les èpoques més brillants de la novel·lística catalana moderna.» [60]

Albert Manent s'afanya per destriar les funcions de Sagarra i Riba, i per il·lustrar una diferència de to en llurs respectives declaracions.[61] Malgrat això i malgrat el fet que abraça un context més ampli, encara li costa de renunciar a la noció d'una «crida d'alarma» de Riba:

«[El 1922] la polèmica sobre la decadència de la nostra novel·la està arribant també a un punt alt, tot i que Riba encara no ha publicat la seva anàlisi —que és indirectament una crida— "Una generació sense novel·la".» [62]

De fet, el nom de Riba ha tendit a desplaçar el de Sagarra, com a cap-i-causa de la novel·la, a mesura que la noció suara examinada d'«una generació sense novel·la» i dels esdeveniments del 1925 ha anat consolidant-se com un dels grans tòpics de la història literària catalana.[63] Hi ha hagut, també, un altre desenvolupament a partir d'això. Hom pot observar com el títol de Riba —amb la seva ambigua referència a una «generació»— s'ha fet servir per a la descripció o com a mesura expedient de tot un període. Així Tasis i Marca declara: «En aquells vint anys de silenci de la "generació sense novel·la", àdhuc els mestres callaren.» [64] El terme mateix té associacions que fan començar el període cada vegada més prop del segle XIX.

Esdevé força clar que ens estem enfrontant aquí amb un falsejament o «mite» de la crítica, el qual s'ha anat perpetuant. Els elements de veritat històrica que conté gairebé es perden sota les capes de confusió posades damunt. Trobem vacil·lacions i contradiccions fins i tot en els comentaristes més competents,[65] i cap d'ells no s'escapa completament dels tòpics. El mite és doblement insidiós perquè les discrepàncies superficials sobre detalls tendeixen a deixar intactes les hipòtesis fonamentals i més àmplies: que Riba i/o Sagarra són directament responsables d'haver despertat les forces reprimides de la novel·la catalana, i que l'anterior silenci s'estén sobre una «generació». Qualsevol intent de rectificar el mite haurà de tenir, per tant, una part menor i una part major complementàries. D'entrada cal aclarir completament els esdeveniments de l'any 1925, les circumstàncies i el veritable contingut de les intervencions de Riba i Sagarra. La part principal haurà de consistir a dilucidar el que hi ha darrera la situació del 1925, quines són les causes i l'extensió del «buit» de la novel·la catalana, quin i com és el procés que condueix al restabliment del gènere. Caldrà examinar, per fi, si el concepte d'«una generació sense novel·la» té alguna significança per a la historiografia literària.[66] Es veu, doncs, que la tasca de desembrollar un enigma molt compacte que rau al centre de l'actual panorama crític, suposa la comesa més ampla d'estudiar des d'una perspectiva constant el cicle total del desenvolupament de la novel·la catalana entre el 1900 i el 1925.

I. Les novel·les de la crisi (1)

Consideracions preliminars

Hem parlat ja de dues èpoques del Modernisme i de dues fases de la novel·la catalana que corresponen a la mateixa divisió. La segona d'aquestes, posterior al 1900, és la que constitueix l'objecte de la nostra investigació. La novel·la, tot entrant al nou segle, experimenta una sèrie de transformacions que reflecteixen una crisi artística d'adaptació a canvis de situació i de sensibilitat. No es tracta, però, d'un trencament sobtat i absolut. La crisi de la novel·la a la primeria del segle XX és fonamentalment una herència del XIX. Abans que puguem abordar el nostre tema específic, ens cal examinar amb més àmplia perspectiva alguns dels principals elements de relació i continuïtat entre els dos períodes. Hi descobrirem factors ponderosos que afecten directament la trajectòria de la novel·la després del 1900.

Els efectes d'una crisi general en la novel·la europea vuitcentista són més accentuats a Catalunya. Es fan sentir de manera particular a causa de la tradició tardana i relativament dèbil de la novel·la de la Renaixença, i, també, perquè l'expressió més madura i avançada d'aquesta tradició està reduïda gairebé, fins al 1900, a l'obra si fa no fa aïllada de Narcís Oller. *La bogeria* (1899) escorcolla el determinisme zolesc en un temps que veus autoritzades qualifiquen de passat de moda el naturalisme literari.[1] En la seva novel·la següent, *Pilar Prim* (1906), es palesen unes modificacions estructurals i una «interiorització» dels caràcters pròpies de la narrativa postnaturalista.[2] Aquesta evolució interna (és a dir, perfectament comprensible a partir de factors literaris) també és afectada per dos esdeveniments que, ultra llur impacte en la vocació individual d'Oller, tenen una importància transcendental en el panorama general de la novel·la catalana. La mort d'Yxart i la de Sardà, el 1895 i el 1898 respectivament, punyeixen l'Oller i tenen molta part en la depressió i crisi d'ànim que sofreix en el tombant del segle.[3] En un nivell més ampli, la desaparició d'aquestes dues figures reforça el canvi ja profund de l'esperit artístic col·lectiu. Es tracta no solament de l'a cabament brusc de la línia positivista-realista de la crítica, sinó també de la pèrdua de dos temperaments capaços de formar un pont entre les tendències contradictòries que es debatien dins el Modernisme. Es tracta també de la dissolució de la relació especial, desenrotllada al segle XIX, entre la novel·la i la seva crítica.[4] En la crítica novel·lística Yxart i Sardà no tenen successió. La manca és d'allò més seriosa, perquè els temps mateixos han canviat. S'està consolidant una nova sensibilitat, per a la qual la veu del crític té una autoritat de tot un altre tipus. Es pot atribuir a aquests factors la desorientació de la crítica i l'absència d'una teoria novel·lística estable, constatables a partir del 1900. La crítica que suplanta el positivisme vuitcentista es caracteritza per la fragmentació i la idiosincràsia, per un to menor tremolós que s'adiu amb l'individualisme novament dominant a l'esfera de la creació. Soler i Miquel exemplifica l'extrem de la tendència:

> «*De la vulgaridad naturalista, de la verbosidad convencional y hueca, formada y fría, ya reniega el alma, que desea la invención imaginaria viviente, la palabra que enuncia sincera.*»[5]

La funció del crític harmonitza amb el paper de l'artista concebut sota el mateix signe: «*Las impresiones de crítica literaria no tienen más valor ni otro carácter que el de reflexiones de sentimiento y expansiones de entusiasmo.*»[6] La crítica i la creació es desplacen del racionalisme —i del realisme— cap a la intuïció. La novel·la, que per a la generació d'Yxart era «*la mayor obra literaria del entendimiento humano*»,[7] ja no és més que una sola faceta d'un Art transcendent.

Les característiques d'aquest nou estil de crítica, sobretot en el que es refereix a la novel·la, són difícils de definir perquè manquen, inevitablement, d'unitat. És possible, tanmateix, notar alguns trets destacats que tradueixen aspectes de l'evolució coetània de la novel·la. Hom descobreix, en general, un sentit del buit i un enyorament per l'antiga estabilitat del gènere. El moviment, capitanejat per A. Cortada, de reivindicar Zola enfront dels corrents nous sembla tenir quelcom d'això.[8] Així mateix, Maragall declara que el seu novel·lista predilecte és Dickens.[9] El poeta reconeix una desintegració del gènere novel·lesc, i proposa com a antídot el retorn a un realisme purificat: «*la educadora pureza que resulta de la simple contemplación artística de la vida*».[10] Així l'enyorança pel segle XIX com el refinament estètic de Maragall expressen corrents divergents de la situació de la novel·la en aquest moment. Hi trobem, d'una banda, la supervivència de convencions i estructures antigues, tendint o bé a l'estancament o bé al reviscolament en una segona onada de naturalisme. També hi ha, relacionada amb l'ala extrema del neonaturalisme, l'aspiració de molts novel·listes i narradors del darrer Modernisme a un esteticisme total, a superar la banalitat de la realitat viscuda mitjançant la pura intuïció subjectiva. Els extrems es toquen en novel·les com *Solitud* i *Josafat*, però la força d'atracció-repulsió entre ells és perceptible a través de tota aquesta etapa de la novel·la. Es troba fins i tot a la solució proposada per Maragall: l'«objectivitat» que predica —«*la simple contemplación artística de la vida*»— és alhora una definició de la subjectivitat.

La inevitable llicència del mètode crític sintetitzat per Soler i Miquel —la crítica com a registre impressionista d'«entusiasmes»— apareix activament en Maragall i en els primers assaigs de M. de Montoliu. Es fa potser més palès en el primer a causa de la seva benevolència envers els qui buscaven emparar-se amb el nom del poeta.[11] De tota manera, la crítica sota un tal signe d'idealisme tendeix naturalment a ésser massa generosa amb els companys idealistes. Respecte al cas concret de la novel·la la pèrdua és d'allò més discernible. Un cop que es dissol l'anterior relació dialèctica entre novel·la i crítica, aquesta perd no solament autoritat sinó també claredat de perspectiva sobre els esdeveniments en l'esfera de la creació. Tal afluixament dels contactes és evident en les meditacions de Maragall sobre la crisi del gènere, sobretot en la vaguetat del seu concepte total de la novel·la.[12] També és evident, i de manera molt més reveladora, en un assaig del crític debutant, Manuel de Montoliu. Aquest es proposa d'escriure una *Història de la novel·la catalana moderna* per a la qual preveu una funció positiva dins el moviment cultural. Però l'esbós de tal obra que presenta des de la seva secció en «El Poble Català» no fa sinó palesar la seva incapacitat pel projecte. Conclou amb un resum del que considera l'estat actual del gènere:

> «Ara priva en els nostres joves prosadors el naturalisme, però no en la puritat del seu dogma, definit per en Flaubert y Zola, sinó el naturalisme al travers del patologisme de Guy de Maupassant y de Barbey, o del sensualisme místic de D'Annunzio.»[13]

Als ulls de Montoliu la situació es redueix a una «dualitat d'influències estrangeres». La insuficiència de tal imatge —ensems amb el fet que l'obra projectada no es realitzà mai— mostra com la realitat s'escapa de l'intent d'una visió comprensiva. La crítica contemporània és incapaç d'enfocar i d'explicar la diversificació que succeeix a la ruptura de la identitat unitària de la novel·la vuitcentista. I un altre factor explica en part per què: és que molts dels experiments creadors del Modernisme parteixen de la convicció romàntica que l'expressió artística individual és única i singular, i que ha d'ésser jutjada segons les pròpies normes immanents.

Hi ha, nogensmenys, una categoria de novel·la modernista que assoleix una identitat, i entorn de la qual es construeix una teoria coherent, tot i que precària. És el cas de la novel·la rural, que domina el paisatge literari de la primera dècada del segle. Encara que sembli d'entrada una curiosa contradicció d'un període que es vanava de cosmopolita, la novel·la rural, de fet, s'ajusta amb una sèrie de particularitats —artístiques, ideològiques i socials— del darrer Modernisme.[14] Un breu examen de l'últim d'aquests factors il·luminarà els altres i introduirà un altre element important de continuïtat entre les dues fases del Modernisme.

Hom constata després del canvi de segle els resultats dels esforços del període anterior. En el cas particular de la novel·la brollen un bon nombre de figures noves, joves entusiastes i successors de l'Oller, educats pel catalanisme cultural i literari de l'època de «L'Avenç». A més a més, del creixement i de la continuïtat naturals, se'n desprèn un moviment igualment natural de reacció positiva contra la generació precedent. El catalanisme, en totes les seves manifestacions, assoleix una considerable difusió en gairebé tots els sectors de la societat. És un fenomen que té dues direccions importants.[15] Hi ha un moviment d'idees cap a fora, vers les comarques i el camp, i un moviment recíproc, des dels centres rurals (Reus i Girona són els exemples més destacats) cap a la capital, de lletraferits joves, impressionats i entusiasmats per les progressives tendències idealistes i vitalistes del Modernisme. Tal circulació de gent i d'idees, reforçant un corrent ruralista de la Renaixença vuitcentista, és una de les concauses de la popularitat i l'empenta de la novel·la rural als primers anys del segle XX.

Es constata també un desenvolupament semblant a la capital i als seus voltants, on el catalanisme brota activament entre les classes professionals i la petita burgesia. El catalanisme cultural del nou segle s'adreça a un públic més i més nombrós que respon amb fervor als impulsos d'emancipació tant sentimental com patriòtica. L'experiència catalana de les primeres onades del feminisme és un component i alhora una conseqüència d'una nova «atmosfera» moral.[16]

La demanda de novel·les en català rep una forta empenta de la presa de consciència nacional. Dues qualitats essencials del gènere, popularitat i divulgació, el fan encaixar directament amb els interessos del públic. L'observació feta per Unamuno l'any 1902,

> «*Y puede asegurarse que las novelas son hoy el canal más importante por donde llega al público el pensamiento sociológico, ético, religioso y filosófico de los maestros. Es la forma más viva de la vulgarización.*»[17]

és perfectament aplicable a la situació catalana a partir del 1900. La novel·la reviscola com a vehicle de les noves direccions del Modernisme, o, inversament, reviscola perquè unes noves inquietuds del públic descobreixen una temàtica per explotar. Exemple d'això és el fenomen de la novel·la sentimental del Modernisme, que tradueix en un realisme psicològic adotzenat i molt simplificat aspectes de l'ètica i l'estètica radicals de la nova era.[18] Durant un cert temps la novel·la popular ateny una condició seriosa.

Comparada amb la inestable situació editorial i amb la difusió minoritària de les últimes dècades del XIX, la popularitat creixent de la novel·la catalana és un tret destacat de la primera del XX.[19] La situació comença a ésser molt diferent de la que descriuen les memòries de Narcís Oller —un públic exigu, i unes edicions mínimes subvencionades caritativament o pagades de la seva butxaca pel propi autor.[20] Els novel·listes que s'estrenen després del 1900 es troben amb una espècie de l'equilibri triangular —autor, públic, editor— essencial per al desenvolupament del gènere.[21] Encara que ens falten xifres concretes, és evident que, dintre d'un augment general de demanda de literatura catalana, es produeix en aquests anys un notable *boom* novel·lístic, que presta un gran suport moral i material als escriptors. Els puntals, tots establerts abans del 1906, són unes empreses editorials importants: la Biblioteca «Joventut», la Biblioteca Popular de «L'Avenç» i la Biblioteca d'«El Poble Català».[22] Llur interès a promoure la producció novel·lística i a normalitzar-ne les condicions s'evidencia en els concursos organitzats per «L'Avenç» i per «El Poble Català».[23] Cal remarcar també que totes aquestes empreses provenien de publicacions periòdiques, cosa que, d'una banda, il·lustra el subdesenvolupament editorial, però que, de l'altra, mostra com es mantenia un contacte entre la novel·la, el públic i el *zeitgeist* del temps.

Es veu que la situació en què sota condicions més o menys normals (si encara no del tot «professionals») es cultiva la novel·la en català, compensa la crisi interna del gènere. L'estabilitat aparent del sistema de producció novel·lística fa que aquesta, per bé i per dolent, sigui la forma literària més representativa de l'època. Un altre factor d'aquesta relativa normalitat és l'actitud que s'adopta vers el llenguatge literari. El Modernisme, ben cert, conrea el refinament expressiu i estilístic, i, en certa manera, prepara el terreny per a la gran feina purificadora del Noucentisme. Però el fet és que sota la inquietud modernista per l'estil i per l'enriquiment dels recursos lingüístics, hi ha una mentalitat que contrasta amb el purisme posterior dels noucentistes. Hi ha una acceptació, una mena de compromís, bé que no passiu, amb les imperfeccions d'un llenguatge literari encara no gaire estabilitzat. Davant aquestes, massa cavil·lació o apocament hauria pogut ésser fatal per a la novel·la, com ho fou a la Renaixença i com ben aviat ho tornaria a ésser. El Modernisme, en canvi, tot i conscient de les deficiències del llenguatge, aconsegueix un *modus vivendi* que permet d'escriure novel·les i d'anar endavant sense cohibicions ni complexos d'inferioritat. Era el procediment que esqueia per a aquest nus gordià, l'única manera de tallar-lo enmig de la inseguretat del llenguatge de l'època, i així conciliar aquest amb les exigències (continuïtat, fluïdesa, naturalitat, etc.) de la prosa narrativa. Les tensions originades dins aquesta acceptació modernista, i tot seguit les reaccions del Noucentisme contra els seus fracassos més evidents, constitueixen una de les línies de força més importants d'una situació complexa i pregnant.

Hom pot reconèixer, doncs, les contradiccions principals inherents en el pas de la novel·la al segle XX. És un moment de conflicte interior, una crisi de transició que provoca una fragmentació de la personalitat del gènere i una gran diversitat de solucions provisionals. El canemàs d'això és, tanmateix, una popularitat i una industrialització en embrió de la novel·la, que ocasionen una divergència d'actituds davant la crisi. Hi ha una actitud «passiva» que implica renúncia i evasió dels problemes estètics de la novel·la. Perdura i es reprodueix amb gran facilitat la novel·la més o menys convencional que surt del XIX. L'escriptor sense massa ambició o sense talent original descobreix que les formes antigues i llurs clixés poden fer permutacions quasi infinites. Amb genuflexions esporàdiques vers una modernitat o un «modernisme» superficial, el realisme estereotipat —d'un Carles de Fortuny, d'una Dolors de Monserdà, o d'un Enric de Fuentes— decau en una anodínia estàtica o en un bizantinisme que és d'allò més persistent a causa de la seva popularitat.[24] Les nombroses novel·les d'aquest patró «passiu» formen un teló de fons de mediocritat, contribuint així a la imatge d'un floriment abans de la imminent decadència. Acreixen una impressió d'inflació i de fatiga amb un estil i unes formes massa coneguts. L'actitud «activa» es perfila com una reacció contra la insipidesa d'aquestes novel·les «passives», estimulada per la crisi que aquestes defugen. Es tracta d'una presa de consciència de la necessitat de renovació, la recerca de nous estils de novel·lar en què les diverses influències estètiques del darrer Modernisme es galvanitzen i s'apliquen a les convencions atrotinades del gènere. Quan esdevé evident que tals intents d'envigoriment són circumscrits pels límits dels mateixos convencionalismes, l'alternativa revolucionària aleshores es fa imperativa: «renovar-se o morir», sia trobant substituts dràsticament originals de les estructures exhaurides, sia trencant definitivament amb la novel·la. Darrera una cosa i l'altra es troba l'antinovel·la, en dos avatars contraris: el primer, una operació que produeix novel·les originals desmuntant i reordenant les estructures velles; el segon, una mentalitat que rebutja del tot el gènere. Al capdavall aquesta distinció és la que diferencia l'actitud modernista de l'actitud noucentista envers la novel·la. Els resultats de les dues posicions són totalment oposats, però més avall comprovarem com la del Noucentisme —fins i tot quan es proposa d'extirpar la novel·la de l'organisme cultural— no és sinó un desenvolupament extrem de certes solucions modernistes a la crisi novel·lística.

El final d'un camí

El testimoni individual de Narcís Oller ens proporciona una visió clara de diverses pressions que actuen en la novel·la durant el període crític del canvi de segle:

> «L'alba del segle XX m'atrapà en un estat de depressió moral terrible. Morts aquells dos meus guiadors i companys inseparables [Yxart i Sardà], que tant sabien estimular-me a escriure, i sentint-me absolutament refractari a les formes i tendències que anaven dibuixant-se en el nou art batejat llavors de modernisme, m'entrà un descoratjament i tot ensems un fàstic tan gran per seguir conreuant les lletres...
>
> »Deu mil dubtes i cabòries s'havien apoderat de mi. El ric vocabulari que vostè [Víctor Català], en Ruyra i en Marian Vayreda acabaven d'aportar a la nostra literatura, em feia veure la pobresa del meu, i, de més a més, em duien llavors molt encaparrat diversos problemes d'estructura que jo no sé si arribava a resoldre reflexionant molt: el de les proporcions de l'obra; el de la relació de valors de les figures; el de l'extensió dels episodis, degut escalonament d'aquestos i llur contrast, matèria que jo havia anat donant cada jorn més importància fins a constituir en mi una vera mania des que havia pogut considerar serenament els defectes d'aital gènere que poden assenyalar-se en mes novel·les anteriors...» [25]

Els dubtes i la incertitud vocacional d'Oller asssenyalen alguns trets predominants de la novel·la catalana a la primera dècada del segle XX. Tots són símptomes fonamentals de l'esgotament o insuficiència de la novel·la realista-naturalista. D'aquesta manera hem d'interpretar el sentiment de la seva incapacitat per a la concentració lingüística i expressiva —que relaciona amb les noves tendències (simbolistes) del Modernisme— i la crisi de confiança en la tècnica narrativa (qüestions particularment de caracterització i d'estructuració) exemplificada en les novel·les de la seva primera «manera». Remarquem, també, que la connexió que fa Oller entre la qüestió de l'estil i les innovacions dels novel·listes rurals, posa en relleu la importància d'aquests en el panorama literari posterior al 1900.

La reacció d'Oller és la d'un home gran, format en una època ja llunyana, el qual, malgrat una certa simpatia, es troba al marge de la darrera evolució literària. *Pilar Prim* marcarà un nou trencall de la seva carrera novel·lística, però no el durà gaire lluny.[26] La tensió entre realisme i el seu *talent attendri* innat fou ja una constant de les seves primeres novel·les, però ara el sentimentalisme en l'anàlisi d'estats emocionals i anímics es referma amb una nova justificació.[27] Això no vol dir que la transició o represa fos fàcil. Els seus «dubtes i cabòries», i els molts anys que trigà a enllestir *Pilar Prim,* no poden ésser atribuïts solament a l'aflicció produïda per les morts d'Yxart i de Sardà.[28] Es tracta fonamentalment, com acabem de veure, d'un problema d'adaptació estructural i expressiva. I hi ha també un problema de tria i tractament del tema. D'en Deberga —«tot un home», que llegeix Nietzsche per distreure's—,[29] galant de la Pilar, hom té la impressió que Oller ha creat una versió bastant fluixa i parcial del superhome modernista. Però, al capdavall, aquest bon ciutadà no viu en el mateix món que els herois rebels, marginats i torturats de la literatura modernista. L'*outsider* d'Oller encara té els peus a terra, i dintre de la societat burgesa.

Trobem, doncs, en el canvi de «manera» d'Oller, una tensió entre elements nous i una evolució natural dels seus conceptes anteriors. El tema central de *Pilar Prim* il·lustra la transició vers un realisme predominantment psicològic i interior. És la història d'una dona que lluita per amar segons les seves inclinacions i el seu íntim sentit moral, contra l'oposició de la seva condició —la viduïtat—, de la seva família, de la moral convencional, i contra la competència de la seva filla. La concepció i la *tesi* de la trama tenen llur punt de gosadia, fins de rebel·lia i tot, i un cert erotisme sura en les anàlisis d'estats d'ànim i de relacions entre els protagonistes.[30] Són reflexos d'un ambient d'emancipació moral i percepcions del novel·lista de qualitats noves en la realitat social. Tanmateix, hi ha una part de la novel·la, el conflicte entre Pilar i la seva filla, que revela potser fins a quin punt vacil·la Oller davant la possibilitat d'esbatanar la seva investigació psicològica. Per una banda, la invenció d'aquest conflicte —gairebé freudià— és una funció de la recerca d'intensitat i subtilitat emocional. D'altra banda, però, el fet que el novel·lista no pogué o no volgué apregonar la gelosia sexual entre Pilar i Elvira és un resultat dels escrúpols i la incertesa als quals es refereix en les seves memòries. El fort d'Oller fou sempre l'observació, molt més que la intuïció, i no és de sorprendre que quedi curt davant un tema en què s'haurien delectat altres autors —Bertrana o Miquel de Palol, per exemple— més audaços.

Això no obstant, la tècnica d'Oller a *Pilar Prim* evidencia una experimentació i un refinament considerables. El drama es concentra en un conflicte interior, emocional, a mesura que l'acció es revela a través dels estats d'ànim dels personatges, mitjançant el soliloqui mental i l'«estil indirecte lliure». La veu del narrador mateix s'amara de sensitivitat, d'un to subjectiu que s'adiu amb els sentiments dels personatges, com ara en aquesta descripció d'una posta de sol a la muntanya:

> «Realment era encisador. Les lluïssors ambarines del cel lliscaven pel cantó d'ençà com omplint-ne un gran biaix d'or liquat. Aquest es barrejava arreu amb un altre d'argent viu, que aquí bullia, i allà es prenia i es glaçava, fins a emmirallar, capgirada, la glorieta central. Una gran clapa quieta, de líquid verdosíssim, retratava després en negre les vernedes, en llenguarades de foc les bombetes elèctriques que començaven a encendre's; en tons crus els coronaments d'alguns xalets i les barquetes immòbils. La quietud, el misteri, l'agonia lenta i gradual d'aquelles postremes lluïssors del dia, que

semblaven negar-s'hi, desprenien com una bavor de melangia que penetrava el cor, despertant l'emoció agredolça d'una balada heineiana o d'un nocturn de Chopin.» [31]

En tals passatges la novel·la aspira a la condició de la poesia, o de la música —l'al·lusió a Heine i a Chopin no és accidental— i copsem ben clarament uns característics trets simbolistes: el to melancòlic de les impressions crepusculars, l'estudiada modulació de l'estil, les «correspondències» entre l'escena i l'estat interior de l'observador, la tendència a subordinar la vida a l'art.

Aquesta intensificació de visió i d'estil, molt afiliada a tendències modernistes, assenyala el canvi i el progrés de l'art d'Oller. Al mateix temps, però, són modificacions que recalquen els «problemes d'estructura» que preocupen el novel·lista. El fet de carregar de vibracions els episodis crítics de la novel·la crea una pressió sobre la construcció general de l'obra, i, alhora, fa ressaltar les incongruències entre la interiorització d'alguns episodis i la presentació «omniscient» d'altres.[32] És una tensió que ens fa veure que es tracta d'una novel·la concebuda, sobretot als primers capítols, segons els patrons del segle XIX. A Oller li reca d'abandonar del tot la veu del narrador omniscient. S'ocupa molt de «situar» els personatges, i d'«ambientar» els dos escenaris de la novel·la, Barcelona i la Cerdanya. La vida i la història familiars són encara components essencials de la caracterització. L'educació naturalista del novel·lista, si mai no el portà a acceptar el determinisme zolesc, el manté encara fidel a atribuir importància a l'herència i al medi ambient en l'ésser i les accions dels caràcters. Els soliloquis o monòlegs interiors d'aquests, a *Pilar Prim,* tenen més relació amb els de *La Regenta* que amb la tècnica que es desenvolupa en el segle XX. És veu, de tot això, que a *Pilar Prim* Oller efectua una renovació des de dins. Una ampliació temàtica i una concentració estilística coexisteixen amb la mentalitat i el repertori tècnic de la novel·la vuitcentista. Però és una composició poc estable, les limitacions de la qual assenyalen la necessitat d'innovacions més radicals. Oller mateix semblava adonar-se'n, bé que els seus anys, el seu temperament i els seus horitzons artístics limitaven el seu progrés. Això no vol pas dir, ni de molt, que se sacrifiquin els seus talents creadors en els esforços d'adaptació. *Pilar Prim* és una novel·la digna, que adquireix una altra dimensió de mèrit quan es considera el que té de resposta positiva a un desafiament de les circumstàncies, personals i literàries, en què fou escrita.

En molts sentits, *Pilar Prim* marca el final d'un camí. El silenci d'Oller després del 1906 és comprensible per raons estrictament individuals i artístiques.[33] La novel·la tal com ell sabia fer-la està gairebé exhaurida. Ara, però, Oller ja no és la figura aïllada que fou només uns quants anys abans. El darrer Modernisme nodreix un nombre de novel·listes que han d'afrontar els mateixos problemes de transició. Hi ha altres obres que evidencien l'esforç de plasmar experiències noves i inèdites aguditzant o modificant les velles formes narratives. Els desavantatges són els mateixos, i cap d'aquests autors joves no té més èxit que Oller a superar-los. Amb tot i això, vénen a omplir i a fer més equilibrat el panorama de la novel·la catalana amb unes creacions d'autèntica vitalitat i pertinència.

Nàufrags (1907) de Prudenci Bertrana, primer premi del concurs d'«El Poble Català», mostra diversos punts de semblança, temàtics i tècnics, amb *Pilar Prim*. Hi trobem, sobretot, la mateixa tensió entre l'intent d'evocar la subjectivitat dels personatges, que es mouen en un món real reduït a llurs circumstàncies immediates, i les limitacions de la narrativa convencional. L'assumpte és ben senzill: l'amor frustrat d'un sacerdot jove per la seva cosina. El tema ja era consagrat al segle XIX, però l'ambient que l'envolta a *Nàufrags* pertany inequívocament al neoespiritualisme finisecular. L'interès narratiu es concentra en l'evocació d'una atmosfera de «pressentiments de coses vedades i un romàntic afany, no ben definit, entre amorós i místic».[34] Tal misticisme eròtic penetra tota la novel·la:

> «I les mans del sacerdot se n'hi anaven prenent el que deixava Cèlia, desitjós de robar-ho, d'endur-s'ho a la seva cambra i petonejar aquells objectes com relíquies santes» (33).

L'autor, que subordina la caracterització a l'elaboració de tals motius, no descriu els efectes de l'erotisme en la fe de mossèn Joaquim, una omissió ben greu si es mira amb ulls realistes. Però el fet és que Bertrana s'aparta conscientment del realisme tradicional. El món d'aquests personatges és una destil·lació de l'ambient físic, «la prosa d'una vila mortal» (71), que emmiralla llur frustració i malenconia. Quan Bertrana utilitza la concreció, no és, generalment, per «documentar» l'acció, sinó per carregar l'atmosfera, com en aquest exemple on la descripció física grotesca i repulsiva comunica presagis de càstig de la sensualitat pecaminosa:

> «La velleta li narrà en veu baixa, avergonyida, com si ella tingués la culpa d'allò que patia el seu nét, com si ella fos la causa d'aquells tumors de l'espinada, d'aquella corcadura d'ossos que el desfeia, el liquidava, convertint-lo en una deu de porqueria, en un pilot de carn pastosa on el cap s'enfonsava com el d'un ninot monstruós, sense ressort, que xafa les seves vestidures buides» (41).

El moviment va sempre de fora a dintre. El simple gest o detall simbòlic pot trair tot un drama interior. Tal recurs, emprat per a crear vibracions poètiques de languidesa o de sobreexcitació nerviosa, s'apropa perillosament al melodrama:

> «Després, com un pèndol moridor, anà aquietant-se. S'havia adormit...
>
> »Oh!, amb quin fervor vetllà aquell son el sacerdot!
>
> »Estranyes idees s'ensenyorien d'ell; es considerava com un espòs ideal fruint de la seva primera nit d'amor castíssim i feia esforços perquè el seu esperit gravités apassionadament sobre la verge, esperant el feble gemegar amb què Cèlia havia de rebre l'abraçada immaterial i formidable. Ah!, per què les nits de llurs vides no havien de fruir-les així, amant-se tàcitament, severament, entre perfums i músiques de somni, entre reflexos de lluna, en les hores quietes, en les solituds penombroses?...» (37).

Patetisme estèril de novel·la rosa? De vegades es fa difícil de distingir entre els elements d'una emancipació autèntica de la imaginació i el posat buit d'una emotivitat molt estereotipada. De tota manera, però, cal reconèixer que les modulacions deliqüescents de *Nàufrags* contenen un intent encara prou seriós d'explorar una regió d'experiència fins llavors inèdita a la novel·la catalana i possibilitada per la darrera evolució del Modernisme. Les limitacions de l'experiència serviran, a la fi, per a patentitzar l'esgotament del vehicle emprat. Ho veiem en la trajectòria de la carrera literària del propi Bertrana, la qual, a partir d'aquest moment, palesa la insuficiència descoberta en els convencionalismes de la novel·la psicològica postnaturalista. La pressió del Noucentisme és el que determinarà finalment la seva ruptura amb la novel·la, però abans d'això, s'han de cercar els motius de la renunciació en el clos on arriba Bertrana en aquesta fase de «romanticisme juvenil» que porta les llavors de la seva pròpia destrucció.[35]

Després del 1906, la bancarrota de la novel·la vella és clara i explícita. Aquell any, però, la fi només es pot discernir sota la superfície d'una activitat novel·lística aparentment resplendent. Una altra obra del 1906, *Romàntics d'ara* d'Enric de Fuentes, mostra com el destret de la novel·la convencional es relaciona amb una crisi d'ideals. Efectivament, l'interès de *Romàntics d'ara* rau més en la representativitat del seu contingut que en l'expressió que revesteix. L'esperit d'una revolució moral i ètica impregna la història dels dos «nàufrags», l'home i la dona —ella, una vídua, com Pilar Prim— que lluiten per salvar llur amor «il·legítim» contra la moral convencional i les seves hipocresies. Fuentes narra les vicissituds, tensions i frustracions de llur relació, i el compromís final dels amants amb la realitat social contra què havien dirigit llur rebel·lia. El tema semblava demanar un tractament similiar al de *Pilar Prim* o de *Nàufrags,* però no és així. Mentre Oller i Bertrana s'engatgen a refondre la tècnica i el llenguatge de la narrativa convencional, Fuentes, en canvi, hi recolza tot acceptant-los. La seva és, bàsicament, una actitud «passiva» que renuncia la recerca de l'originalitat formal. En aquest sentit, *Romàntics d'ara* és més antiquada que les altres dues novel·les. Conserva una solidesa fonamental i una coherència d'estructura que dominen la interiorització psicològica. Amb una tècnica essencialment documental Fuentes teixeix una imatge de la Barcelona del canvi de segle, vista, per una sèrie d'impressions d'activitat anònima i misteriosa, com un món aliè que amenaça la seguretat íntima de la relació dels amants. El realisme literari té una funció integral en el conflicte que traça el novel·lista entre les il·lusions idealistes dels protagonistes i la realitat social. El títol complet de la novel·la —*Romàntics d'ara: estudi d'uns amors neguitosos*— remarca la relativitat de les seves dues dimensions. La pseudo-ciència de l'«estudi» naturalista és aplicada a un material psicològic i subjectiu. És una mutació simple, però els defectes de l'operació són evidents. La feixugor de la novel·la, la seva literalitat allà on calia suggestió i subtilitat, traeixen les restriccions de la tècnica de Fuentes. El clixé, la *longueur* i la ingenuïtat que configuren molta de la narració, neixen de la seva manca d'invenció. A *Romàntics d'ara* la intensitat emotiva i el fraccionament estructural de la novel·la modernista resten latents, mentre la necessitat de concentració i d'una expressió més rica es manifesta a través de la monotonia de molts dels seus recursos. En un sentit, aquesta obra exemplifica la novel·la industrialitzada del postnaturalisme, una fórmula capaç de permutacions i de reproduccions gairebé il·limitades. En un altre sentit, però, és una novel·la única i inimitable, redimida de la vulgaritat per l'expressió que dóna a una part de l'experiència viscuda de l'autor, qualitat que la connecta directament amb un conflicte dinàmic de l'ambient en què fou escrita.

Fuentes visqué, i sondà literàriament, un corrent important de l'idealisme modernista.[36] A la seva obra el sentimentalisme assoleix una categoria gairebé metafísica, esdevenint el vehicle de la rebel·lió idealista. *Romàntics d'ara,* obra que fluctua entre la novel·la rosa i la novel·la culta i cultural, s'adreça no solament al públic tradicional d'aquella —les dones— sinó també, potser més i tot, a uns lectors d'aquesta que trobarien un *frisson nouveau* en l'exploració de la sensibilitat femenina.[37] No costa de trobar una dicotomia semblant en moltes novel·les postnaturalistes, començant per les de Bourget i l'escola psicològica francesa. En el cas de Fuentes, a més, una dimensió ètica s'ajunta a la purament estètica. L'interès permanent de *Romàntics d'ara* està en el valor simbòlic que revesteix la història sentimental. Ve a ésser una mena d'apologia de la revolta modernista, una anàlisi dels seus motius i de la seva dolorosa frustració. Els dos *outsiders* de la novel·la es troben bombardejats d'hostilitats i de desgràcies, i forçats finalment a acceptar la realitat que havien rebutjat en llurs il·lusions:

«Ell ja no tenia dret a ferse ilusions de cap mena: ell era un despistat de no haver pogut arribar a ser res seguint el camí planer que segueix tothòm, y que, avergonyit sense gosarho a confesar, havía volgut guiar les ilusions d'enamorat per camins costaruts i plens de punxes. Y just al entrar en aquell camí, les ilusions queyen per terra mal ferides.»[38]

L'idealisme, vist sota aquesta llum penetrant, és una disfressa de la inadaptació individual dins una societat alienadora i opressiva. La crisi de consciència que narra Fuentes desemboca en la renúncia i en la resignació, però porta també a l'autoconeixement. D'on sorgeix la nota de candidesa i de dignitat individual que comunica la seva novel·la. La desil·lusió final té aquest aspecte positiu, tot i que el *happy ending* superficial no amaga pas la tragèdia essencial de l'experiència. A *Romàntics d'ara* Fuentes sembla reconèixer i donar forma artística a la desorientació experimentada per ell mateix, com a escriptor modernista, a unes contradiccions internes del Modernisme agonitzant, i, també, a les forces d'oposició que es consolidaven precisament l'any 1906. Barcelona (el Noucentisme) venç els rebels (els intel·lectuals modernistes): és una conseqüència si més no plausible, que es pot treure sense forçar el sentit de la novel·la. Sigui com sigui, la sinceritat de l'autocrítica de Fuentes confereix a *Romàntics d'ara* la qualitat i el valor d'una mena d'autobiografia espiritual. A més a més, la correspondència entre la resolució de la novel·la i la història personal posterior del novel·lista confirma l'autenticitat de la seva conclusió artística. Ell també seria condemnat a viure l'esfondrament dels seus ideals, tancat en l'oblit i en el silenci: «*Delgadito, pequeño, nervioso... Él vivía en el recuerdo, aún, la Juventud que fue su norte y guía; rebelde todavía a su pérdida.*»[39] No solament Fuentes sinó molts dels seus contemporanis —*romàntics d'ara* en la vida real— compartirien aquest destí. El retraïment i el silenci del novel·lista després del 1906 s'expliquen i fins a cert punt es compensen a *Romàntics d'ara*. És una obra que, a més a més, ens dóna una percepció de l'exhauriment d'una determinada mentalitat novel·lística. Revela com la fi del realisme convencional va inextricablement embullada amb la crisi interna del Modernisme.

La frustració profunda i la desil·lusió que es respiren

a l'ambient de *Romàntics d'ara* són quelcom més significatiu que la languidesa malencònica artificialment cultivada i tan grata a certa sensibleria de fi de segle. Cal relacionar-les amb una aflicció endèmica del darrer Modernisme, el sentiment progressiu de la pròpia incapacitat per a convertir el messianisme individualista en una concertada *política* eficaç. La consciència de derrota i d'esterilitat creix en proporció directa als èxits incipients del moviment oposat, de la campanya noucentista de mobilització cultural i política. La forma de la novel·la, vehicle de molts aspectes de la crisi modernista, hi té una doble identificació, activa i alhora per associació. Una altra obra, el títol de la qual és ja per ell mateix ben expressiu —*Desil·lusió* (1904) de J. Massó i Torrents— fa veure altra volta la connexió entre l'esgotament d'una forma literària i una crisi d'ideologia i d'idealisme.

Tècnicament, *Desil·lusió* és una novel·la poc espectacular, llevat potser de la manera segura en què Massó porta el seu protagonista per un pelegrinatge circular: Barcelona - Olot - París - Londres (amb un tomb per Anglaterra) - Olot - Barcelona. Però els intents de sofisticació, siguin d'escenificació o d'investigació psicològica, s'avorten gairebé per complet, sense contribuir a fer més digeribles les idees que Massó vol presentar. Car *Desil·lusió* és càndidament una novel·la d'idees, una obra *engagée*. Mira endarrera, cap a la vella novel·la de tesi del segle XIX, adaptant els procediments d'aquesta a unes noves preocupacions intel·lectuals. Efectivament, *Desil·lusió* sembla molt més «moderna» que una novel·la com *Sang nova* (1900) de Vayreda, perquè enfronta una sèrie de compromisos teòrics del Modernisme.[40]

La novel·la de Massó narra les experiències, l'ascensió i la caiguda de Pauet Bruguera, jove estrella i esperança d'un moviment catalanista inspirat per unes ambicions vagues però ambicioses: «refer altra volta la nacionalitat catalana», «aixecar a Catalunya de l'actual postració», «portar la veu de la patria enfront de l'Estat espanyol».[41] Més que d'una ideologia, es tracta d'una *fe* regeneracionista, la qual, portada a un extrem, revela les contradiccions inherents en una determinada tendència intel·lectual del Modernisme. L'elevada ambició i l'idealisme messiànic del somni exclouen qualsevol programa i fins qualsevol concepte de la realitat política. La regeneració nacional es confon amb l'emancipació individualista, i totes dues coses són esperades en sensacionals revelacions apocalíptiques. En Bruguera i un company pugen al Tibidabo a veure sortir el sol, i Massó no disfressa la part que ell mateix pren en llur emoció davant l'escena:

«Com el dia, els pobles adormits se deixonden, per llarg que siga l somni, per feixuc que siga l'ensopiment. Obeint a les lleis eternals, un dia s'aixecarà l'alba per nosaltres.

»El sol ja havia eixit del tot: encès, rodó, perfet, romania sospès allà ont arrencava la volta del cel. Com els joves, tot lo que l bes matinal tocava prenia vida nova [...]

»Aleshores mirant Barcelona, les mans dels dos joves se varen estrenyer, i, com a despedida, varen dir-se tots dos: "Creiem en la patria!"» (I: 87-8)

El culte al Nord té una funció central en aquest esperit:

«Del Nord vindria la llum, així com del Sud havien vingut les tenebres [...]

»D'allí venien els seus llibres, d'allí eren els autors que ls havien fet pensar, d'allí l'esperit reformador que ls atreia i captivava al travers de l'historia. Si pel nevat Pirineu passaven les idees nobles, per allí s'havia de refer altra volta la nacionalitat catalana.» (I: 34-5)

Fins aquí la novel·la proporciona com un compendi de la raó d'ésser i la manera d'ésser del Modernisme en tota la seva puresa. Però el propòsit de Massó el porta molt més lluny, car allò que el preocupa és precisament l'estropell de tals mòbils. La mateixa boirada del Nord és el que distreu Bruguera de la seva missió. «Una tristesa fonda que anava invadint el seu esperit» (I: 187) mina a poc a poc la seva dedicació inicial i anquilosa la seva capacitat d'acció. Els seus pelegrinatges no fan sinó agreujar la indecisió, la melangia, la sensibilitat esgotada, la mandra autodestructiva. Abandona la seva vocació literària i patriòtica; traeix les esperances dipositades en ell. Al final la inevitable desil·lusió es fa explícita:

«Què li restava d'aquella set d'ideal que tant temps l'havia alimentat?

»Ell no s veia ja capaç de cambiar res. (II: 143)

»Totes les seves illusions se li havien esfondrat per terra. Què n restava d'aquells ideals? Tot era fallit: ell ja no hi era per res en la santa causa, per culpa seva i de ningú més.» (II: 158)

El lector s'adona aviat que Massó no pretén fer l'estudi d'un caràcter sinó l'anàlisi d'un conflicte de mentalitats. La seva presentació de Bruguera és una crítica raonada de l'individualisme, de l'esteticisme decadent, de la *delectatio morosa* que neguen la possibilitat de l'acció positiva i política. El novel·lista, en un mot, critica precisament les tendències que predominaran en el Modernisme del segle XX

Es veu, doncs, que *Desil·lusió* té molt de comú, fins algunes coincidències d'expressió, amb *Romàntics d'ara.* La novel·la intel·lectual de Massó i Torrents, però, desplega una dimensió que només s'intueix a l'obra existencial de Fuentes. Aquell mostra i analitza el corrent contrari a l'idealisme degenerat que encarna el seu protagonista. A *Desil·lusió* es descriu l'antítesi —ordre, seny, voluntat de renovació— que, sorgida del regeneracionisme del primer Modernisme, entroncarà aviat amb la dinàmica coherent del Noucentisme. La continuïtat és clarament perceptible, tot i que el punt de vista de Massó és encara, inconfusiblement, el d'un home de «L'Avenç». *Desil·lusió,* en molts aspectes, és una obra de transició. Així la importància que s'hi concedeix al tradicionalisme rural —personificat en la figura de Jordi Ballester—[42] és més gran que la que figurarà en la síntesi ideològica de Prat de la Riba.[43] Enfront de la irresponsabilitat idealista es projecta una aliança entre les forces vives de la ruralia (tradició, identitat, energia) i les de la capital (intel·lecte i indústria). Una visió més transcendental eclipsa la caiguda de Bruguera:

«—Que caiguin els dèbils! Que vinguin els forts! [...] El jovent intelligent ve ab nosaltres [...]

»—Tot l'esforç del nostre renaixement integral, per anys que hagi tingut de vida, no forma encara més que l període preliminar de lo que ha de venir. Nosaltres mateixos, que seguim a una legió de poetes que han endevinat la propera creixença de Catalunya, a l'escampar les nostres idees, tot just haurem fet feina de precursors. En el nostre camí, per cada un que caigui, per cada un que es desillusioni, dèu se n'aixecaran de més hardits!» (II: 168-9).

Els forts ressons de Nietzsche en aquest passatge indiquen fins a quin punt *Desil·lusió* és encara una novel·la modernista. Sota les seves conclusions, però, hi copsem la potencialitat del que serà la reacció noucentista contra la bancarrota de l'última fase del Modernisme.

Desil·lusió havia d'ésser la primera d'un cicle de novel·les anunciat per Massó i Torrents, projecte que mai no es va realitzar.[44] De fet, el contingut i el caràcter d'aquesta obra, la significació del seu títol i l'evolució que presagia, manifesten el despropòsit de la resta del cicle. La crisi d'ideologia analitzada a *Desil·lusió* —més encara que la seva futilitat com a obra d'art— en fa una novel·la de terminació i no pas d'iniciació. Com en el cas de Fuentes i *Romàntics d'ara*, la trajectòria posterior de Massó és, fins a cert punt, endevinable en la seva novel·la. Però les conseqüències són ben distintes. El temperament i la formació d'aquest el qualifiquen per a admissió al moviment noucentista. Com a estudiós, bibliòfil i membre de l'Institut, prossegueix, sota un règim nou, el camí traçat a *Desil·lusió*. La coherència i la fidelitat amb què segueix la línia que, partint de «L'Avenç» i passant per «Catalonia», s'aboca al Noucentisme, explica la facilitat amb què s'acomoda en aquest moviment. El fet que ho fa renunciant a la novel·la, havent-hi rebutjat ja l'estètica simbolista, és una particularitat important del fenomen cultural en l'examen del qual ens haurem de detenir més avall.

Havent mirat dues novel·les «passives» que, malgrat tot, copsen unes preocupacions dominants del darrer Modernisme, ens convé ara posar l'atenció en un autor que pren una actitud més activa de confrontació amb els problemes formals de la novel·la en el nou segle. Josep Maria Folch i Torres no fou mai un modernista declarat: el seu esperit s'avenia mal amb l'esteticisme i l'experimentalisme subjectivista que donaven la pauta a la literatura modernista dels anys en què ell debutava. En certa manera la seva obra de novel·lista realista és important precisament perquè sembla donar l'esquema a les limitacions per a la novel·la implícites en l'estètica modernista. Això no obstant, l'ambient cultural en què es va fer conèixer com a novel·lista sí influí en l'obra i en la carrera de Folch: potser especialment en la carrera, el curs de la qual coincideix en molts punts (més que no sembla a primera vista) amb les línies mestres de la novel·la del seu temps. Debuta poc després del 1900 amb un parell d'èxits notables, i llavors abandona la novel·la prop del 1910. Participa directament en el *boom* d'aquests anys, i haurem de comprovar que el panorama de la novel·la modernista seria incomplet sense ell.

Tasis i Marca ha distingit tres «compartiments» en l'obra novel·lística de Folch i Torres: «la novel·la per a infants, la novel·la rosa i la novel·la simplement».[45] La darrera és la que ens ha d'ocupar aquí, encara que cal recordar de nou que en aquest període la distinció entre novel·la rosa i novel·la seriosa és força nebulosa. En efecte, veurem que dins l'evolució de la seva obra tots tres compartiments de Folch i Torres són estretament relacionats entre ells i també amb les circumstàncies culturals en què es produïren.

Joan Endal (1909) és sens dubte la més coneguda de les novel·les realistes de l'autor. Les semblances entre aquesta i una novel·la menys coneguda però no menys interessant —*Aigua avall* (1907)— fan de bon considerar les dues obres ensems.[46] En cada cas Folch centra en un assumpte sentimental un estudi de problemes socials més amplis, on el drama individual emmiralla el drama col·lectiu. Concretament, aquestes novel·les investiguen les tensions i el curiós magnetisme, mig d'amor mig d'odi, que caracteritzen l'afany d'ascensió social, vist com una versió deformada de la lluita de classes. Folch enfoca el problema en les aspiracions de dues dones ambicioses i obstinades que enganyen, intimiden i abusen de llurs marits honorables però «inferiors»: Joan Endal és «massa consolat», Agustí Lliuró és «massa pobre d'esperit».[47]

Aigua avall estudia la frustració i l'alienació de la protagonista, Roseta, instal·lada en el grau social més alt a què havia aspirat amb tant d'anhel: «La capcera no havia mort dessota les robes de senyora.» (197) S'ensopeix i s'enyora, i l'instint de treballadora es manifesta en un deler obsessiu per l'arranjament de la casa, extremant els valors que ella és incapaç d'adoptar d'una manera natural: «D'aquí en endavant volia orde, molt orde a casa.» (193) El retrat de la *pervinguda* és alhora un intent d'anàlisi d'un fenomen de classe, procediment que Folch desenrotlla i fa més explícit a *Joan Endal*. En aquesta novel·la les tensions se concentren sobre en

Tomaset, fill únic de Joan i Francisca, en qui es reprodueixen i es barregen les insuficiències dels pares, complicades per la càrrega del complex d'Edip. Desmanyotat i groller, incapaç de superar la consciència d'inferioritat social, l'infant esdevé la imatge pervertida de l'ambició de la seva mare. Arriba a menysprear i fins a odiar el seu pare de resultes de la pròpia experiència de desplaçament social i de les pressions obsessives de la mare. Ultra aquest tema central i les descripcions de l'existència obrera, molts detalls del drama individual tenen un pes de significat històric. Un company esquirol de Joan Endal és «un xicotàs de vint i cinc anys, saturat d'estrangeria» (75), una observació que, com ha remarcat Joan Sales,[48] apunta els orígens econòmics del problema dels *altres catalans*. En una altra ocasió, la potència del sindicalisme queda demostrada per l'encontre del protagonista amb la solidarització obrera entre els repartidors de diaris (105-114). L'anècdota dóna profunditat al tema central, i indica fins a quin punt el novel·lista s'interessa conscientment pels problemes socials. El suïcidi de Joan Endal, que hauria pogut ésser una inescaient escena de melodrama, té un impacte impressionant perquè la desesperació que expressa concorda amb una conclusió esbossada sota l'acció de la novel·la —la vulnerabilitat de l'individu davant les pressions a escala col·lectiva i històrica.

Així com la temàtica de Folch i Torres és la seva pròpia societat, la seva manera d'enfocar-la és influïda per diversos corrents de l'ambient en què escrivia. L'emancipació femenina és un component del material i de la perspectiva de les dues novel·les.[49] La visió narrativa i les conclusions a què condueix es relacionen prou directament (com a *Pilar Prim* i a *Romàntics d'ara*) amb aquest nou caire de la sensibilitat col·lectiva. El sentimentalisme és alhora causa i conseqüència del mètode psicològic de Folch, mètode que mira els processos socials a través de la consciència subjectiva dels seus personatges. Al capdavall, el sentimentalisme és el que explica una limitació fonamental de la seva anàlisi:

> «En Joan Endal no va poder amagar la seva desilusió. Ell no hi estava per revolucions ni desordes. Tot això no més duia miseria i sang.» (62)

En l'obra de Folch i Torres, però, el subjectivisme i l'interès psicològic no són ni absorbents ni merament decoratius. La vida interior dels seus personatges dóna accés al món real: és un punt de partida més que un fi en si mateixa. Creador de «tipus» històrics, com els grans realistes vuitcentistes, per a Folch la novel·la és encara un instrument de millora social. Però hi ha hagut un canvi pregon en la realitat que el novel·lista social confronta. Folch accepta el desafiament —rebutjat pels narradors modernistes en conjunt— de fer cara als problemes de l'obrerisme que esdevenen inajornables després del canvi de segle. La seva originalitat radica a haver introduït a la novel·la el proletariat, com a tal proletariat, i les seves vindicacions, adaptant els mètodes narratius convencionals a les exigències del material. L'autor de *Joan Endal* acompleix ell sol aquesta innovació —que fins a cert punt significa també una renovació— al mateix temps que les estètiques modernistes induïen la gran majoria dels novel·listes a buscar la renovació a tot arreu i en tot llevat de la realitat social. La lliçó havia de passar desapercebuda, però no perquè fracassà. Certament, l'honesta confrontació de Folch amb els problemes socials pateix de la contradicció, que ja hem esbrinat, entre el subjectivisme individual de la seva òptica i el caràcter essencialment col·lectiu del tema. Tals reserves, però, són més aviat abstractes, i procedeixen, a més, del punt de vista retrospectiu del desenvolupament de la novel·la de postguerra. Vistes en llur context històric i cultural, aquestes novel·les tenen un interès que referma l'efecte que fan d'ésser productes d'un autèntic talent creador.

Joan Endal té l'avantatge d'ésser assequible en una excel·lent edició moderna, però, contra el que això podria fer sospitar, no és ni la més representativa ni la més bona de les primeres novel·les de Folch i Torres. Tot reconeixent que la seva forma escarida dóna intensitat al cas tràgic que narra, hom conclou que és, al cap i a la fi, una obra massa simplificada i minsa. *Aigua avall*, en canvi, més complexa de construcció, dóna una visió més completa i més natural dels individus i de llur situació en la societat. Aquí el novel·lista té espai i temps per a documentar les relacions amb què compon el seu quadre. És una novel·la més convincent que *Joan Endal* precisament perquè s'aferra més als patrons del realisme tradicional. El retrat irònic del pare de la protagonista, un paràsit que proclama «el govern dels desheretats», viu en l'ociositat a despeses d'un veí i anima la seva filla a prostituir-se, poc menys, per tal d'ascendir en la societat; la llarga descripció del caràcter i les activitats de Gallard, el cínic amant burgès de la Roseta que la duu a la ruïna: són dos exemples de la presentació cumulativa que crea un fons coherent i detallat per a l'acció. Folch i Torres manipula amb molta traça la distribució dels elements i dels ritmes narratius, i el clímax de la novel·la és un capítol que té una concentració d'energia realment impressionant, en què el nivell personal i el col·lectiu es fusionen completament. Agustí, atordit per la traïció de Roseta, assisteix a una assemblea obrera on es discuteix una vaga. El to i l'ambient violent de la reunió es fonen amb la seva pròpia visió; la desesperació dels seus companys s'absorbeix dins els seus propis sentiments d'«un odi tant gran, que's generalisava contra tots els rics, un odi que li donava consol d'esser pobre» (157).[50] Aleshores aquest subjectivisme intens es transforma de sobte en un punt de vista narratiu rigorosament objectiu, quan la violència engendrada a l'assemblea esclata en un tumult:

> «Els civils se reuniren novament... y allà dessota de les arcades del Marquès del Duero, la policia s'apressava a recullir un home que havia quedat extès per terra ab la testa badada.» (166)

La víctima és Agustí. Convertit en un objecte, la seva personalitat és negada en les forces anònimes de l'histerisme col·lectiu i, després, en les de l'ordre públic:

> «El Jutjat ja'n tenia part, y sembla que quan el Jutjat té part d'alguna cosa, s'ha de deixar que la gent se pudreixi en un recó de presó fins qu'el paper escrit faci una bona pila en les taules desendreçades de les escrivanies.» (166-167)

Darrera aquest *tour de force* tècnic, hi ha la presència constant de l'autor que vol comprendre humanament els problemes que descriu. La justícia és la seva preocupació més pregona, i quan el tema de la justícia ve a ocupar el primer pla, el to narratiu adquireix una força de persuasió perfectament moderada. Agustí esdevé un home marcat, una víctima propiciatòria de la indignació dels respectables:

> «Y es que les pobres dònes no sabien que haver estat detingut a la sortida d'un *meeting* es un pecat que no s'esborra, que'l sabre que li va obrir el cap y les portes de la presó, escriu el nom de la victima en els registres dels culpables, y que quan un nom es escrit així la llibertat es a mercè del bon o mal humor dels que tenen autoritat; que no hi fa res que'l detingut hagi sigut llibertat en ignocencia: el nom resta, l'ignominiosa operació antropometrica queda marcada en els llibres de la direcció y aquell home que davant la societat hauria d'esser reivindicat, queda en les llistes dels dubtosos y perillosos, si no per altra cosa, pera donar ocupació als arrestadors en els moments en que la veu publica demana activitat y justicia.» (265)

L'estil de Folch i Torres és caracteritzat en general per aquesta naturalitat, reticent i flexible, sense retoricisme. La seva facilitat d'expressar-se, aliada amb els poders d'observació i d'imaginació, confirmen l'aparició d'un talent genuí i molt prometedor. Les seves primeres obres (escriví *Joan Endal* als vint-i-nou anys) semblen pronosticar continuació i èxits més grans, «una esperança de la novel·lística catalana».[51]

De fet, però, *Joan Endal* marca la fi de la carrera de Folch com a novel·lista pròpiament dit. És el final del camí, després del qual es dedicarà exclusivament al conreu dels altres dos «compartiments» de la seva obra, «En Patufet», les *Pàgines viscudes*, la Biblioteca Patufet i la Biblioteca Gentil. Hom ha vist en el cas Folch i Torres un dels grans «misteris» de la literatura catalana. No n'hi ha prou, evidentment, d'explicar tal interrupció i canvi de direcció com un «sacrifici» voluntari i res més.[52] Hi degueren influir molts factors, dels quals creiem que un —el purament literari i novel·lístic— no s'ha tingut prou en compte. El jove novel·lista no podia ésser insensible a la crisi incipient de la novel·la catalana, perceptible ja quan ell, i molts altres, encara hi participaven activament. Unes diferències entre *Aigua avall* i *Joan Endal* —la sofisticació de l'interès psicològic, l'intent de concentració formal— indicarien que el novel·lista practicant era conscient que treballava amb unes formes esgotades. També estava atent a les veus importants que, confirmant, en part, la seva experiència, proclamaven una antipatia teòrica contra la novel·la i sobretot contra la novel·la ciutadana.[53] Sota tals pressions, Folch i Torres trencà amb el gènere, a l'igual que els altres novel·listes majors de l'època. Les circumstàncies del cas Folch i Torres són, des d'aquest punt de vista, idèntiques a les dels casos Oller, Bertrana, Fuentes, Víctor Català i companyia. Però ell tenia, en els altres dos «compartiments» de la seva producció, una sortida de què no disposaven aquests, per a qui la crisi literària representava un trànsit personal més greu. Per a Folch el camí ja era traçat, i trobem, de fet, una connexió i una continuïtat ben clares entre les seves dues etapes principals.[54] No solament el sentimentalisme de *Joan Endal*, més gran que a *Aigua avall*, sinó també la figura d'en Tomaset, precursor dels herois infantils de les *Pàgines viscudes*, anuncien característiques principals de la literatura folquitorrista, per dir-ho així. Però hi ha també una connexió més essencial encara. La gran missió educativa de Folch i Torres, l'home que ensenyà el català a dues generacions,[55] ja prenia forma a les primeres novel·les, les quals diagnosticaven en la manca d'ensenyament i l'analfabetisme el gran *handicap* del proletariat:

> «Quan els altres obrers trobaven que en Llorens exagerava massa, ell corria a la caixa, treia'l llibre, y mostrant el retrat, picant ab el dit al damunt, l'ensenyava a tothom dient:
>
> »—Es aquest qui ho diu! Qui gosarà contradirme ara?» (*Aigua avall*, 158)

> «Ell, el manobre, podria ensenyarli els diaris que ho duien. No sabia de lletra però tenia a casa un feix de diaris que ho duien. El séu noi gran els hi llegia, confegint sílaba per sílaba la tirallonga de frases consoladores y ell les escoltava ab la fruició avariciosa del qui no té més remei que bèure en gota l'aigua gelada que ha d'apagarli la sed.» (*Joan Endal*, 63)

Hem de veure, doncs, en la literatura de Folch per a infants i joves una forma d'acció conscient, un mitjà d'educació la urgència de la qual havia estat observada pel novel·lista social. I sembla, a més, que el novel·lista social ja dubtava de l'eficàcia educadora i política de les seves novel·les obreristes.[56]

Els esdeveniments històrics confirmarien els seus dubtes. Si ja existien pressions culturals que el desviessin del realisme i de la novel·la pròpiament dita, un sol esdeveniment social tindria prou gravetat i força per a transformar el contingut i les tendències ideològiques de la seva producció: la Setmana Tràgica.[57] Dos mesos després, ja queda enrera *Joan Endal* i Folch i Torres està submergit en «En Patufet». La successió dels fets no és casual. La Setmana Tràgica representa, en un sentit, la negació i l'enfonsament del que les seves novel·les anteriors al 1909 havien sostingut. Allí el novel·lista havia afrontat els símptomes d'una crisi econòmica i social. Si hi preveia alguna solució era en un concepte, poc definit, de sindicalisme humanitari i caritatiu: almenys hi cabia una mica d'optimisme. Però també preveia, en 1907, una explosió de violència:

> «Encara ne feien poc els obrers! Encara eren massa bons! Encara no havien cremat res ni havien trencat els vidres de les botigues, ni havien assaltat les cases dels burgesos!» (*Aigua avall,* 186-187)

Quan esclata la violència en 1909, els seus efectes són pitjors i més pregonament pertorbadors del que Folch podia haver-se imaginat. L'expressió digna que sabé donar Maragall a la seva angúnia davant aquests fets tràgics és excepcional, però comunica una visió del terrabastall espiritual produït per l'avalot —l'ensorrada d'alguns dels mites més cars del Modernisme, i, sobretot, la destrucció de la identificació intel·lectual amb l'anarquisme utòpic.[58] Per a Folch i Torres no es tractava solament d'una desil·lusió terrible: l'associació amb «El Poble Català», les activitats obreristes i les simpaties expressades a *Aigua avall,* totes l'incriminaven en l'ambient histèric, de denúncies i de venjança, de la tardor de 1909. En tals circumstàncies, la tombada del novel·lista —fos voluntària o instigada pels familiars i amics— no és gaire sorprenent. Des d'una certa perspectiva, hom pot veure-hi una simple evasió al món ingenu d'En Massagran i En Bolavà, una fugida de la complexitat, la violència i els perills de la realitat social. És una interpretació, però, massa simplista si no és equilibrada per una apreciació del fort arrelament de la missió educadora en tota l'obra de l'escriptor. Els successos tràgics de 1909 havien de refermar la convicció que calia un retorn a principis bàsics i que el catalanisme havia de *guanyar-se* el suport del poble català. Aquests dos impulsos en conflicte, evasió i dedicació a una causa, informen tota la producció posterior de Folch i Torres, que és tota una altra història. El que sí podem afirmar és que no es podia esperar d'ell una novel·la de la inspiració i del caràcter de *Joan Endal* durant molt de temps després de 1909.[59]

* *

Les obres que acabem d'estudiar en aquest capítol revelen a l'una la supervivència precària de la novel·la convencional en la primera dècada del segle XX, i, alhora, les pressions complexes que provoquen la dissolució. Hem vist com el corrent central de realisme tradicional, «la novel·la de veritat i de caràcters» segons Pérez Galdós, forma essencialment vuitcentista, s'esgota als volts de 1906 a causa d'una crisi de confiança i d'una sèrie de problemes estètics i culturals o socials, relacionats entre ells. No és pas que l'activitat en aquesta esfera cessi enterament després de 1906, però sobreviuen només les fórmules passives, que van essent colgades per altres tendències més dinàmiques. Quan es retiren Oller, Bertrana i Folch i Torres —havent-se trobat cadascú en un atzucac—, la novel·la en el seu aspecte més habitual queda privada de vitalitat autèntica i de pertinència cultural. Però la fi d'aquesta línia no significa la fi de la novel·la en conjunt. La fragmentació i l'evolució proteïforme del gènere, un cop rompuda la unitat assolida al segle XIX, són els seus trets més prominents en la nova era. Mentre es marceix el tronc de les normes establertes, en van brotant diverses branques aparentment fortes i viables que integren el *boom* coetani del gènere. Altres novel·listes, qui més qui menys inscrits a tendències modernistes, s'embarquen a la investigació de camins només intuïts pels autors de la vella línia. Hom pot veure en aquestes iniciatives les novel·les «experimentals» de l'època: obres en què es fan esforços originals per a adaptar i renovar les estructures novel·lesques. Per a la reacció noucentista, gairebé simultània, tals experiments no podien reeixir, perquè procedien d'una crisi més pregona, nociva a la nova visió cultural, i perquè havien d'obrar amb un llenguatge i unes matèries ja infectats de decadència. Però això no ha pas d'ésser encara, setanta anys després, un obstacle per a una anàlisi i una valoració dels resultats efectius que obtingueren.

Del costumisme a les antinovel·les de Rusiñol[60]

El costumisme, forma essencialment híbrida on es confonen esquemes romàntics i realistes, és revalorat pel Modernisme d'una manera que provoca molts remolins i contracorrents en el curs de la novel·la. En un moment de crisi, aquesta influència promou una tornada a principis fonamentals i la recerca de formes de narració no «adulterades» pel convencionalisme. D'altra banda, en canvi, en una regió on les noves preocupacions estètiques arriben molt esmorteïdes, el retorn a un costumisme bàsic pot justificar l'excés de simplificació. Sustenta la continuació del realisme convencional i fins i tot una aparent reversió a fases més primitives de l'evolució novel·lística.[61] L'etiqueta «novel·la de costums» sembla voler conferir modernitat a les obres antiquades de Dolors Monserdà (*La fabricanta,* 1904; *La Quitèria,* 1906) i quelcom de la mateixa mentalitat és perceptible en els casos de Carles Fortuny (*Daltabaix,* 1907; *En Poudor,* 1908), R. Surinyach i Senties (*L'amic,* 1907), Miquel Roger, el marquès de Camps i Enric de Fuentes (potser més i tot a *Romàntics d'ara* que a les novel·letes *Tristors,* 1904, i *Il·lusions,* 1905). Amb molta més afiliació al Modernisme actiu, es ressuscita també d'un període anterior l'humor popular i les evocacions nostàlgiques de Llanas i d'Aulès, d'Emili Vilanova i de Pons i Massaveu. Alexandre Font (*L'oncle Magí,* 1910) i Josep Morató (*Els habitants de la Lluna,* 1906) continuen aquest costumisme d'escenes i tipus crepusculars de la vella ciutat, el primitivisme romàntic i l'humor pensarós. L'adhesió sentimental a un món que es marceix té un lloc especial en la revolta bohèmia i els somnis antimaterialistes, una de les darreres fases del Modernisme.[62] Aquest «barcelonisme» sobreviu també en el període del Noucentisme, però amb tota una altra justificació.[63] En contrast amb aquest costumisme delicat del país de fades urbà, hi ha una manifestació ben diferent en el «nou brutalisme» i la mitificació del camp de la novel·la modernista rural. El pròleg de Víctor Català a *Caires vius* (1907) conté conceptes costumistes gairebé arcaics al costat mateix de professions d'una fe modernista a ultrança. La segona onada de naturalisme, que es concentra a la novel·la rural, és també, a l'igual que el costumisme revifat, la refosa de procediments narratius vuitcentistes.[64]

Sota aquest llum, es pot distingir la funció del costumisme dintre l'àmbit artístic del darrer Modernisme. L'evocació convencional de les coses conegudes i típiques es converteix en una interpretació d'allò que ja no és típic —distorsions de la realitat— lligada amb la cerca d'un estil refinat. En un extrem d'experimentació, el costumisme perd la seva identitat i es fusiona amb altres processos de «desnovel·lització» de la novel·la modernista. La unitat estètica del quadre de costums adquireix en cert moment més pertinència que el seu contingut de costumisme, com passa en els *estudis* d'Enric de Fuentes, per exemple, i fins i tot en els *drames rurals*. L'atenció minvant a la trama narrativa per ella mateixa i la tendència de la novel·la llarga a resoldre's en escenes separades d'intensitat dramàtica o poètica, estimulen l'aparició d'una forma substituta que es mou indecisament entre el clixé impressionista i la narració curta, esbossos o quintaessències de novel·les. El quadre de costums, en la seva identitat modernista, s'amalgama amb altres fórmules promogudes pel Simbolisme, i per l'Impressionisme pictòric —el poema en prosa, el relat simbòlic, el romanç històric o pre-rafaelita, el conte cruel. La novel·la tradicional, fins quan es poetitza com a *Nàufrags*, és un mitjà massa bast i barroer per a copsar el somni. Un fragment de novel·la pot expressar l'inefable. El volum considerable d'aquesta prosa modernista no genèrica és un fenomen literari important que encara està per estudiar i avaluar. Creiem, també, que és un fenomen inseparable d'una evolució interior de la novel·la. Però el moviment complet és centrífug per la seva pròpia natura, i intentar de seguir-lo aquí, encara que ens limitéssim a la línia del costumisme, ens allunyaria del nostre objecte central.

De tota manera, l'haurem de recordar com a rerafons essencial, i tornarem a trobar els seus efectes a diversos punts del panorama de la novel·la modernista. De moment, però, convé fixar-nos en l'obra d'una figura que, tocant a aquest punt, proporciona una versió molt peculiar de la novel·la en crisi, i que manipula la relació entre costumisme i novel·la per a proposar unes solucions iròniques i ben originals.

La qüestió de la representativitat de Santiago Rusiñol com a modernista queda encara més aviat ambigua.[65] Tanmateix, la seva obra en prosa i la seva actitud cauen dins les directrius en la condició inestable de la novel·la modernista. La seva manera d'obrar, iconoclàstica i despreocupada, pertany a un ambient en què s'ha perdut la confiança en la novel·la usual. Tot escometent irreverentment el gènere, Rusiñol assaja unes maneres originals de novel·lar. En un mot, és un antinovel·lista en el sentit positiu.[66]

El costumisme immutat del Modernisme configura una bona part de l'obra en prosa de Rusiñol. S'adscriu principalment a la tradició del barcelonisme sentimental i l'humorisme popular que es conreaven en la petita bohèmia d'«Els Quatre Gats».[67] El quadre de costums és una unitat gairebé consubstancial amb la seva manera de veure el món, i la presència d'aquesta forma literària és sempre perceptible, fins i tot quan els quadres individuals són incorporats per Rusiñol dins una estructura més àmplia. L'oscil·lació entre fragmentació i reintegració estructural, tret clau de la novel·la modernista, destaca en la prosa de Rusiñol a causa de la senzillesa dels seus recursos i de les seves mires narratives.

El poble gris (1902) és un exercici elemental d'aplegar elements costumistes en un conjunt continu i unitari. La seva composició és un encadenament lliure d'una sèrie de quadres individuals, aspectes pintorescs i humorístics d'un poble moribund i dels seus habitants. La unitat de lloc i la personalitat del narrador, presoner per no sabem quines circumstàncies al poble gris, mantenen el mínim de connexió i de continuïtat entre els capítols cada un dels quals sembla concebut com un quadre independent. Això no obstant, l'efecte de la totalitat és més gran que la suma de les parts. L'evocació satírica de l'ambient pren una tonalitat de *de-*

lectatio morosa que expressa la força fascinadora de formes de bellesa decadents i corrompudes. Rusiñol s'esplaia en l'encant mòrbid del poble gris, aquest món quimèric habitat per individus que pugen en la grisor i li donen forma. La imaginació hi té tanta part com l'observació directa. És una fantasia en què el costumisme atípic, exagerat i molt subjectiu, afluixa tots els lligams amb la realitat. D'una banda, *El poble gris* articula una visió i una estètica deliberades. L'artista crea un hàlit de màgia entorn de les coses, transformant i redimint així la monotonia quotidiana, recreant-se en l'estranya poesia de les coses vulgars que consola l'esperit atipat de civilització. Santiago Rusiñol sembla proposar, com Laforgue, per exemple, que una salvació pot obtenir-se per aquest camí. D'altra banda, però, hom s'adona que aquest contrast entre vida i art, prosa i poesia, no representa pas per a Rusiñol una actitud vital, malgrat la insistència en la seva obra en la mateixa disjuntiva.[68] Es tracta més d'una disfressa o d'una mena d'extravagància estudiada, a vegades d'un posat transparent que es converteix en paròdia de si mateix. L'esteticisme és constantment fiblat a *El poble gris* per l'humor satíric, per la despreocupació i per la ironia autodestructiva. El lirisme d'una possible composició simbolista és supeditat al brio còmic i a la sorneguería d'un escriptor que no permet que ens el prenguem massa seriosament. En el fons l'obra demostra una manca de respecte per l'art, i aquesta paradoxa anirà accentuant-se en la prosa de Rusiñol.

El poble gris forneix la clau dels altres experiments de Rusiñol en l'esfera de la ficció, no solament pel que revela de la seva adaptació personal del costumisme, sinó també perquè anuncia la funció que tindrà la paròdia en les seves escomeses més directes contra la novel·la convencional.

L'auca del senyor Esteve (1907) ocupa el lloc d'honor d'«un dels fenòmens més importants de tota la nostra història literària».[69] També n'és un dels més divertits i més populars; una obra, en fi, a què no calen exègesis. Amb tot i això, creiem que val la pena de detenir-nos a examinar aquí les relacions de *L'auca*, vista com a antinovel·la, amb la situació de crisi novel·lística en què es produí. Mirar-la així no fa sinó reforçar la validesa de la màxima creació de Rusiñol.

A *L'auca*, en efecte, la identitat d'antinovel·la és prou clara i explícita. El seu títol, que conté una referència a l'originalitat formal de l'obra, supera per endavant la crítica òbvia que «no es propiament cap novela».[70] Rusiñol juga el mateix joc que jugarà Unamuno amb la seva *nivola;* és a dir, afirmar la seva llibertat de novel·lista. Rebutjant les regles o les normes establertes, el novel·lista pot inventar les seves pròpies. Pot escriure una novel·la que repudiï el gènere, una novel·la que pretengui no ésser una novel·la, havent eliminat, pel gest de rebuig i la invenció d'una categoria nova, qualsevol crítica que vulgui reivindicar la puresa genèrica. Tal actitud de desafiament és comprensible només en una situació en què s'estan trencant els motlles i s'està perdent la confiança en les convencions del realisme novel·lesc. Vista en el context de la crisi literària i ideològica del Modernisme, *L'auca* és molt més que una *boutade* aïllada. Tant per la seva forma com pel seu contingut l'interès de l'obra gravita constantment entorn de problemes generalitzats en la novel·la coetània.

Creiem que no s'ha remarcat prou l'originalitat formal de *L'auca del senyor Esteve.* Bona part del seu encant i de la seva eficàcia particulars deriva de la felicíssima adaptació de l'auca popular, infragènere que ateny aquí una elevació mai sospitada. El costumisme, altra vegada, és la font de la inspiració de Rusiñol. *L'auca de la Pepa* (1893) de Pons i Massaveu li suggerí probablement el títol i inspirà la seva interpretació molt més literal de l'auca. No podia haver escollit un medi més adient per al seu propòsit d'historiar l'ascensió d'una família de vetes-i-fils i de satiritzar les *mores* de la petita burgesia barcelonina. El to èpic-burlesc i la sorna s'insereixen en una simpatia nostàlgica que s'adapta perfectament amb la textura del model estructural. L'obra té una disciplina interna i una coherència que Rusiñol no pogué o no volgué mantenir en altres. El patró de l'auca, amb la seva progressió episòdica, regula l'espontaneïtat de la narració, però no l'entrebanca. Cada un dels capítols correspon a un rodolí o quadre d'auca, i ens ho recorden les il·lustracions típiques de Ramon Casas, amb sengles rodolins. L'escriptor mima exactament, en la contextura de la seva presentació, l'aire mig còmic mig sentenciós, la lleugera deshumanització i l'essencial familiaritat dels dibuixos estampats. La fusió d'auca i de narració és gairebé completa, i es pot dir, des d'aquest punt de vista, que Rusiñol talla el nus gordià de la novel·la modernista i inventa una manera nova de novel·lar. Que el resultat sigui una obra tan singular i, literalment, inimitable, assenyala una conseqüència implícita en l'extrema iconoclàstia modernista.

El tema de *L'auca del senyor Esteve,* a l'igual que l'esforç creador que el plasma, demana que el considerem almenys mig seriosament. No és pas senzillament que Rusiñol, en la caricatura genial de la seva pròpia classe, hagi creat l'arquetipus del *senyor Esteve.* La seva obra aborda també una de les qüestions més palpitants del Modernisme, la relació problemàtica entre l'artista i la societat burgesa.[71] Rusiñol identifica la contradicció en la situació de l'artista «desarrelat» que no deixa d'ésser un producte de la societat contra què es gira o de la qual intenta fugir, però de què, al capdavall, depèn per viure. L'art representa una possible salvació de la vulgaritat materialista, però Rusiñol reconeix que la *revolució* preconitzada per ell mateix i pels companys modernistes es limita al nivell cultural. Reconeix també que la independència de l'artista rebel i romàntic és un luxe de privilegiat. L'alliberació d'en Ramonet de *L'auca*, la seva conversió a la causa de l'Art (és a dir, al Modernisme), són possibles només amb la subvenció de *La Puntual 1830* i de tot el que representa aquesta empresa. Els mots finals de la novel·la resumeixen una contradicció que fou tan influent en la pròpia vida de Rusiñol. Ramonet s'aferma en la vocació d'escultor davant la incomprensió del seu pare: «En faré perquè *ell* [l'avi] paga el marbre.»[72] Trobem en aquest complex i en les seves variants —el dilema de l'artista burgès, la polarització entre Art i vida, l'evasió idealista o esteticista davant una realitat més i més hostil— l'origen de moltes de les tensions i frustracions de la «revolució cultural» modernista en la seva darrera fase. *L'auca del senyor Esteve,* malgrat la seva identificació amb la revolta, ja comença a objectivar els seus defectes.

Rusiñol continua escrivint més enllà del final del camí a què arriba la novel·la catalana entre el 1906 i el 1911, i manté el contacte amb el seu públic col·laborant en les publicacions majoritàries d'Antoni López.

Rusiñol conserva així un component important de la tradició cultural forjada en el vuit-cents i en el Modernisme, una certa «democràcia» literària que el Noucentisme menysprearia. Persevera amb les seves antinovel·les dintre el període de domini noucentista, quan preval una *antinovel·lística* més extrema, no ja com a assaig actiu de renovació sinó com a actitud de menyspreu i de silenci. Aquesta continuació d'activitat expressa la despreocupació i independència de temperament de l'escriptor-pintor, i també una llibertat més bàsica que, com la de Ramonet, és econòmica. Això no obstant, una minva perceptible en la vena creadora de Rusiñol sembla reflectir el canvi d'ambient cultural. No torna mai a trobar la inspiració ni l'harmonia formal de *L'auca,* ni tan sols d'*El poble gris.* Els seus experiments novel·lístics posteriors pateixen els mals efectes de la inconsistència volguda i del caòtic, si de vegades encara brillant, humor per l'humor. Les tres obres en conjunt són interessants, tanmateix, pel que revelen del deteriorament intern de l'antinovel·la de Rusiñol. Hi descobrim alguns intents, bé que fracassats, de reanimar les seves pròpies fórmules i una intensificació dels escrúpols de consciència que es poden entrellucar a *L'auca.* Novel·les paròdiques, enclouen totes plegades una mena de paròdia de la relació, que ja hem diagnosticat en la degeneració de la novel·la modernista, entre una crisi formal i una crisi d'ideals.

En una després de l'altra, Rusiñol arremet deliberadament un tòpic novel·lístic consagrat. *El català de la Mancha* (1914) és una caricatura desigual del tema quixotesc, que no realitza la comicitat de la seva inspiració inicial. Rusiñol abusa tant de la seva invenció, que la novel·la recobra ímpetu solament quan abandona l'exiliat cavaller català errant i segueix les aventures bohèmies del fill que s'ha fet torero. *La «Niña Gorda»* (1917) presenta una deformació grotesca i cruel del *bovarisme* en una protagonista que és un monstre de fira amb una sensibilitat pervertida per un empatx de ficció romàntica. Amb *En Josepet de Sant Celoni* (1918) Rusiñol assalta la convenció picaresca i crea la farsa d'un *pícaro* català modern, nascut en una via morta de tren i destinat a ésser un viatjant il·lustre. De fet, com ha observat Josep Pla,[73] totes tres novel·les són bàsicament picaresques. L'altre denominador comú és el costumisme satíric i subjectiu de Rusiñol, que no reprodueix la realitat sinó que la deforma i la ridiculitza. En aquestes darreres obres, però, el desordre i la irreverència envers els seu propis motius suplanten la coherència formal de *L'auca*. L'antinovel·la, ara, és una força purament destructiva, un nihilisme artístic que escomet rudement temes i estructures convencionals, i llavors es gira contra si mateix. Una cosa semblant es registra en la trajectòria, diguem-ne, espiritual de les tres narracions. *El català de la Mancha* desemboca en una exaltació de la vida bohèmia. La marxa de Joanet com a torero, en la companyia d'una colla de comediants errants, és el corol·lari de la ruptura d'en Ramonet de *L'auca* amb la societat i la tradició familiar. Introdueix el tema de l'artista com a *entertainer* marginat i incomprès, i la seva identificació romàntica amb els desposseïts de la terra.[74] Però aquest artista desarrelat troba que la seva alliberació el porta a la solitud i a la misèria. La imatge del cor trencat sota la màscara del pallasso, síntesi de les experiències bohèmies de Joanet, comença a tenyir-se d'amargor i d'una desesperança genuïna —genuïna perquè *El català de la Mancha* acaba amb una tragèdia burlesca i no pas amb un *happy ending* burlesc. *La «Niña Gorda»* prossegueix la degeneració i el ressentiment de l'ideal bohemi, a mesura que la sensibilitat i les il·lusions de l'heroïna sofreixen els enganys i les tortures més cruels, fins a la seva mort en un manicomi. És una obra curiosament pertorbadora, en què l'humor de Rusiñol s'ennegreix, es torça i s'acosta al sadisme. Tenim la sensació que la «Niña Gorda» és una víctima brutalment sacrificada pel seu inventor, potser perquè aquest se sentia responsable d'haver-la engendrada per a la misèria i la frustració. Sigui com sigui, *La «Niña Gorda»* remata el concepte modernista de l'artista com a geni sublim, *outsider* i redemptor. Ofereix un contrast desesperançat amb el desenvolupament simultani del Noucentisme i amb la seva disciplinada acomodació d'una nova promoció d'artistes, formals i solidaris, a la missió política. *En Josepet de Sant Celoni* completa el cicle d'una manera simbòlica. En Josepet, que nasqué i va créixer en la vagabunderia, acaba els seus dies com a autoritat municipal de la Solidaritat Catalana, residint en una torre esplèndida de la seva ciutat nativa. La reincorporació del seu fill és encara més completa. Si en Ramonet de *L'auca* es rebel·là i esdevingué un modernista, el fill de Josepet es rebel·la i s'ajunta, en canvi, a Els Mediterranis: esdevé un noucentista. En total, les línies són més borroses del que suggereix aquest resum, i l'actitud de Rusiñol envers el compromís social de l'artista roman contradictòria; però el moviment bàsic és prou clar. Rusiñol, en les seves novel·les o antinovel·les, arriba, encara que des d'un angle diferent, a l'estat de desil·lusió i de renunciació que caracteritza l'eclipsi del Modernisme. La projecció d'aquestes obres més enllà de la fi del Modernisme accentua l'expressió que donen a l'esgotament d'un cicle cultural.

Hi ha encara un altre caire, bastant diferent, de l'obra en prosa de Rusiñol que cal relacionar amb la situació de la novel·la modernista. *Oracions* (1897), fita principal de l'evolució del poema en prosa a l'àrea hispànica, representa l'assimilació plena en la literatura modernista del més refinat esteticisme simbolista i la plasmació d'un estil concordant.[75] A les novel·les de Rusiñol el procés de «desnovel·lització» és evident, però no té res a veure amb una recerca de lirisme ni amb una concentració estilística. El llenguatge de les novel·les és expressament planer i espontani: «una literatura parlada».[76] Hi ha un fort contrast entre aquest estil i la composició conscientment poètica, el refinament simbolista d'*Oracions*. Encara que Rusiñol mateix abandona aviat aquesta manera d'escriure (*Els caminants de la terra,* 1898, n'és el seu darrer assaig), la influència representada per *Oracions* té un gran ressò en la novel·lística del darrer Modernisme, que ja començava independentment a avançar per camins connexos. Ja hem observat l'aspiració a poetitzar la narrativa en novel·les com *Pilar Prim* i *Nàufrags*. Cal posar l'atenció ara en una sèrie d'obres, encara més representatives de l'estètica modernista, identificades plenament amb les seves conseqüències espirituals i estilístiques, que mostren variants diverses d'un mateix intent de crear una novel·la purament simbòlica i simbolista.

II. Les novel·les de la crisi (2)

L'agonia romàntica

Escauen a un corrent important del Modernisme —el corrent dominant en la darrera fase— els noms de «romanticisme» i de «neoromanticisme» que alguns participants i alguns comentaristes posteriors li han conferit.[1] Es pot dir que fins la primera dècada del segle XX la cultura catalana no rep de ple l'impacte de la tradició romàntica. El romanticisme català del segle XIX tingué un desenvolupament estret i parcial. La Renaixença, per raons històriques evidents, mai no hauria pogut produir un Byron o un Baudelaire, i menys un Huysmans o un D'Annunzio. Els neoromàntics modernistes, amb la precipitació i l'entusiasme característics d'un recobrament del temps perdut, omplen aquest buit de la cultura nacional. Llur funció històrica, per bé que no podien haver-se'n adonat plenament aleshores, és d'haver fet arrelar en la cultura catalana els resultats d'una centúria d'innovació i d'exploració artístiques, d'aconseguir els progressos realitzats fronteres enllà.[2] No es tracta, doncs, d'atavisme sinó d'una modernització essencial. El romanticisme que implanten a la terra nativa ja ha passat pels refinaments del simbolisme, pels extrems del naturalisme, i està en el floriment final decadentista. I és sobretot el romanticisme de la Decadència el que s'apropia el Modernisme.

Cal apreciar sota aquesta llum una forta tendència dins la novel·la modernista a reproduir uns determinats temes i imatges germinals, l'evolució dels quals ha estat minuciosament traçada en el famós llibre de Mario Praz.[3] El terme «agonia romàntica» denota alhora una sensibilitat ultraromàntica i un conjunt d'imatges o de *leitmotiven* en què aquesta s'expressa. El Modernisme té la seva pròpia «sensibilitat apocalíptica», dóna una personalitat específicament catalana als conceptes de Decadència i Renovació (tan lligats al trauma de la fi del segle), però el llenguatge en què es comuniquen prové d'un fons diguem-ne internacional.[4] El decadentisme representa un complex de preocupacions, i llurs equivalències artístiques, amb què se senten identificats molts escriptors modernistes de la segona promoció, especialment els narradors i prosistes. Hi ha una correlació entre decadentisme i la decadència de la novel·la catalana, però la simple equiparació no basta per a explicar ni per a avaluar un fenomen literari important.

Mario Praz ha observat que les revelacions d'una sensibilitat nova depenen d'una extensió dels horitzons morals de la societat, i que «la llicència il·limitada de tractar temes de vici i crueltat, que fou introduïda en la literatura ensems amb el Romanticisme, creà un ambient favorable a l'expressió del sentiment individual, que, en altres circumstàncies, hauria romàs latent i reprimit».[5] Hem vist ja traces d'una rebel·lia moral, sobretot en el tractament de la intimitat afectiva, en novel·les més aviat convencionals com *Pilar Prim, Nàufrags, Romàntics d'ara* i *Aigua avall.*[6] Aquí, però, l'alliberació era només parcial, condicionada com era pels propòsits encara bàsicament realistes dels autors. El procés que comença dintre les estructures convencionals, en les modificacions de la narració que exigeix la concentració psicològica, només es completa quan el novel·lista aspira a un subjectivisme total. La llicència completa, estètica i, almenys imaginàriament, ètica, comporta la confessió més íntima de la imaginació alliberada. Des d'allò que pot ésser descrit d'una manera objectiva, la novel·la evoluciona cap a evocar una realitat interior (i per extensió, superior) que només pot ésser suggerida. Una branca de la novel·la va de la psicologia social (és a dir, d'uns personatges que encara es mouen dintre la societat com a tal) a la patologia individual, on s'han perdut gairebé tots els lligams o punts de contacte amb la «normalitat» exterior. I aquí es consuma la tendència de la novel·la a esdevenir poètica, en el sentit simbolista, pretenent descriure no les coses sinó els efectes que produeixen. La cerca de novetat temàtica s'assimila a l'impuls que propulsa cada emoció i cada experiència cap als límits en què els extrems es toquen: on la lletjor esdevé bellesa, i el dolor voluptat. En aquest punt, cap a on duien els pressupòsits del romanticisme més extremat, es conrea un masoquisme dels sentits i de l'esperit, i un misticisme sensual en què l'experiència estètica es confon amb la religiosa i a la fi la supera. L'art és exaltat com a valor suprem i realitat espiritual única, de la qual l'artista és alhora víctima propiciatòria i profeta extàtic. La sinceritat és el tribut que exigeix aquest art apoteòsic. L'artista no és responsable sinó a la seva imaginació emancipada, i només es pot mesurar aquesta sinceritat segons els seus propis criteris: «No pas fidelitat a la naturalesa exterior, sinó fidelitat a l'experiència d'un mateix que cal mantenir encara que contradigui la moralitat convencional.» [7]

Aquest entusiasme idealista, que s'infiltra en el Modernisme abans del canvi de segle, nodreix una munió d'escriptors joves que intenten donar-li forma a la novel·la i la narració. Llur estel guia és D'Annunzio, que uns articles ressonants de Pérez Jorba introdueixen en la literatura catalana.[8] D'Annunzio hi és presentat com un dels «quatre o cinc esperits superiors que avui en la literatura concreten la complicada situació de l'ànima present».[9] Amb uns resums abundosos dels *Romanzi della Rosa* i de *Trionfo della Morte,* Pérez Jorba esbrina en l'obra de l'italià una progressió des del naturalisme planer devers «un art transcendent i humà, art que fos una manifestació real i alhora superior de la vida de l'home, que estudiés els més profons problemes de l'ànima d'aquest», un art que proclama «la vida interna com a fonament de tota acció i de tota energia».[10] Són paraules que representen el compendi de l'estètica romàntica aplicada a la novel·la, un programa per a la novel·la decadentista del Modernisme. Són evidents moltes altres influències de la tradició romàntica —de Victor Hugo fins a Barbey d'Aurevilly i Huysmans, i encara més ençà— però són més difuses. El fet és que una comunitat de fonts té una importància especial en la literatura decadentista on, com demostra Praz, els temes i les imatges predilectes passen lliurement entre uns i altres autors. Sens dubte, el caràcter de «prohibit» d'una gran part del material fa que sigui arreplegat, diguéssim, en un dipòsit subterrani que es va pouant i es torna a omplir contínuament durant tota la tradició romàntica. Estan encara per catalogar i per discutir críticament, en casos individuals, els molts manlleus fets en aquesta fase de la novel·la catalana a una àmplia sèrie d'escriptors europeus en la línia «agònica» del segle XIX. La impressió de conjunt, tanmateix, serveix per a confirmar d'antuvi un grau alt d'eclecticisme en aquest moviment que representa la incorporació de la literatura catalana a un importantíssim corrent cosmopolita. Per ara, el que interessa aquí són els resultats concrets d'aquesta incorporació, i les mutacions particulars que revesteix la Decadència en l'àrea de la novel·la catalana.

Un dels efectes més penetrants de l'eixamplement d'horitzons efectuat en l'última etapa del Modernisme és la descoberta de tota la potencialitat del naturalisme. En un període anterior els realistes catalans havien eludit el determinisme negre i cruel, per escrúpols temperamentals i literaris però també per submissió a pressions morals externes.[11] El clima del nou segle és molt més propici al desenterrament de facetes «sòrdides» de la vida individual i col·lectiva. La tendència hi opera, no ja sota pretext pseudo-científic, ni solament per tal d'*épater le bourgeois* (el pròleg de Víctor Català a *Drames rurals* té quelcom d'això, però expressa també una preocupació molt més pregona), sinó com a anhel d'aprofundir dimensions d'experiència que, a la literatura catalana, fins aleshores només s'havien escumat. A més a més, el tema de l'individu aïllat, torturat i aixafat per una natura o cosmos hostil —interpretació *metafísica* del determinisme zolesc— expressa, com ha arguït molt encertadament J.-Ll. Marfany,[12] una ànsia existencial concomitant en l'agonia del Modernisme. Són reconciliats així el naturalisme i l'individualisme romàntic, tot refermant una vena decadentista que sempre fou present en el naturalisme originari. Una declaració de Zola resumeix aquest aparellament que és un tret definidor d'una constel·lació major de la novel·la modernista:

> «*Mon goût, si l'on veut, est dépravé. J'aime les ragoûts littéraires fortement épicés, les oeuvres de décadence où une sorte de sensibilité maladive remplace la santé plantureuse des époques classiques.*»[13]

La segona onada del naturalisme català s'aplega amb el corrent simbolista de la Decadència, a la recerca dels límits de la sensació física i espiritual. Cirici i Pellicer ha explicat uns motius principals d'aquesta fusió artística:

> «*Hijos del extremo irrealismo, que ellos llamaban idealismo, se encontraban con aquellos que estaban situados*

en el extremo del realismo. De los sueños de una existencia maravillosamente decorativa, pasaron a darse cuenta del dolor inherente a la propia fragilidad y a la intangibilidad de lo onírico...

»Entonces se encontraron en el mismo camino con la extrema izquierda del naturalismo que buscaba por las rutas de la miseria, de la enfermedad y del abandono un contenido emotivo que no tenían las simples imágenes del mundo acogidas sin selección.»[14]

Trobem l'expressió més crua del nou naturalisme en una curiosa novel·la de Juli Vallmitjana, *La Xava* (1904), que manifesta un sensacionalisme total. La sensualitat desenfrenada i el nihilisme moral dominen la pretensió feble de l'autor de registrar objectivament les *mores* criminals i sexuals del barri xinès. El seu veritable propòsit és d'immergir-se voluptuosament dins la degeneració i la sensualitat delinqüent que descriu: vicis, violacions, lesbianisme i corrupció infantil, tot viscut en un ambient de misèria extrema. El naturalisme, que mostra encara molts elements costumistes, hi esdevé, diríem, una «sobrexposició» de la realitat, una sèrie d'episodis desproporcionadament tèrbols que exhalen la *delectatio morosa*. Però *La Xava* no és, ni de molt, una obra típica, perquè hi manca el refinament estètic i simbòlic que caracteritza les incursions modernistes en les mateixes regions. La *delectatio morosa* dels escriptors modernistes és desenvolupada amb una consciència artística molt més deliberada, perquè té una funció que ultrapassa la contingència purament física.

L'erotisme és una de les constants principals de l'agonia romàntica, ja que afecta la part més susceptible de la moralitat i de l'experiència individual. Però l'erotisme en un context de sacrilegi proporciona un refinament i un estremiment encara més aguditzats. El misticisme eròtic i la consciència catòlica són «els dos pols entre els quals oscil·la l'ànima de l'escriptor neuròtic i sensual».[15] El misteri de la religió i l'esplendor opulenta dels seus ritus constitueixen un *décor* ideal per a l'onanisme estètic, i la profanació, amb tot el que significa, produeix una major intensitat de voluptat. El sacrilegi expressa un estat de soledat anguniejada i el màxim paroxisme de la sensualitat pervertida i desesperada. Les ramificacions d'aquest complex s'entreteixeixen arreu de la literatura modernista, però és Prudenci Bertrana qui n'elabora la síntesi més perfecta i més creadora, harmonitzant els elements literaris amb la seva pròpia visió de l'individu martiritzat per la vida.

A *Josafat* (1906) Bertrana intensifica el misticisme eròtic que començà a explorar a *Nàufrags*,[16] forjant una composició més plàstica, més densa i més dramàtica. «Rosegat de mandra, estremit de misteri, malalt de soledat, silenci i penombra»,[17] el campaner monstruós es delecta en unes fantasies que oscil·len entre el «desig d'amar» i una religiositat ximplement supersticiosa, fins que el somni es transforma en la realitat d'una relació frenètica amb la prostituta, Fineta, que busca en Josafat i en l'ambient horripilant de la catedral gòtica, la satisfacció que el bordell ja no pot proporcionar a la seva sensualitat sadollada. L'idil·li del monstre i la sòrdida *femme fatale* (reincarnació decadent del tema de la Bella i la Bèstia) es consuma en una paròdia grotesca d'una escena de ficció «gòtica» en què una dona és raptada per un orangutan:

> «Ella parodiava l'esglai de la dona robada, i ell el bestial amor, la insaciable cobdícia del simi.
> »Aquestes orgies íntimes atuïen el campaner, li llevaven tota energia i el convertien en una joguina de Fineta, que de dia en dia li feia aprendre un nou refinament, el convidava a una nova aberració.
> »—Pega'm, Josafat.» (732)

Josafat es troba dividit entre l'èxtasi i el remordiment, diferent de la Fineta, per a qui el refinament del sacrilegi constitueix una subtilització extrema del plaer luxuriós. Però la consciència que tortura Josafat des del principi,

> «el record que l'ambient on anava a rendir-se la seva castedat era el mateix on s'aixecava tantes vegades l'hòstia sacrosanta.» (728)

el domina finalment:

> «"Has contaminat la casa del Senyor; per la teva culpa les bagasses hi entren per satisfer llur famolenca luxúria i, com dins el bordell, s'hi barallen i llencen a la faç plàcida de les imatges tota la porqueria que omple llur cos envilit. Penedeix-te, demana perdó, Déu et mira."» (737)

Assassinarà la Fineta en un atac de ràbia bestial que proporciona a la dona el paroxisme final de la satisfacció: en el moment de la mort ella s'estremeix i «una imperceptible onada pareixia iniciar el moviment luxuriós» (741). Llavors hi ha insinuacions de necrofília —«volgué tocar Fineta i la seva nuesa l'acovardí; encara li despertava luxurioses idees» (741)— fins que Josafat, desesperat, embolica el cadàver putrefacte i el llença al riu des de dalt del campanar.

Malgrat la gran força eròtica d'aquestes pàgines, és impossible veure en *Josafat* una mera celebració de la sensualitat per la sensualitat, i res més. L'anàlisi de Cirici i Pellicer citada més amunt ens ajuda a comprendre l'efecte molt més subtil d'aquesta narració. És que Bertrana explota l'afartament de realisme físic a fi d'evocar un estat d'ànim subjectiu o, en un mot, a fi de *spiritualiser l'ordure*. La tonalitat de l'obra no és pas immoral sinó amoral, i enclou, des de la primera ratlla, un simbolisme i una vena de significació que culminen en el passatge delicadament elaborat amb què es conclou la novel·la. Després de la tragèdia, la multitud que va a encarar-se amb Josafat és aturada per un so inesperat:

> «Un flabiol sonava dins la penombra santa. Un seguit de notes clares sortien del trifori, i amb infantívola inquietud, bo i travessant les amplàries solemnials, rebotien pel frontis, aletejaven pels rosons com ocellets frisosos de llibertat. Després, la incorrecta melodia semblava resignarse, esdevenia alegrement enyorívola, saltironava per les cornises, resseguia les motllures, joguinejava pels capitells, s'entortolligava en els pilars, giravoltava per l'absis, s'abatia fins al sòl i muntava fins a les claus de les arxivoltes; sempre incerta, inconscient, indefinida, subtil, com una idea que es perd, com un pensament que fuig, com un seny que divaga...» (747)

El canvi de clau narrativa i el tema musical d'aquesta coda tenen una gran eficàcia a refermar la qualitat confessional i essencialment lírica de la novel·la. Les melodies incertes però commovedores del flabiol són un cant de l'esperit captiu en la carn, un plany de la perfecció estropellada. Sota aquesta llum, els elements brutals i repugnants de la novel·la revesteixen un aspecte negatiu: representen allò contra què es lluita. I l'aspecte positiu és la sinceritat infosa a la concreció literària de la lluita. Bertrana converteix una primera matèria bastant usada, pouada del repertori decadentista de la ficció romàntica i naturalista, en expressió fidel i original d'unes preocupacions bàsiques de la seva vida i obra literària: el destret de l'individu inadaptat, la lamentació per la innocència perduda i la nostàlgia de la vida rural. El flabiol de Josafat canta una existència primitiva i més pura, però irrecuperable. Des de la torre ell pot veure a baix el bordell, però també, al lluny, la contrada natal:

> «Allí mirà al lluny, vers les blavoses muntanyes, vers el seu poblet, i prats formosos, on la pastora s'enjogassava tot temptant la seva honesta adolescència, i on ell fugia del pecat, enfortit per les contínues prèdiques del sant rector. Volgué haver-ne consol, d'aquelles llunyanies, d'aquell passat, d'aquells records agradosos; però el cos èrtic i pudent de Fineta s'interposava, i era més gran, més dominador que el sol, que l'espai atzurat, que l'Univers, resplendent de llum joiosa.» (743)

En la producció de Bertrana *Josafat* destaca com l'expressió més densa i més vigorosa del seu temperament. També és una de les millors i més representatives novel·les modernistes, una obra que cal parangonar amb *Els sots feréstecs* de Casellas i *Solitud* de Víctor Català. Són tres obres que parteixen del mateix esforç de crear una novel·la personal i poètica amb elements naturalistes. Creiem que escau, ara, parangonar-hi una altra novel·la, gairebé coetània, que, des de l'extrem oposat de l'«idealisme» simbolista (tornem a emprar l'anàlisi de Cirici i Pellicer), emprèn un experiment similar i assoleix una consistència estètica comparable.

Camí de llum (1909) és l'única novel·la editada de Miquel de Palol, company de Bertrana, de X. de Montsalvatge i de C. Rahola en el grup modernista de Girona. Obra d'una «sensibilitat apocalíptica» molt refinada, mostra com es complementen i es fusionen els conceptes de Decadència i Renovació en l'esperit modernista. El títol sencer de la novel·la, *Camí de llum: narracions d'un crepuscle,* enuncia una tensió entre extrems antitètics (llum/foscor, vida/mort, puresa/corrupció) que penetra l'ambient de tota la narració. El títol sembla resumir, també, una altra característica de la novel·la modernista —la pèrdua d'identitat genèrica, associada amb intents de renovació d'una forma decadent. Així, aquesta «compilació» de narracions sembla concebuda conscientment com un tipus original de novel·la. En efecte, veurem com la «desnovel·lització» de la novel·la modernista és més evident en aquestes obres on un subjectivisme absolut, atret més i més vers formes d'expressió líriques, trenca els límits de la narrativa convencional.

El decadentisme de *Camí de llum* no es refereix explícitament a un apocalipsi polític ni als conceptes de l'*imperi perdut* o de la *decadència llatina.* Però tal mentalitat es difon —més avall ens hi detindrem— per totes les evocacions d'una vida que es marceix i una sensibilitat agonitzant:

> «Tardor, tardor! Fulles mortes caient sobre capvespres opalins! Cambres de malalts sense dolencies; dolors silenciosos i llarcs... infinits!...» [18]

Palol narra la peregrinació d'un pare i la seva filla tuberculosa, el malson de llur cerca inútil de la llum i la salut. L'arquetipus novel·lístic del viatge —llur migració de la ciutat a les muntanyes, cap a la costa i mar enllà— constitueix una unitat estructural bàsica. Però aquest moviment, vestigi de trama convencional, és privat de *suspense* anecdòtic i gairebé de temporalitat. Sembla que l'escenari real es va reduint en comptes d'aixamplar-se. L'acció s'absorbeix en l'atmosfera que envolta els dos personatges i que emana de llurs reaccions afectives, vagament intuïdes. De la realitat material circumdant el lector només en copsa unes impressions diluïdes, filtrades a través de la hiperestèsia tuberculosa de Maria o deformades per l'abúlia i els records turmentats de Carles. Palol maneja amb gran delicadesa un estil gairebé evanescent que, sembla, no podria ésser més lluny de l'idioma mascle i nerviüt de *Josafat.* Tots dos novel·listes, però, arriben a conclusions artístiques semblants, tot explorant, des d'angles diferents, els límits de l'experiència física i psíquica.

Un fort perfum d'incest, centrat en la memòria de la mare morta, penetra la relació, impregnada ensems de sado-massoquisme, entre pare i filla:

> «Una tarda Carles sentí morirse. Tota la grisor del cel caigué en el seu esperit. L'ombra d'Emma desfullà lliris

sobre Maria, y en la convulsió de la crudeltat, del recort, el llitet blanc de Maria, s'espurnejà d'un fil de sang.» (160)[19]

La voluptat del pecat eròtic i la imatge de la puresa virginal profanada —«aquella extranya dualitat d'amor, com un voluptuós refinament de cosa sensual y pecador» (43)—s'entreteixeixen continuament:

«[Maria] hi sentia una certa voluptuositat en estar juntes y soles en aquelles hores de tarda, parlant d'un desig estrany y informe encara, d'un amor de colegiales que'ls hi feia enrogir sensualment com un pecat deliciós.» (84)

«Carles que la mirà, sentí dintre seu una gran transformació també, y s'espantà de lo que sentia; per això y per primera vegada, no tornà el petó matinal a la seva filla. Ell en aquell moment, al besarla, haguera besat carnalment, passionalment, a Emma: y l'espantà'l sacrilegi.» (57)

Aquest sensualisme místic, on es confonen motius eròtics i sacrílegs, s'intensifica en un episodi central, el tema del qual, evidentment, exercia una forta atracció sobre la imaginació de l'escriptor.[20] Maria és impressionada i torbada per la història d'una noia adolescent que, violada pel jardiner lasciu del seu col·legi religiós, es mutila a si mateixa turmentada pels remordiments. La imatge persegueix la verge hipersensible, i és una de les figuracions de la corrupció de l'adolescència obsessivament repetides a la novel·la.

No solament en això *Camí de llum* recorda *L'Immoraliste* de Gide (encara que no creiem que es tracti d'una influència directa). Palol, com Gide, insisteix en la sensibilitat del tuberculós a la llum i a la claredat, simbolitzant ideals inaccessibles de puresa i les antítesis espirituals del decaïment i la corrupció:

«Era un petit poble de la costa llevantina.

»Les cases baixes, fulgurantes de blancor, semblaven cosa d'encantament: l'últim carrer s'enfonsava en el mar, mar blau, immensament blau, reververant la llum del cel y del poble.» (143)

Palol teixeix així un contrapunt fi de limpidesa, com una melodia flotant, que realça els acords dominants de melangia i de tragèdia.

Com en el cas de *Josafat*, cal recórrer a uns termes

musicals per a comunicar l'índole de la novel·la de Palol, la qual revela a cada moment una inspiració lírica. L'exquisitat del seu tema, però, implica per ella mateixa un ús més delicat de la suggestió i, en general, un major grau de refinament formal. L'estil esdevé part integrant de l'experiència que es narra, i el procediment de Palol s'apropa més i més a la poesia, i a la música. Es repeteixen imatges, com la de la violació en el convent i la de la confusió d'esposa i filla en la imaginació de Carles, en uns motius d'una complexitat molt fràgil. Ecos de temes crepusculars i autumnals i el simbolisme obsessiu del lliri —flor «decadent» per excel·lència— consonen amb el to de lassitud i de malenconia amb què són definits els protagonistes. Però el procés de poetització afecta l'estil i el llenguatge narratius en un nivell encara més fonamental. El novel·lista simbolista ha de donar un «sentit més pur» a les paraules. El recurs dels realistes psicològics, d'escampar el lirisme en uns passatges aïllats, com fa Oller a *Pilar Prim*, ja no és una solució satisfactòria. Quan la suggestió poètica ho és tot, cal que el llenguatge narratiu se subjecti completament a la mateixa deformació. Tal esforç és evident en la prosa de Palol, que defuig la «constatació» directa i empra constantment un joc de ressonàncies febles, de vibracions i de tocs impressionistes quasi vacil·lants, per tal de copsar la sensació fugissera i l'ambient incorpòria:

> «Plovia. El carrer del mar era fosc; un petit llum s'encenia en una cantonada; una ombra de jovenet apocat, passava: y en els vidres del balcó entelats per l'alè, Maria hi escrivia un nom: una llarga campanada retrunyia al vent del mar, y's feia un silenci que donava sensacions d'inquietut pressentida.
> »Plovia: plovia encara.» (155).
> «Sobre coberta un mariner jove, cantava, cantava una cançó de nostalgia, que durava... durava.
> »Quina tristesa més intensa! Quanta anyorança!» (174)

El pretèrit imperfet en aquests passatges té una funció important en la comunicació de la percepció boirosa, convertint tota «acció» en «descripció». En altres llocs, una sintaxi diluïda en què el verb ha perdut la seva predominança (i en què la puntuació compleix una funció gairebé expressiva) substitueix la ferma lògica de la narrativa realista convencional, on el verb representa acció i continuïtat temporal:

> «Ell era un petit somniador: ella una ingenua somniadora. Ell disset anys, ella quinze!» (152)
> «Tardes de diumenge en poble quiet y somniador. Nostalgic amor d'adolescent capdellantse y descapdellantse en un passeig de mar; y una vida malalta que no sentia com la tardor feia caure damunt d'ella les primeres fulles!...» (153-154)

Sota tals pressions, la novel·la tendeix inevitablement a resoldre's en una sèrie de quadres poètics.[21] Palol, titulant la seva obra «narracions», sembla haver reconegut aquesta tendència, però sense deixar-se portar per ella cap a la conclusió lògica. *Camí de llum* és concebuda com una novel·la. La seva estructura *èpica* contrapesa el moviment disgregatiu i manté en una coherència significativa i progressiva els components potencialment divergents. L'harmonia resultant d'aquestes forces es conforma exactament a la consistència subjacent de l'obra, en què la tragèdia i la mort concilien els extrems de la integritat i la corrupció, el dolor i l'èxtasi, la carn i l'esperit.

Camí de llum pertany, com les *Sonatas* de Valle-Inclán, a una fase cultural en què la novel·la aspira, en paraules de Walter Pater, a la condició de la música. Per aquest camí la novel·la convergeix amb una branca de la poesia (intermediària, per dir-ho així, entre narració i música) que conrea el poema en prosa. A *Camí de llum* Miquel de Palol resol d'una manera ben original molts dels problemes estètics que es plantegen per a la novel·la en tal conjuntura. Per circumstàncies personals i històriques —semblants, en l'essencial, a les dels altres novel·listes modernistes arraconats pel Noucentisme— l'obra no ha rebut l'atenció ni la valoració positiva que mereix i que el premi d'«El Poble Català» semblava augurar.[22] *Camí de llum* és una novel·la modernista important, com *Josafat*, per la seva adaptació creadora del repertori imaginatiu i estilístic del decadentisme, i per l'expressió que enclou d'una experiència de l'agonia romàntica. Els protagonistes de *Camí de llum* són dues víctimes de llur pròpia condició d'inconformistes. D'altra banda, ens sembla possible de copsar, en la qualitat més contemplativa de la novel·la de Palol, un altre pla de referència simbòlica. ¿És accidental que el viatge de Carles i Maria els dugui des de la capital, per les muntanyes, fins a la costa mediterrània? Evasió, Ciutat, ruralisme i classicisme mediterrani són conceptes claus del conflicte cultural, entre Modernisme i Noucentisme, que el mateix Palol conegué bastant de prop. Hi ha, a *Camí de llum,* una sensació de desfeta i la consciència d'una altra vida de què són exclosos els protagonistes maleïts. Llur «camí de perfecció» sembla portar-los a la vista de la terra promesa, on saben que els és prohibit d'entrar. Veure a *Camí de llum* un pressentiment i fins una mena de preparació de l'era noucentista, no ens sembla una interpretació massa forçada, sobretot tenint en compte el sentit semblant que hem vist en novel·les com *Romàntics d'ara* i *Desil·lusió.* De tota manera, hem de veure més avall que la continuïtat ben irregular entre les literatures del Modernisme i del Noucentisme es concentra a l'àrea dels valors estilístics simbolistes on pertany la novel·la de Palol.

La sensibilitat apocalíptica és àmpliament conreada en el Modernisme, però no produeix cap altra manifestació novel·lística que es pugui comparar amb les dues obres que acabem de mirar. Trobem alguns assaigs amb el mateix tipus d'experiència decadent i amb el mateix llenguatge, però cap que assoleixi una veritable força i coherència estètica. A *Edmon* (1908) Alfons Maseras intenta evocar, de dins, una personalitat que es nodreix de fantasies romàntiques i de la *delectatio morosa.* La insuficiència dels seus recursos estilístics no fa sinó palesar la vacuïtat dels tòpics que amuntega i la incertitud formal de la novel·la poètica malparida. Històricament, però, és interessant l'intent de revifar l'antiga novel·la epistolar, tot minimitzant la seva qualitat de dietari episòdic i desenrotllant-ne l'element d'intimitat psicològic i confessional. El tuberculós Edmon conta en les seves cartes la llarga malaltia i el record d'una relació tràgica amb una misteriosa *femme fatale.* Es barregen efusions de la seva imaginació nebulosa i turmentada, nocions fugisseres de decadència llatina i un esteticisme febril i sentimental. Exposa una definició de l'art —«una manera activa i emotiva de traslladar en fets tot lo que en nosaltres viu com sentiment»—[23] que situa *Edmon* exactament en la línia de la novel·la poètica i dannunziana. És una obra que evidencia les modificacions del clima moral i del gust popular en què es produeix tal evolució, i assenyala, encara, que la novel·la segueix essent una mena de filtre a través del qual arriba al públic el pensament literari i existencial del Modernisme.[24] El seu interès, al capdavall, és documental i, diguem-ne, arqueològic. A *L'adolescent* (1909), el mateix autor s'embarca en una aventura decadentista en un escenari històric ben exòtic, a la manera de *Salammbô* de Flaubert i dels seus successors. Característicament, l'ambient opulent i voluptuós (Babilònia i la degenerescència hedonista de l'Imperi) funciona com un reflex dels episodis de depravació eròtica que s'hi presencien. Però es tracta d'un Bizanci de cartó, ara ho veiem clarament, mustigat pels anys i totalment limitat pels horitzons finiseculars.[25] Sols alguns trets vigorosos de la narració, l'assimilació de Maseras de l'estil *faisandé,* fan la impressió que aquesta és una obra menys ingènua que *Edmon.*

Eros-Christ (1908) de Víctor Oliva no arriba a complir el que donava a esperar títol tan reclamant. Llevat de l'entusiasme patriòtic del seu autor, el llibre no té res d'orgíac ni de místic. No hi passa gairebé res. L'heroi romàntic —Pepito Devesa o «Eros-Christ»— es deixa martiritzar en una relació estèril (amb una *femme fatale* francesa, no cal dir-ho) a l'escenari feréstec i desert del Pirineu: «dos esperits de refinada perfecció s'havien de trobar i es trobaven al vell cim d'una montanya immensa».[26] És una obra «passiva» d'un aficionat, tocat per inquietuds regeneracionistes i superficialment influït per alguns tòpics formals decadentistes. El contrast amb *Camí de llum* —amb què té algunes semblances temàtiques— revela com és de barroera i d'anacrònica aquesta pobra novel·la.

L'agonia romàntica té un subproducte curiós en les novel·les de Plàcid Vidal. L'onanisme fantàstic de la trilogia *Romanç d'una passió*[27] és una mena de *reductio ad absurdum* inconscient, escrita amb la bona fe més candorosa, de l'esteticisme neoromàntic. Compendia, gairebé caricaturescament, algunes de les contradiccions i atzucacs principals del darrer Modernisme i de la seva visió cultural. La situació crítica de la novel·la modernista —l'anhel innovador, l'entusiasme per la confessió íntima, la llibertat teòrica que estimula l'experimentació imaginativa— explica d'antuvi l'índole estranya de la ficció de Vidal. El títol sembla emprar la mateixa tàctica que l'*Auca* de Rusiñol i les *narracions* de Palol (és a dir, un rebuig de la identitat genèrica convencional), però l'actitud ingènua i confusa de Vidal envers el «realisme» traeix la seva desorientació teòrica.[28] El conjunt és un somni extravagant, escrit en un llenguatge plumbós, d'un pobre home atabalat i frustrat per delusions de grandesa modernistes. Les fantasies de l'autor són projectades en la persona de Jordi Saura —poeta diví, «últim romàntic», *Don Juan* i encarnació de l'esperit nacional, tot ensems— que és el centre d'una increïble orgia d'autoidealització. Vista aïlladament, l'obra és grotesca: en el seu context cultural és ben patètica. La vida fabulosa de Jordi Saura ofereix un contrast dolorós amb la realitat on s'originà tal ideal, com la va descriure el mateix Vidal a la seva autobiografia, *L'assaig de la vida.* Entre l'al·lucinació exagerada del *Romanç* —«Oh poder d'una fantasia prodigiosa, realçada per un cor vehement sublimant les emocions de la vida»—[29] i la frustració narrada a *L'assaig de la vida,* hi ha un abisme que representa l'antinòmia art-societat o art-vida sota la pressió de la qual es desfà el darrer Modernisme. Si l'artista no pot imposar la seva voluntat a la societat —recordem les consideracions de G. Hough sobre els últims romàntics anglesos—[30] s'esquivarà per compensació en un món ideal i particular, creat a imatge seva. L'obra de Vidal és un cas crònic d'aquesta evasió. Les novel·les avortades (autobiografia idealitzada) i l'autobiografia real proporcionen una visió íntima de la liquidació del Modernisme. Vistes en conjunt, revelen el poder dels seus mites i, alhora, la inevitabilitat de la desil·lusió anihiladora.

El nou romanticisme no té altres manifestacions pròpiament novel·lístiques (*Els sots feréstecs* i *Solitud* són dos casos excepcionals que estudiarem en el context del ruralisme). Efectivament, les experiències de l'agonia romàntica i les formes d'expressió que revesteixen, si de primer s'introdueixen en la novel·la com a possibilitats d'expansió temàtica i tècnica, a la llarga militen en contra del gènere i tendeixen a separar-se'n. Es pot dir que *Josafat* i *Camí de llum* arriben al punt límit, més enllà del qual la novel·la perd la seva identitat, o bé a causa de la propensió centrífuga a resoldre's en les *narracions* constituents, o bé a causa d'una concentració progressiva que produeix una forma més semblant, de dimensions i de característiques, a la novel·leta o narració curta (*Josafat* consta com a *narració* a les *Obres completes* de Bertrana). Fragmentació o concentració, ambdues coses condueixen cap a la narració curta o al poema en prosa, modes de creació favorits de l'estètica simbolista.[31] La gran proliferació d'aquest tipus de literatura, inaugurada per *Oracions* de Rusiñol, és un fenomen importantíssim de l'última etapa del Modernisme. Basta un cop d'ull a les planes de «Joventut» o de «Pèl i Ploma» per a confirmar-ho. Cirici i Pellicer en cita i glossa alguns exemples notables per il·lustrar la seva descripció de les arts gràfiques del període, però encara fa molta falta un estudi específicament literari d'aquesta part imponent, en quantitat i en qualitat, de la producció modernista.[32] Ací no podem sinó afirmar que el futur estudiós d'aquest tema haurà d'aprofundir els múltiples lligams entre la crisi de la novel·la i el conreu molt actiu d'altres formes de creació en prosa narratives i líriques. Més cenyida al propòsit del nostre estudi és una consideració de les implicacions generals d'aquesta fase simbolista de la novel·la modernista.

En primer lloc, vista des d'una perspectiva llarga, la tasca dels novel·listes decadentistes, tot donant expressió a preocupacions íntimes més o menys genuïnes i a un drama cultural molt pregon, ha estat d'introduir al repertori literari català una temàtica i un llenguatge que abans hi eren gairebé inèdits. En alguns casos, llur agonia romàntica ens sembla, ara, tan exagerada que es desborda en excessos melodramàtics o en una sensibleria embafadora, símptomes d'una adolescència literària. Nogensmenys, cal reconèixer que llur iniciativa i llurs experiments signifiquen l'aconseguiment d'un estadi cultural, l'assimilació completa de l'experiència romàntica, sense el qual l'evolució literària seria parcial i, en el pitjor sentit, casolana. Solament a partir del 1900 es pot parlar amb tota confiança d'una tradició *moderna* a la literatura catalana,[33] la qual cosa és la justificació suprema del *Modernisme*. El fet és molt important, car, com veurem més avall, la represa de la novel·la després de la interrupció imposada pel Noucentisme depèn molt de l'existència de tal tradició.

«A èpoques noves, formes d'art noves», heus aquí la força que lliga els diversos avatars de la novel·la modernista. Però aquest anhel innovador, enlloc no es fa tan patent, amb tots els seus efectes, com en aquestes obres on l'exercici de la intuïció i el valor absolut de la sinceritat individual desperten una intensa consciència estilística, on el llenguatge i la paraula vénen a ocupar el primer pla de l'experiència estètica. Dues maneres d'obrar s'ofereixen dintre l'estètica modernista: l'espontaneïtat absoluta o l'artifici exquisidament treballat. El concepte de la *paraula viva* de Maragall —«el *substratum* teoritzat del Romanticisme», segons Ors— exalta la sinceritat poètica de l'expressió espontània «divinament» inspirada. Però les condicions de la *paraula viva*, llevat d'uns casos especials en la novel·la ruralista que deixarem per a més endavant, s'adiuen poc amb els propòsits i els mètodes narratius, àdhuc quan aquests tenen caires poetitzants. La solució de l'artifici refinat concorda molt més amb el procediment del narrador simbolista. Els experiments sensuals i les perversions de la sensibilitat decadentista mai no podrien ésser completament el fruit de l'experiència directa. El culte a la sinceritat admet l'esforç conscient i «artificial» de traduir les descobertes de la imaginació alliberada. L'expressió artística esdevé, doncs, l'única existència i realitat de l'experiència. L'artifici es fa realitat total. *L'amor sensuale della parola* de D'Annunzio desplaça la *paraula viva*. Àdhuc el timbre sensual de la definició comunica el sentit de misteri i de voluptuositat latent de l'ideal estètic. Ja hem vist com l'exploració dels extrems de la sensibilitat —sia sota una inspiració naturalista (física) o simbolista (psíquica)— empeny el llenguatge cap als seus límits d'expressivitat. Així a *Josafat* com a *Camí de llum*, la forma verbal no solament «representa» l'experiència narrada sinó que també l'assimila i la transforma. Originat en una exigència narrativa, tal procés comença a atènyer una funció dominant. La prosa, conreada «poèticament» per ella mateixa, se separa del tronc novel·lístic: els valors estilístics i lingüístics defineixen el valor de la creació literària. S'origina així una confusió genèrica, sobretot entre prosa i novel·la, que culminarà amb el Noucentisme. De fet, és important de reconèixer que dos trets cabdals de la literatura noucentista —la relegació de la novel·la i l'escrupolositat lingüística— es relacionen prou directament amb les conseqüències del cul-de-sac a què arriba la novel·la del Modernisme.

Les preocupacions estilístiques del simbolisme, en

la forma en què foren absorbides pel Modernisme, entren inevitablement en conflicte amb les condicions especials del llenguatge literari de l'època, titubejant encara i, malgrat tot, poc consistent. Hi ha un moment en què, dins el relatiu desgavell del català finisecular, el problema estilístic passa a ésser específicament lingüístic. La transició es pot veure en les primeres temptatives literàries de Pompeu Fabra. La seva traducció de *La intrusa,* sota l'ègida modernista, fou un aprenentatge important per a la seva feina posterior. Encarat amb la vaguetat simbolista i la suggestivitat etèria de l'estil de Maeterlinck —«la misteriosa musicalitat de les paraules... l'expressió més immaterial dels individus»—,[34] el traductor topa directament tant amb els defectes com amb les possibilitats del català de què disposa. L'èxit de la traducció té aspectes estètics i lingüístics inseparables: «*Muchas sutilidades de expresión que nunca se habían intentado, o que parecía difícil o imposible verificar, fueron realizadas.*»[35] Més tard, quan la literatura d'aquest tipus és arraconada per l'ortodòxia noucentista, segueix perpetuant-se el valor de l'experiència lingüística, incorporat a la més alta responsabilitat cívica.

El cas de Fabra no és pas únic. En una regió més pròxima al centre de gravetat novel·lístic, dos altres noucentistes en embrió comencen la carrera literària amb unes afiliacions encara més estretes amb el Modernisme militant, i amb la seva renovació del repertori narratiu. Tots dos fan prosa netament modernista. El breu *L'idil·li dels nyanyos* (1903) de Carner és una novel·leta de puríssima sabor finisecular: una evocació capritxosament sentimental, melangiosa, deliberadament crepuscular. La llangor romàntica de la filla del guardaagulles, la figura tràgico-burlesca del seu amant cap d'estació, la simple poesia vulgar de llur situació i de llurs somnis, tot és producte d'una imaginació afí al Modernisme rossinyolesc. És un testimoni interessant de la formació del temperament literari de Carner, testimoni que assenyala, també, alguns trets temàtics i estilístics de la seva producció posterior, clàssicament noucentista.[36] A l'esotèrica *La malvestat d'Oriana* (1910), hi trobem —irònicament, segons hem de comprovar— «l'únic intent novel·lístic de Carner».[37] Vist aïlladament, aquest *jeu d'esprit* —un pastitx medievalitzant en la forma de l'*eiximpli* d'Oriana i Fra Marsili— és poc més que un interludi graciós en la carrera del poeta. La precocitat verbal i el sentit històric no hi són més que una paròdia dels mateixos elements tal com figuren a la prosa madura de Carner. És una obra personalíssima, de circumstància, i si hi volem esbrinar influències i afinitats, la que destaca és un pre-rafaelisme passat per aigua o lleugerament caricaturitzat. Amb tot i això, aquesta peça no és gens incòngrua dins el panorama de la novel·la modernista. Quasi a desgrat, i amb vacil·lacions justificades, li ha estat notada una afinitat.[38] Però s'aclareix la confusió de si és o no és *La malvestat d'Oriana* una novel·la modernista, si ens disposem a considerar-la, a l'igual de l'*Auca* de Rusiñol, com una altra manifestació de l'antinovel·la proteana del Modernisme. L'actitud paròdica és semblant en ambdues obres, com també ho és l'estructura notablement trencada i episòdica. *La malvestat d'Oriana* confirma, si més no, que la trajectòria de la carrera literària de Carner i la seva problemàtica relació amb el gènere novel·lesc són definides en la seva etapa modernista i en una experiència personal de la crisi de la novel·la.[39]

L'Eugeni d'Ors modernista mostra una visió més negra, més agònica i més explícitament decadentista. *La fi de l'Isidre Nonell,*[40] un conte fantàstic en què les creacions del pintor es rebel·len contra ell i el maten, és un exemple perfecte d'una sensibilitat neuròtica que engendra una forma d'expressió ricament sensual. El seu tema és una meditació sobre inquietuds característicament modernistes, l'ètica bohèmia, l'artista endimoniat, la confusió de l'art amb la vida. L'estudi de la ficció orsiana posterior pertany a una altra secció del nostre treball, però es fa ja palès que moltes de les seves arrels es nodreixen en aquesta primera etapa. El fet que ell sol entre els noucentistes continuï conreant una forma de novel·la, àdhuc quan el gènere és proscrit per l'ortodòxia cultural, és ben significatiu. Vists des d'aquesta perspectiva, els seus assaigs de ficció prossegueixen la recerca, motivada per preocupacions estètiques modernistes, per a renovar o substituir la vella novel·la. Basta per ara assenyalar el parentiu entre les seves ficcions i diversos arquetipus de la novel·la decadentista. Fins i tot a *La Ben Plantada,* obra catequística del moviment noucentista, els reflexos romàntics són ben forts, i el deute a *Le jardin de Bérénice,* de Barrès, traeix una ascendència genèrica i espiritual d'aristocràcia rància.[41] La versió de Xènius de l'«energia nacional» és una rèplica a l'esperit de decadència política, de la qual en certa manera gaudeix estèticament alhora que la repudia intel·lectualment. La seva Teresa —«la Ben Plantada»— que porta d'orígens exòtics la salvació nacional, és una parenta, no gaire llunyana, del llinatge de les *femmes fatales.* El *taedium vitae* d'*Oceanografia del tedi,* amb tota la voluptuositat cerebral que provoca, recorda l'arxi-decadentisme de des Esseintes. *Gualba, la de mil veus* és concebuda com l'antítesi de *La Ben Plantada,* com una obra expressament «romàntica».[42] Argüint que es tracta d'un exorcisme terapèutic de la *delectatio morosa,* d'una expulsió de les larves del mal, Xènius només està repetint l'excusa moral comuna dels escriptors llicenciosos.[43] Si el decadentisme d'entre-dos-segles és una reacció espiritual davant un cataclisme imaginat, *Gualba* respon, en canvi, a una catàstrofe més real i més colpidora: la Primera Guerra Mundial.[44] La justificació que fa Xènius de l'erotisme decadent d'aquesta obra —«Enlloc com en la torbació de l'incest no es tradueix el pànic trasbals»— [45] resumeix un dels motius fonamentals de tot un fenomen literari i històric. En aquesta novel·la, la relació entre filla —tuberculosa— i pare recorda l'assumpte de *Camí de llum,* mentre que l'ambientació és clarament inspirada pels «sots feréstecs» del ruralisme modernista antibucòlic, el fundador del qual, Raimon Casellas, és esmentat en el pròleg. Més permanent que en el cas de Carner, hi ha en Ors un flux i reflux constant entre dues visions patentment antagòniques, i és ell qui representa el lligam més directe entre la identitat modernista i la noucentista de l'antinovel·la.

Abans de trobar altra vegada Xènius i la seva obra, cal que abordem el gran tema de la novel·la rural que *Gualba,* oportunament, introdueix al nostre panorama. Hem de veure que els temes i les preocupacions estètiques de l'agonia romàntica atenyen una expressió intensíssima en dues novel·les modernistes clàssiques, *Els sots feréstecs* i *Solitud,* les quals vénen a rematar en molts sentits tota una onada de literatura ruralista.

La primera dècada del segle XX presencia una marcada proliferació de ruralisme a la novel·la catalana. Tants escenaris rurals i muntanyencs, drames rústics i pagesívols, personatges bucòlics o silvestres semblen monopolitzar l'atenció dels novel·listes. Ja hem observat que la novel·la modernista té molts altres aspectes i estils que constitueixen el seu panorama total. Això no obstant, les proporcions del *boom* fan al primer cop d'ull la impressió que novel·la rural i novel·la modernista vénen a ésser la mateixa cosa. La crítica literària ha tendit a acceptar massa al peu de la lletra aquesta identificació, a parlar monolíticament del ruralisme com d'una *bête noire* de la novel·la catalana, i a atribuir al fenomen en conjunt una influència retrògada.[46] Es pot veure en aquesta actitud de la crítica una prova de l'extensió i la difusió del ruralisme. Però és alhora una perpetuació d'una fal·làcia originada en la reacció immediata contra el ruralisme i el seu aparent monopoli cultural.[47] Intentarem ací una aproximació més objectiva. En primer lloc, però, ens convé conservar la perspectiva «monolítica», per tal d'esbossar les proporcions i faccions del fenomen ruralista.

Un simple inventari selectiu de títols és un bon punt de partida: J. Massó i Torrents, *Croquis pirinencs* (1896, 1903); M. Vayreda, *Records de la darrera carlinada* (1898), *Sang nova* (1900), *La punyalada* (1904); R. Casellas, *Els sots feréstecs* (1901); Víctor Català, *Drames rurals* (1902), *Ombrívoles* (1904), *Solitud* (1905), *Caires vius* (1907); J. Pous i Pagès, *Per la vida* (1903), *Quan es fa nosa* (1904), *Empordaneses* (1905), *La vida i la mort d'en Jordi Fraginals* (1912); J. Ruyra, *Marines i boscatges* (1903); J. M. Folch i Torres, *Lària* (1904); Ll. B. Nadal, *La nonada* (1905); Felip Palma, *Asprors de la vida* (1904), *La caiguda* (1907); V. M. de Gibert. *Gent de muntanya* (1906); A. Calvet, *Sentiment* (1905); J. Morató, *Arran del cingle* (1905); P. Bertrana, *Proses bàrbares* (1911).[48]

Es produeix aviat l'intent de veure en tota aquesta activitat, on es barregen estils, formes i conceptes literaris distints i fins contradictoris, un moviment coherent i ordenat. El terme «ruralisme» esdevé en aquest mateix període l'etiqueta de la tendència, i de diversos

A 122. 6

cantons vénen contribucions a l'elaboració d'un programa teòric.[49] És possible de veure, en aquestes explicacions i justificacions del ruralisme, alguns punts de contacte significatius amb les preocupacions i la ideologia difusa del Modernisme. En efecte, la inspecció més sumària dels títols i dates que acabem de detallar mostra que la trajectòria de la novel·la rural coincideix gairebé exactament amb l'evolució de la darrera fase del Modernisme. En ascensió a partir del canvi de segle, arriba a l'apogeu entre les dates de *Solitud* (1905) i *Caires vius* (1907), a l'any crucial de 1906. Després d'això hi ha una davallada en la quantitat i un canvi en la qualitat del ruralisme, mentre noves formes culturals comencen a afectar el Modernisme mateix. Les dades cronològiques assenyalen una relació estreta entre tots dos.

L'anàlisi més clarament formulada del ruralisme, de la seva significació històrica i de la seva vitalitat en el Modernisme, ens és proporcionada per un dels seus crítics més vehements. En una *glosa* incisiva de 1909, «El bosc»,[50] Xènius diagnostica l'atracció múltiple que els temes rurals exerceixen sobre la literatura catalana moderna. Argüeix que el ruralisme —«el bosc»— té arrels pregones en dos dels principals corrents artístics del segle XIX:

> «Prestigi doble, el d'aquestes [les selves], romàntic d'una part, naturalista de l'altra... Bosc, a més a més, consona fàcilment amb castell feudal, i les dues aficions de l'època es trobaven satisfetes així... — Vingué la passa naturalista. El castell feudal en sofrí; però el bosc, gens. Com abans s'havia convingut en el fet que ell era "la cosa més poètica", ara es convingué en que era "la cosa més natural".»

Una altra qualitat complementa i augmenta aquest prestigi estètic. El ruralisme posseeix una significació sentimental, ètica i patriòtica:

> «Assolia així el Bosc, per damunt el seu valor estètic i higiènic, una mena de valor moral, i patriòtic i tot... Del Bosc es deia, com dels cims de les muntanyes, que allí "S'hi troba la veritable Catalunya..."... I els poetes del temps reeditaren l'elogi de les selves, i hi varen trobar

novament "la veritable Catalunya", perquè la veritable Catalunya havia de ser una cosa "ben natural".»

La interpretació del Glosador, malgrat la simplificació i el to de menyspreu, conté unes veritats elementals. Cal ara que prosseguim, amb referència a la novel·la rural i al Modernisme, l'examen d'aquesta doble influència esbrinada per Xènius.

La novel·la catalana vuitcentista, a l'igual de la seva contrapart castellana, té moltes arrels en el costumisme rural.[51] Bosch de la Trinxeria, Genís i Aguilar, Vidal i Valenciano, Pin i Soler, Berga i Boix, i d'altres, eclipsen en quantitat, bé que no pas en qualitat, l'únic novel·lista de debò de la burgesia urbana, Narcís Oller. A la literatura renaixentista, doncs, realisme equival a ruralisme, per dir-ho així. Més tard, la confusió de naturalisme i «Natura», apuntada per Xènius, reforçarà l'equació,[52] la qual segueix en vigor encara al segle XX, acreditant una sèrie d'equívocs literaris. Obres com *La nonada* i *Quan es fa nosa* exemplifiquen el «naturalisme» mal entès, i mostren també com això emmena a la reiteració de fórmules narratives antiquades. La revalorització coetània del costumisme és un altre factor que ajuda la supervivència d'un ruralisme estereotipat, perquè justifica un retorn al costumisme embrionari d'una fase molt anterior de l'evolució novel·lística. Els *Croquis pirinencs* de Massó, que en publica una segona sèrie en 1903, *Empordaneses* de Pous i Pagès i moltes parts de l'obra de Ruyra exhibeixen aquesta tendència. Hom s'adona que a la novel·la rural es produeix una forma crònica dels símptomes d'estancament i de reversió que hem observat en un altre departament de la novel·la convencional coetània. Que aquesta literatura manifesti, en general, menys energia renovadora, pot atribuir-se a unes característiques especials del ruralisme mateix.

El progrés de la novel·la, tant o més que el dels altres gèneres, és un constant refer de la seva pròpia tradició. Ara bé, són els primitius novel·listes rurals qui, a la darreria del segle XIX, representen la línia més forta de continuïtat (és a dir, la tradició) de la novel·la catalana. L'obra d'escriptors com Nadal, Vayreda i Ruyra enllaça activament dues centúries.[53] En l'absència d'una tradició més «normal», els precedents del realisme-ruralisme serveixen d'exemple i de motlle als escriptors novells. El vigor del model explica, almenys en part, la facilitat amb què talents més aviat mediocres —Morató o Gibert, per exemple— són capaços d'imitar i de reproduir prou convincentment la fórmula ruralista. També explica en part per què alguns joves autors de ciutat, com Folch i Torres o Calvet («Gaziel»), s'estrenessin com a novel·listes rurals abans de descobrir vocacions més genuïnes. Es crea, doncs, entre grans i joves (alguns d'aquests, com Pous i Pagès i Víctor Català, oriünds de les comarques rurals), la il·lusió momentània que la novel·la rural és la sola i vera novel·la catalana.

En aquest punt les forces artístiques i ideològiques es cofonen en una. El fenomen de la novel·la rural encaixa dins el Modernisme amb un moviment de «retorn a la terra catalana en una recerca de la seva essència més autèntica, de la seva ànima, per dir-ho com Maragall».[54] El ruralisme és la busca de «la veritable Catalunya», segons Xènius, d'un sentit de nacionalitat concebut pel Modernisme a escala universal. Una declaració de Maragall mostra com s'harmonitzen les dues aspiracions aparentment antagòniques:

> «Vulguem el nostre art penetrat contínuament de totes les influències que pugui assimilar; però sempre fort en el seu terrer, en el que mai enfonsarà prou les arrels en busca de l'ànima pròpia; perquè aquesta busca de la seva ànima és l'únic camí de lo mundial veritable.»[55]

La significació patriòtica del «terrer» és empeltada en un fort corrent de tradicionalisme pairalista, que flueix des dels orígens de la Renaixença cap a dins el segle XX,[56] i que s'eixampla en la novel·la rural. *Sang nova* de Vayreda proposa un carlisme esmorteït en qualitat de força revolucionària de salvació nacional. En forma menys contradictòria, variacions o dilucions d'una doctrina semblant, on el pairalisme es confon amb el rebuig de la societat industrial, es troben en moltes altres manifestacions de la novel·la rural. N'hi ha ecos també en obres com *Desil·lusió* i *Eros-Christ*, que toquen només tangencialment temes rurals.

La novel·la rural té, doncs, una missió que és «la tasca de donar a un poble la conciència de si mateix, veritable funció de la literatura».[57] La força d'aquesta justificació patriòtica tendeix a fer valer per ell mateix el contingut de ruralisme, i fins a descartar qüestions de qualitat literària. Això es pot veure en l'orientació de comentaris publicats en revistes com «Ilustració Catalana» i, més sorprenentment, «Joventut». Un seguit d'articles d'aquesta, dedicats a la novel·la, termina amb una declaració reveladora:

«En aquests articles he parlat solament dels prosistes qu'han tractat assumptos montanyenchs y camperols, qu'es ahont considerém qu'han d'abeurarse'ls nostres escriptors per ésser axís camperol y montanyench el caràcter català.»[58]

El ruralisme esdevé autosuficient. Hom arriba a comprendre així una causa principal de la reiteració i monotonia que caracteritzen moltes obres d'aquesta onada. L'entusiasme patriòtic tapa, momentàniament, una crisi literària.

El llenguatge rep una atenció especial en la teoria ruralista, fins a tal punt que, de vegades, és considerat més com a part del contingut literari que com a vehicle formal.[59] La tradició renaixentista, des d'Aribau fins a Verdaguer, exerceix una influència molt forta. Però hi ha també ressonàncies de preocupacions estètiques més modernes o, si volem, modernistes. L'admiració d'Oller pel «ric vocabulari» dels novel·listes rurals, i les condicions en què l'expressa, són prou significatives en aquest sentit.[60] En general, però, la funció patriòtica és la que predomina. Es consolida una consciència lingüística que aspira a establir «la veritable prosa catalana, sense influencias forasteras... purament del agre de la terra»,[61] per a la qual l'arrelament a la terra és l'expressió més genuïna del caràcter nacional i, ensems, de la sinceritat individual creadora. La teoria és sublimada en el concepte maragallià de la *paraula viva*, el qual, creiem, té més d'una repercussió a la novel·lística rural.[62] Els resultats d'aquesta, però, són generalment força imperfectes i problemàtics. Una noció vaga i a vegades excèntrica del llenguatge ideal provoca unes conseqüències contradictòries. El culte més o menys rousseaunià sanciona anacronismes, esoterismes dialectals i fins i tot barbarismes que, pel sol fet de trobar-se a la boca del pagès, s'accepten per bons. Aquest és el revers de la medalla d'una considerable contribució positiva a l'evolució de l'idioma literari modern. El respecte d'Oller és encara justificat. Les figures cabdals de la prosa ruralista, a despit de les deficiències dels mitjans de què disposen, assoleixen una densitat nova, una «claredat i energia plàstica» i un grau de matisació que marquen un autèntic pas endavant en la història literària i lingüística.[63] Cal reconèixer, també, fins a quin punt l'actitud dels ruralistes envers la qüestió de l'idioma literari, salvades totes les diferències d'inspiració i de procediment, s'anticipen a la fórmula cultural del Noucentisme: l'idioma com a símbol i recipient de la personalitat nacional, la purificació de l'expressió literària com a acció patriòtica.

El tradicionalisme que rau en el fons de la teoria ruralista explica com el moviment fa sobreviure estructures literàries antiquades. El naturalisme malentès i el convencionalisme estereotipat d'un bon nombre de les novel·les esmentades en el nostre inventari inicial, fan una impressió d'exhauriment. De fet, se senten rumors d'insatisfacció en el moment mateix d'auge de la moda, expressant una contradicció interna del moviment modernista.[64] L'estancament del ruralisme representa un cas extrem del malestar epidèmic del realisme i de la novel·la en general. Urgeix la necessitat d'innovació: «La novel·la rural... tenia un camp limitat. Havia d'esmerçar-se en autoimitacions.»[65] Però és precisament en aquest punt que la visió «monolítica» del ruralisme, que és la que hem emprat fins aquí, provoca un falsejament greu. El fet és que el panorama de la novel·la rural no representa pas un tot uniforme i estàtic. Cal que posem esment, tot retenint una imatge del quadre total, en una sèrie de reaccions internes, dinàmiques, contra la inèrcia del ruralisme amanerat. A l'obra de Raimon Casellas i Víctor Català —i secundàriament a la de Ruyra i Bertrana— les estructures de la narració ruralista són transformades i renovades sota l'acció de les preocupacions ètiques i estètiques del Modernisme avançat. La forma literària és sotmesa a una purga vigorosa, mentre el fons escènic i ideològic del ruralisme esdevé una expressió dramàtica d'unes inquietuds palpitants, individuals i col·lectives.

És un document importantíssim el pròleg que posà Víctor Català a la primera edició de *Caires vius*.[66] Hi exposa, en una defensa ben animosa del ruralisme, un credo vocacional d'un «Modernisme» a ultrança. Proclama que l'artista és un ésser superior (i solitari), revolucionari i messiànic:

> «El geni —poder creador per excelencia y principi revolucionari per excelencia també— may pertany als dòcils caps de remada, sinó als pastors que s'imposen a n'ella. Es sempre iconoclasta y ultradogmàtich; trenca tots els motlles, capgira totes les teoríes e imposa noves lleys, potser tan ilògiques y pernicioses com les que vulnera, però noves a la fí, es dir, desestancadores, contraries a la immovilitat, signe de mort.» (XII-XIII)

L'eclecticisme desenfrenat i l'anhel de novetat que professa l'escriptora no deixa d'ésser compatible amb la missió tradicional patriòtica del ruralisme: «La crestallisació futura de la moderna civilisació catalana» (XXXVI). I la contribució de la novel·la ha d'ésser «la concreció, si no definitiva, al menys superior, que fins avuy no s'ha efectuat, dels elements de l'ànima rural catalana en un seguit d'obres o en una obra-tipus» (XXXII-XXXIII). Distingim en el programa teòric l'esbós d'una síntesi —del ruralisme consagrat i d'una visió artística inquieta i original— que resumeix la individualitat i el sentit de l'obra de Víctor Català.

Un tret principal del seu procediment literari és una adaptació del naturalisme, de la segona onada de naturalisme modernista, que, ja ho hem vist, engrana íntimament en la literatura «agònica». Hom ha insistit prou, massa i tot, que aquesta segona onada naturalista es palesa més que enlloc a la novel·la rural.[67] El moviment té tres capdavanters, Casellas, Bertrana i Víctor Català, però la seva articulació més típica i més específica es dóna als *drames rurals* d'aquesta.[68] Es tracta d'un rebuig conspicu i sistemàtic de la falsa equiparació de naturalisme i Natura (romànticament concebuda). El que comuniquen els *drames rurals* és una visió ultranaturalista en què el món concret i extern, segons ha remarcat molt clarament J.-Ll. Marfany, «no és pas el sistema de mecanismes biològics que determinen el comportament humà —sobretot a través de la llei d'herència—, com en l'autèntic naturalisme, sinó més exactament el Cosmos en una acceptació metafísica», i en què es planteja «el problema de la individualitat de l'home i de les relacions entre el jo i el no-jo».[69] A més a més, «la voluptat del dolor» de què parla Victor Català al pròleg a *Ombrívoles,*[70] enllaça explícitament la inspiració dels *drames rurals* amb les inquietuds morals, espirituals i estètiques de l'agonia romàntica. Així comprenem millor que, en aquestes narracions, la natura no és pas un rerafons passiu, ans representa el concepte d'una força còsmica, opressora i anihiladora, que aclapara l'individu, inspirant-li les passions més elementals i la consciència turmentadora del seu ésser. L'efecte és gairebé antitètic al de la narració rural convencional (*Per la vida, Làría* o *Sentiment,* per exemple) o de l'idil·li costumista dels *Croquis pirinencs.* Cal parlar, en efecte, d'un segon ruralisme. L'anti-ègloga dels *drames rurals* és una literatura nova que rebutja vitalment la carrincloneria del ruralisme convencional i les formes narratives estancades que anava perpetuant.[71]

El *drama rural,* forma perfeccionada per Víctor Català i establerta com a model genèric molt imitat, és una de les creacions més originals i més representatives de la literatura modernista.[72] L'escriptora mateixa ens proporciona la millor descripció de la seva inspiració, en una declaració que compara la composició dels *drames rurals* amb la de *Solitud*:

> «Per aquell temps no feia molt que nosaltres havíem publicat *Drames rurals* i com fos que referint-se a ells, part de la crítica ens hagués acusat de concentrar massa l'element dramàtic, d'inquibir massa substància en poc espai, reconeixent que, en efecte, tiràvem a eliminar avariciosament els detalls, a despullar excessivament de verbes retòriques el cos de les obretes, vam pensar... en fer un drama rural més, però sense limitar la volada de la fantasia, sense esquifir les descripcions, sense esquematitzar en desmesura.»[73]

Tal esporgada vigorosa de la narració i el to impassible que resulta de l'exclusió de tota «retòrica», realcen les línies temàtiques essencials i la càrrega simbòlica (la «substància») dels detalls i del conjunt. Les dimensions i l'armadura *dramàtica* de les «obretes» assenyalen, d'una banda, un origen molt llunyà en el vell quadre de costums.[74] El producte final, tanmateix, és una intensificació extraordinària d'un procediment essencialment narratiu. L'evolució que signifiquen els *drames rurals*, respecte a la narrativa realista convencional, és paral·lela a la línia en què es troben Maupassant, Txèkhov i, especialment, el Verga de la *Cavalleria rusticana.*[75] Cada «obreta» és la destil·lació d'una novel·la potencial, resultant d'un refinament de la visió i de la tècnica naturalistes.

Trobem uns possibles antecedents natius d'aquestes modificacions en l'obra de dos novel·listes de la generació anterior. La forma i la textura del *drama rural* són anunciades en alguns dels «quadres» o contes de *Trescant per les serres* (1892) de Pons i Massaveu. És una obra notable en molts aspectes, dels quals no és pas el menor el conreu conscient d'un ruralisme negre i aspre, quan encara prevalia generalment l'idil·li renaixentista. La producció de Marià Vayreda representa un pont més complet entre les dues fases. Entre la novel·la de tesi molt antiquada —*Sang nova*— i *La punyalada*, hi ha una progressió que mostra els efectes positius del contacte de l'autor amb el nou naturalisme. La conseqüència n'és una «rectificació estètica» pronunciada, que suposa no sols l'apartament d'una visió ingènuament rousseauniana, sinó un enriquiment harmoniós de la tècnica narrativa.[76] L'assimilació del naturalisme avançat és perceptible en la investigació audaç de trets eròtics i sado-masoquistes en les relacions humanes en l'èmfasi que dóna Vayreda a la penetració mútua dels personatges i el medi ambient, i en el recarregament d'imatges macabres i bestials. Hi ha també un esforç d'envigorir i de matisar el llenguatge narratiu, sobretot en uns passatges de «sobreexposició» de la realitat, on es confonen una visió objetiva de les coses i la percepció deformada i desvariada del protagonista més i més obsés per la seva *vendetta*. Subjacent al melodrama de la novel·la d'aventures hi ha una exploració de les fronteres de la consciència individual. La publicació pòstuma i sense corregir de la novel·la accentua sens dubte la seva condició desigual i fragmentària. Però tal textura és també, almenys en part, una conseqüència natural de la qualitat interna de la narració. *La punyalada* demostra, un altre cop, com la concentració de visió i d'estil mina les estructures de la narrativa orgànica. En una obra anterior Vayreda ja va anticipar una de les solucions a tal dilema que desenvoluparien els escriptors modernistes. Cada episodi dels seus *Records de la darrera carlinada* és una unitat completa i delicadament treballada, incorporada a la progressió i a la coherència irregulars del conjunt. L'obra pertany espiritualment al segle XIX, però estructuralment apunta vers *Els sots feréstecs* i *Solitud*. Efectivament, l'ímpetu de transició és fort en aquestes tres creacions de Vayreda que encavalquen el canvi de segle. És un altre cas, com Oller i Pons i Massaveu, d'un autor exclòs, per la seva edat i formació, d'una identificació total amb l'evolució final del Modernisme. Ja abans de la seva mort, havien sorgit forces noves que impel·lien cap als límits la rectificació estètica que Vayreda havia elaborat, intuïtivament, entre les dues fases de la novel·la rural.

Creiem que no calen justificacions d'estudiar comparativament *Els sots feréstecs* i *Solitud*.[77] Ambdues novel·les comencen des de premisses similars i expressen conclusions artístiques gairebé idèntiques. Encara que no podem descartar una influència directa de Casellas sobre Víctor Català, ens sembla més important d'examinar com les coincidències entre les dues novel·les comuniquen una experiència comuna mitjançant un simbolisme comú.

Tant Casellas com Víctor Català participen plenament a la revolució cultural del Modernisme: aquell com a ideòleg, crític d'art, narrador i novel·lista; aquesta com a pintora i com a escriptora de poesia, drama, narracions i novel·la. L'art omple la vida de cadascú: la pintura a l'igual de la literatura uneix llurs interessos.[78] És molt significatiu que ni l'un ni l'altre d'aquests novel·listes de la muntanya no procedeixi de les regions muntanyoses de Catalunya.[79] Llurs respectives novel·les neixen de la imaginació més que de l'observació directa. Ambdós autors projecten sobre les muntanyes un seguit de preocupacions subjectives que ells han experimentat com a individus i com a artistes modernistes.

Casellas i Víctor Català arriben a la novel·la pel camí de la narració curta, intervenint així en el procés dialèctic que condiciona la novel·lística modernista. El *drama rural* és la unitat bàsica de la producció en prosa de Víctor Català, i ella mateixa ho va corroborar parlant de la concepció de la seva novel·la llarga: «Doncs bé, en posar-me a escriure *Solitud*, vaig pensar a amplificar un drama rural.» [80] Es proposava, ben conscientment, incorporar les descobertes del *drama rural* en una estructura novel·lística més complexa, sense sacrificar-ne la intensitat dramàtica o simbòlica.

Es pot distingir una relació molt semblant entre les narracions curtes i la novel·la de Casellas. Ja al 1891, en una ressenya de *Montalba* de Bosch de la Trinxeria, es queixava de la pèrdua de densitat estètica soferta en el pas del quadre de costums a la novel·la pròpiament dita.[81] El que Casellas intentarà d'aconseguir —o de conservar— a la seva novel·la és precisament aquesta «racció estètica» que, en un altre lloc, designa «*intensitat* de sentiment y tècnica».[82] I la seva descripció de com concep l'art del narrador que busca tal intensitat és bastant explícita:

> «Perquè el cert és que, en comunicant als altres el que ha mogut un moment el nostre esperit, pel regular es posa cura en rimar la feta, en ordenar-la, en enquadrar-la, en decorar-la, segons lleis d'art que cada contaire porta a dintre... Del succés vulgar, corrent, que preteniu relatar, en dibuixeu amb perfils les frases significants, n'accenteu el que us apar capital, n'esfumeu el que us sembla secundari i, aquí amplificant i allí enxiquint, talleu, afegiu i capgireu. En una paraula: vos apropieu el fet, imaginantlo a semblança vostra o segons els figurins d'una moda literària.»[83]

El que se'ns descriu aquí —molt semblant al que diu Víctor Català del seu procediment als *drames rurals*— és, bàsicament, el mètode del contista. Quan escriu la seva novel·la, ho fa amb la mateixa consciència estètica i amb una amplificació de la mateixa tècnica.

Des d'aquest punt de vista, les excentricitats arquitectòniques comunes a *Solitud* i *Els sots feréstecs* són molt interessants. Ambdues novel·les mostren una construcció notablement episòdica i fracturada, més encara del que es podria atribuir al fet d'ésser escrites per a fulletons.[84] En cada casa, la identitat dels capítols individuals com a quadres complets i gairebé autònoms contrapesa llur funció serial dins la progressió del conjunt. Així, dos capítols de *Solitud* —v, «Sumant dies»; i VIII, «La festa de les roses»— tenen una funció gairebé exclusivament decorativa i intensificadora, servint, com ha remarcat Montoliu, «per a destacar l'esperit poemàtic de l'obra».[85] De fet, com més de prop examinem la novel·la, més sembla descompondre's en elements deslligats, perquè ens adonem que la seva construcció i el seu efecte són cumulatius més que no pas evolutius. Cal recordar, a més, que els 18 capítols de *Solitud* que avui llegim, en són una versió incompleta. S'han perdut, llevat d'un petit fragment, dos capítols que no arribaren a publicar-se a la primera edició serial.[86] Llur absència no és gaire conspícua. Tanmateix, aquest fet curiós, el caràcter del tros «perdut» conservat i les observacions de l'autora mateixa, il·luminen una qualitat fonamental de la novel·la.

Els efectes d'una estructura desllorigada i oberta són encara més evidents a *Els sots feréstecs*. Els seus quadres constituents són tan independents que Casellas pogué, amb modificacions internes mínimes, refer-ne la seqüència entre la primera publicació seriada i l'aparició de la novel·la en volum. El segon episodi publicat a «La Veu», «El pallasso bosquetà», esdevé el capítol VII de la versió definitiva.[87] Aquesta manipulació, a més de demostrar en operació la teoria narrativa de Casellas aplicada a la novel·la, té un altre significat. Comparant la versió primitiva d'*Els sots feréstecs* amb la definitiva, es pot seguir el procés de gestació de l'obra i la seva transformació d'una sèrie de quadres evocatius, independents, en una novel·la de construcció lliure.[88] La modificació accessòria del títol —*Els sots feréstecs* en comptes de l'original *Pels sots feréstecs*— també sembla reflectir el mateix procés d'evolució.

Es pot dir, doncs, que així *Solitud* com *Els sots feréstecs* són, fins a cert punt, novel·les *malgré elles*. En ambdós casos, però, és important de reconèixer que l'estructura trencada correspon també a uns propòsits artístics deliberats. El clímax *in crescendo* de *Solitud* i el seu moviment cíclic comuniquen la claustrofòbia que va augmentant i la inevitabilitat de la tragèdia. A *Els sots feréstecs*, la disposició dels capítols, després de la modificació inicial feta per Casellas, crea un esquema intern dens, ple de relleu i de suggestió. El primer capítol, «L'Aleix de les tòfones», separat de la narració principal, té la funció d'una obertura trista i misteriosament amenaçadora. El que fou el quadre segon, «El pallasso bosquetà», capítol VII en el nou ordre, serveix d'interludi dramàtic, suspenent el curs de la narració, però realçant-ne l'atmosfera sinistra i l'impacte emocional.

Aquestes coincidències estructurals i circumstancials reflecteixen semblances internes més fonamentals. Ambdues novel·les narren una crisi traumàtica d'una personalitat individual vulnerable. La solitud, per a mossèn Llàtzar i per a la Mila, és una contingència física que esdevé una condició psicològica i, a la fi, neuròtica. Tots dos experimenten en llur aïllament una nuesa emocional que els fa víctimes de llur situació, de llurs fòbies instintives i de llurs pròpies debilitats. L'escenari muntanyós simbolitza «l'alta solitud de la contemplació»,[89] la reclusió de l'autocontemplació i de l'autoconeixement. Però també són muntanyes de debò, i ambdues novel·les contenen unes descripcions de paisatge magnífiques, les quals tenen una funció central. Cada autor explota ambiciosament la «fal·làcia patètica» —en la seva extensió simbolista—, que descobreix en els fenòmens de la naturalesa o de la realitat externa, un mirall sensible de l'esperit. Tant és així, que l'ambient de muntanya adquireix una importància i una autonomia tals que, en ambdues novel·les, els personatges semblen supeditats, estèticament, al paisatge.[90] I, de fet, ho són. El simbolisme que penetra les relacions entre la realitat física i l'existència espiritual dels protagonistes, és també un determinisme, una extensió molt refinada —ho hem insinuat més amunt— del determinisme zolesc. Mossèn Llàtzar i la Mila són captius en un món brutal, poblat per personificacions vivents d'una hostilitat còsmica. *Els sots feréstecs* ho expressa en una imatge col·lectiva, mentre que *Solitud* ho concentra en una figura individual. Els habitants dels sots són una «mala nissaga» (ressò del tema naturalista de la llei d'herència), un ramat de subhumans degenerats a la condició de «bestioles de bosc».[91] L'Ànima de *Solitud* és una criatura bestial, l'instrument de les forces del pànic que prostren l'heroïna, i té l'aparença física d'un sàtir:

> «... i aleshores la dona reparava que l'Ànima tenia les mans quasi negres, llargues, primes i cobertes de cap a cap per un pèl moixí espès i aspre, com si hagués estat socarrat.»[92]

Tals imatges no són pas merament decoratives, ans

enuncien, en cada cas, una sensibilitat agònica. És evident que *Els sots feréstecs* i *Solitud* són estretament relacionades amb les novel·les de l'«agonia romàntica» que suara hem vist. La investigació dels límits de la consciència individual, a través de la interpretació —imaginativa, simbòlica i estètica— dels extrems de l'experiència física i moral: els mateixos motius lliguen totes aquestes obres modernistes. Casellas i Víctor Català, abans que Bertrana i Palol, sondegen la «voluptat del dolor» i les correspondències, en la consciència neuròtica o extàtica, entre la corrupció eròtica i el sacrilegi religiós. A les dues novel·les rurals, el primitivisme és una altra dimensió de l'exploració místico-sensual. Ambdós autors descobreixen un paganisme elemental sota la pell dels ritus cristians. La profanitat desvergonyida de la Roda-soques i la brutalitat depravada de les passions que encén en els pagesos, vencen els sentiments i esforços pastorals de mossèn Llàtzar i augmenta els seus remordiments i la seva buidor espiritual. La trama de *Solitud* revesteix elements de ritu de fertilitat pagà i de sacrifici propiciatori: les sensacions ambígües de la Mila en el desvetllament dels seus instints sexuals; l'obsessiva presència fauniforme de Sant Ponç, fluctuant entre Pan i el sant patró; la violació de la Mila per l'Ànima en la capella del sant. L'ambientació rural dc cada novel·la esdevé, sota aquesta llum, una metàfora més en l'expressió literària d'una mentalitat de crisi, que és la constant major de l'última fase del Modernisme.

El paral·lelisme que acabem de veure entre aquestes dues novel·les dóna la base per a mesurar fins a quin punt Víctor Català pogué haver-se inspirat en l'obra de Casellas. Al capdavall, però, això no és ni tan interessant ni tan important com una apreciació de la forta individualitat de les dues novel·les, individualitat que radica en l'experiència i en la imaginació creadora dels autors.

De les dues, *Els sots feréstecs* és la més perfecta d'execució. Les seves línies són traçades amb un vigor i una compacitat que produeixen un impacte colpint. L'idioma narratiu de Casellas reprodueix en detall l'estructura fragmentada de la composició total, a base d'un impressionisme rugosament cisellat que arreplega trossos de descripció, diàleg, moviment i record. L'èxit més destacat d'aquesta tècnica és la caracterització de la brutalitat anònima i col·lectiva dels pagesos, per mitjà de fragments escampats de llurs conversacions que ressonen al cervell del protagonista:

«Se creien humiliats, se creien escarnits, i era tan gran la quimera que portaven dintre, que, al capdavall, tota la tírria covada contra el capellà els va sortir pels ulls i per la boca.

»—Mira, el fotxut del rector —deia l'un—, com s'ha arranjat per a fer adobar l'església!

»—No sé pas com s'ho ha fet, el gran Jan-fume!

»—No us ho só dit sempre, jo, que aquest home sap a on jeuen?...

»—Pesta que el toc! Per mi té pacte amb el dimoni...

»—Això deu ésser, rellampus!, perquè fins sembla cosa de mal art...» (92)

El moviment sotragat d'aquest passatge, típic de molts altres, i la vaga amenaça despersonalitzada que s'hi comunica, creen una sensació de terror que esdevé gairebé tangible a força d'acumulació. I per damunt d'això, una puntuació discordant de sons —els lladrucs dels gossos, el toc planyívol de la campana de l'església, el riure demoníac de la barjaula— reforça el clima de crisi emocional i de tragèdia imminent.

Els sots feréstecs és una novel·la informada per tensions generades en l'evolució del Modernisme i en l'experiència de l'autor que s'hi identificà vitalment.[93] Una sèrie de contradiccions capitals —esperit: carn, idealisme: estupidesa col·lectiva, individu: societat, individu: cosmos— són traduïdes concentradament en el conflicte dramàtic de la narració. La lluita és condensada en la confrontació de mossèn Llàtzar amb la Roda-soques, que inflama cínicament la luxúria dels pagesos i es mofa de la feble autoritat del sacerdot; i arriba al punt d'explosió en el capítol «La missa blanca i la missa negra», en què aquest imagina una paròdia orgíaca del Sacrifici celebrada per la bagassa a la taverna enmig dels seus parroquians disbauxats. L'idealisme inicial del capellà —els seus pecats previs d'orgull intel·lectual, el penediment i el desig de convertir l'exili en alliberació i salvació— es redueix progressivament a un estat de desesper nihilista. La personalitat que lluita per afirmar-se, generosament, és ofegada per les forces del

Mal. Casellas comunica, amb intensitat desconcertant, la por obsessiva del protagonista d'ésser sepultat viu a les muntanyes. De malson imaginat,

> «Havia somiat que l'enterraven en vida dins d'un gran sot, aparedat de muntanyes negres. Ell prou cridava, amb els cabells eriçats de por: "Mireu lo que feu, mireu que m'enterreu de viu en viu!..." "No hi fa pas res... —li responien des de les fondàries dels avencs—; no hi fa pas res... Aquí tothom hi viu, de soterrat; aquí tots som alhora mig cadavers, mig vivents..."» (46)

el pànic neuròtic es converteix en realitat, a mesura que una claustrofòbia aclaparadora fa dels sots una tomba vivent:

> «"...Volia ressuscitar els bosquerols difunts que van caminant per les boscúries negres amb positures de ser animats; però en comptes d'encomanar-los la vida a ells, ells m'han encomanat la mort a mi... i ara, per paga de tot, m'ajudaran a enterrar de viu en viu, i fins vindran a ballar damunt de la meva sepultura..."» (192)

Aquesta última imatge desoladora resumeix la transformació del naturalisme convencional realitzada pels escriptors modernistes, dels quals, en aquest aspecte, Casellas és el capdavanter. El concepte de la «bèstia humana», de l'home com a entitat biològica en un sistema determinat per lleis físiques, esdevé la metàfora d'una inquietud subjectiva i espiritual.

L'«unanimisme», visió i tècnica fonamental de Casellas, en aquesta novel·la i en molts dels seus contes, expressa el problema de la consciència individual i un concepte sacerdotal de l'artista per a qui aquesta consciència és alhora subjecte i objecte de la seva activitat.[94] Planteja, en forma crítica, la qüestió de les relacions entre la vida i l'art. Casellas l'afrontà, primer en la creació literària i llavors en el suïcidi, l'últim recurs del qui dubta.[95] *Els sots feréstecs* prefigura en molts sentits aquest sacrifici i la crisi que el motivà. L'acord entre ficció i realitat autentica la sinceritat d'una novel·la que exterioritza en una metàfora sostinguda una obsessió íntima de significació genèrica.

Així mateix *Solitud* demana que hom en parli en termes tràgics i poemàtics.[96] Com *Els sots feréstecs,* és una novel·la que interpreta la realitat en funció d'una subjectivitat íntima i problemàtica. El cas de la Mila és una metàfora que investiga, en mots de Montoliu, «la misteriosa transformació de l'adolescent en dona»,[97] i, en un altre pla de simbolisme, la formació d'una consciència activa. Aquest aspecte de *Solitud* és molt impressionant. La pèrdua progressiva d'innocència, i els moviments eròtics subtils en l'esperit de la protagonista, són evocats amb una gran força intuïtiva i suggestiva. En aquest nivell, però, la novel·la no té la mateixa «intensitat de sentiment i tècnica» que Casellas sabé infondre a la seva, potser perquè el *cri de coeur* venia de més endins, o potser perquè, al capdavall, Casellas era més escrupolós com a artífex. No volem prosseguir la comparació. El fet és que, si *Els sots feréstecs* és objectivament la més perfecta, *Solitud* és la més completa. Víctor Català incorporà a la seva obra una altra dimensió d'originalitat que augmenta la seva validesa estètica.

La riquesa simbòlica de *Solitud* és reforçada per la manera en què la visió que comunica conté una síntesi intuïtiva de dues versions del ruralisme. La trama emocional té una contrapart en el conflicte entre les forces hostils i benèvoles de la natura, conflicte que, segons veurem, imposa una interpretació ideològica. Tot, tanmateix, comença i acaba en les reaccions de la protagonista. El paisatge, gairebé cada vegada que és descrit, emmiralla estats d'ànim seus, com en aquest passatge on la primavera exhala joventut i fecunditat:

> «Els primers dies de maig foren una meravella; tota la muntanya, embaumada de flaires, resplendent de clarors, plena de cantòries d'aucells, havia perdut son aspecte feréstec de mil·lenària i semblava retornar a sa jovenesa de muntanya, amb totes les dolçors de verge i totes les alegries de promesa. Cada dia, al llevar-se, la Mila hi descobria un nou embelliment, no percebut el dia abans; i descobria encara més; descobria que aquells embelliments es reflexaven en ella i que ella també, al compàs de la muntanya, feia una gran transmutació regressiva.» (109)

La figura del pastor, Gaietà, concorda amb aquests sentiments en l'esperit de la Mila. Ell esdevé l'objecte principal de la seva sensualitat que es desvetlla, i el magnetisme entre els dos arriba al paroxisme en aquell

A 122. 7

capítol «El cimalt», on la Mila s'imagina com seria lliurar-se voluntàriament al pastor. Gaietà, tanmateix, és més que un personatge convencional de novel·la realista: la seva presència i el seu paper a la novel·la tenen un sentit figurat i intel·lectual.[98] Aquest home «savi i bo» és una amalgama dels pressupòsits artístics i sentimentals del ruralisme romàntic. És el «salvatge noble» i personifica, inicialment, l'esperit rousseaunià de comunitat amb la naturalesa. La seva comunicació panteística amb les forces secretes d'aquella, el fa capaç de curar el misteriós «mal de muntanya» (solitud, frustració, sentit de la «indiferència bestial» de la vida) que pateix la Mila en el capítol XI. Una coneixença íntima, instintiva de la flora i la fauna, la saturació del folklore i dels secrets de la seva muntanya, li atorguen una comunió mística amb l'esperit de la terra i les seves tradicions:

> «De cada paratge, de cada roca, de cada branquilló, en veia brollar una llegenda, i el sentit de lo meravellós es despertà en ella com una nova consciència superior. Al mateix temps se li despertà una devoció extàtica per aquell homenet remirgolat, que a força d'enginy i bonavolença l'havia feta remuntar fins a espais serens que mai havia conegut encara.» (170)

Així mateix, el significat de les seves rondalles, a què es confereix tanta atenció i tant de respecte, va molt més enllà de llur funció d'exterioritzar diverses fases de l'evolució psicològica de la Mila. Són una expressió del *volkgeist* romàntic que informa el ruralisme folklòric i costumista —o «higiènic», per dir-ho com Xènius. Extensió natural d'això és el curiós dialecte sintètic que és atribuït a Gaietà.[99] El seu llenguatge rugós, transcrit per l'autora amb una evident cura amorosa, representa un tribut deliberat al concepte de l'agre de la terra, amb tot el que això significa en l'ideologia ruralista. L'exemple més expressiu n'és un passatge que il·lustra una altra dimensió del simbolisme romàntic en la figura complexa del pastor. Ell expressa una noció de la veu inspirada que és, simplement, un homenatge directa a la *paraula viva*:

> «—Con vegi un paratge nou de la muntanya, m'assegui tot solic i me'l miri bé una bella estona; i mirant-me'l,

senti una escalfor en la boca del cor, i de mica en mica aqueia escalfor me se'n pugi en amunt com una fumera, i m'ompli el cap i me fa rumiar, rumiar... I com si una veu me les anés dient, me vénen totes les coses que hi deuen havere passades en aqueis paratges... I per això jo digui que me les conti Nostro Senyor, perquè, digueu: ¿pot éssere atra que la veu de Nostro Senyor aquesta que un hom se senti ací dedins con rumia?» (170-171) [100]

Però la natura té també una altra cara i una altra realitat. La dualitat es reflecteix en l'esperit de la protagonista:

«Una onada xardorosa feta de vergonya, de felicitat, de por i de desig, tot alhora, la invadí, muntant-li dels peus al cap, i enrotllant-li l'ànima sobre si mateixa en vertiginós remoixell, li féu quasibé perdre coneixença.» (112)

La màgia que evoca el pastor és una força que té la seva pròpia voluntat i poders esborronadors de violació. Sense la influència restrictiva del pastor, la força de la naturalesa esdevé l'agent de la perversitat, inspiradora de pànics que torben la vulnerable heroïna:

«La Mila, tot marxant d'esma, anà girant, sempre més sovint, el cap d'una banda a l'altra, sentint desvetllar-se-li en el fons de son ésser una por il·lògica, folla, que l'havia martiritzada molt quan era petita. Tantost la sorprenia la sensació de que caminava sense tocar-li els peus a terra, tantost li semblava que de cada replec de roques, de cada grop de bardissa, havia d'eixir-ne una blanca mà d'ossos per estirar-li les faldilles; i els pins, aquells pins de siluetes fantàstiques i borroses que deixaven grans clarianes de tant en tant per a agombollar-se a colles ça i enllà, prenien a sos ulls l'aspecte d'aparicions dolentes que, immòbils i sotjadores, esperaven que ella passés per ajuntar-se després totes i córrer-li al darrera amb intencions perverses...» (174-5)

Aquest aspecte de la natura és encarnat en la figura de l'Ànima, i palpita en la presència desconcertant de Sant Ponç. Gaietà mor, assassinat per l'esperit del mal de la terra, deixant la Mila a la mercè de la seva solitud, de la seva imaginació i dels poders destructors que l'assetgen. L'Ànima consuma la tragèdia sexual en la capella del sant, i la Mila, exhausta, comença la davallada simbòlica de la muntanya.

Així, dues visions de la naturalesa i dues versions del ruralisme oscil·len a l'interior de la crisi espiritual de la protagonista. La manera en què són inserides a la novel·la no és pas una ambigüitat, sinó una concreció sintètica de gran potència. D'una banda, el concepte d'una natura benèvola, heretat del romanticisme, i un conjunt de valors teòricament arrelats a la terra, interpretats «patriòticament» pel Modernisme. De l'altra, antiègloga, negra, fatídica, producte i símbol alhora d'una consciència induïda a conèixer els seus límits. Les dues coses es fonen a *Solitud*; però la darrera, a la fi, preval. El destí de la Mila significa una iniciació ritual a una nova esfera d'experiència, «la individualització absoluta, l'experiència definitiva i irrevocable de la solitud total»,[101] a través de la qual la literatura modernista embranca definitivament amb un dels corrents principals de la literatura europea i internacional del segle XX.

Els sots feréstecs i *Solitud* assenyalen, juntament, l'apogeu artístic i ideològic de la novel·la rural del Modernisme. És fàcil de comprendre com es pogué originar una actitud que equipararia, exclusivament, novel·la ruralista i novel·la modernista, ja que aquestes dues obres compendien les principals tendències que operen en el repertori narratiu del Modernisme: des del simple costumisme, a través d'intencions i procediments lírics, fins a la demolició i reconstrucció de l'arquitectura novel·lesca. La manera en què ambdós autors exploten un naturalisme extremament concret i estilitzat per a comunicar les dades més inconcretes de l'experiència íntima, resumeix el dilema fonamental de tota una fase literària. En aquest procés, totes dues novel·les indiquen que llur forma i contingut no poden desenvolupar-se més sense modificacions rigoroses que afectin llur caràcter essencial. En la mesura que són obres autènticament culminants, marquen la fi d'una fase i s'anticipen a la reacció dels esdeveniments següents. Així Ors qualifica *Els sots feréstecs* de «*Don Quixot* de la literatura rural», en un manifest de la poètica noucentista, anatematitzant el ruralisme com a Monstre, Caos i Satan.[102] Però la plenitud mateixa portava ja símptomes d'exhauriment. Casellas i Víctor Català, per la transformació d'elements preexistents, assoleixen en llurs novel·les una novetat fràgil que és inherentment única i impossible de repetir. La nova vida que infonen a les convencions narratives no té viabilitat fora de les condicions especials, ensems individuals i ambientals, de la seva gestació. Després de *Solitud,* la novel·la rural del Modernisme no pot donar més de si.

Havent seguit la trajectòria central de la novel·la rural fins a la seva culminació, cal que portem l'atenció a uns importants contrasts i modificacions interns. En primer lloc, l'obra de Joaquim Ruyra constitueix un fenomen singular i bastant anòmal en el panorama general. Una mena d'eminència grisa del ruralisme, la presència d'aquest escriptor abraça tres fases culturals successives: el romanticisme floralesc (la seva primera obra fou publicada l'any 1888 a «La Renaixença), el Modernisme i el Noucentisme. Tanmateix, el fulcre de la seva carrera literària és fermament situat a la fase central, amb la publicació en 1903 de *Marines i boscatges.* Encara que Ruyra és sempre una figura solitària, excèntrica i tot, cal considerar una bona part de la seva obra en funció d'una refracció especial de tendències constants en la narrativa modernista.[103]

El «marinisme» de Ruyra n'és el primer exemple. La seva elecció de temes mostra una divergència de temperament i de mètode respecte al naturalisme de Víctor Català i Casellas. La preferència pels contorns nets i senzills de les seves ambientacions marines o paisatges empordanesos, el to idíl·lic d'innocència psicològica, són a l'altre pol de les imatges tèrboles i de l'estil «mascle» dels altres dos. Ruyra representa un corrent parnassià dins el Modernisme, que milita contra el naturalisme decadentista i anuncia, de lluny, el classicisme noucentista.[104] Professa i segueix un perfeccionisme, una obsessió de puresa —estètica i moral—, que són gairebé neuròtics. Amb el culte a «el goig de l'observació objectiva», és ell qui més s'apropa a realitzar la fórmula de Maragall per a la regeneració de la novel·la: «*... la simple contemplación artística de la vida... ver la realidad en su artística pureza... la contemplación artística de la vida que contiene en sí, por sí sola, la mejor filosofía y la mejor moral y la mejor sociología.*»[105] Per a en Ruyra, Zola i els seus seguidors són uns ogres que han convertit la literatura en una disbauxa de la sensualitat més repulsiva i rèproba. La seva repugnància moral provoca una antipatia contra el gènere de la novel·la que, segons Ruyra, «s'és convertida en aula de lliçons heterodoxes i tendències insanes, despertadores de tota mena de passions deshonestes».[106] La delicadesa idiosincràtica, però, enclou una altra refracció de l'estètica modernista, l'impuls de trobar substituts de la novel·la.

La solució de Ruyra, esguardant tant la moral com l'art, són els quadres immaculadament treballats de *Marines i boscatges*.[107] Els efectes pràctics del seu «goig de l'observació objectiva» s'hi veuen clarament. Minimitza acció i passió; subordina personatges i moviment a l'elaboració tendra de l'ambient. El fenomen o l'incident més simple —l'amenaça de mala mar, una topada amb un vell mariner, els efectes al·lucinadors d'una tempesta, una escena costumista, una rondalla popular— són el punt de partida de l'exquisit brodat literari de l'autor. Són unes miniatures en què la limpidesa emocional s'encasta en una delicada filigrana verbal, però miniatures, al cap i a la fi. En contrast amb la sensualitat dels naturalistes i decadentistes, l'amor que té Ruyra per a la paraula és eminentment cast. En el seu mètode, però, es veu encara el moviment que fa de l'estil una funció íntegra de l'experiència. Es pot dir que Ruyra realitza l'ambició modernista d'assolir una prosa poètica, creadora més que reproductora, però que la realitza en un sentit molt especial, superant-la i dirigint-la cap a una finalitat ben distinta.

La visió i la meticulositat estilística de Ruyra tenen els mateixos efectes «paralitzants» que Ortega y Gasset assenyalà en la prosa de Gabriel Miró. No és que Ruyra no tingui autèntics dots de narrador. Els seus millors contes —*Jacobé* o *El rem de trenta-quatre*, per exemple— són tramats amb interès dramàtic i humà, i una percepció psicològica molt fina. Però no passen d'ésser *novel·letes*. Quan Ruyra intenta compondre una obra a escala més àmplia, quan intenta fer la seva novel·la, el resultat n'és desastrós. La seva fallada novel·la rural, *La gent del mas Aulet*, mostra la incompatibilitat total entre l'estètica de Ruyra i les exigències de la forma que vol assajar. Durant gairebé trenta anys el seu projecte novel·lístic el preocupa contínuament.[108] L'obra inacabada i inacabable no solament atesta les limitacions de l'autor: és, també, un símbol eloqüent de la condició de la novel·la catalana entre el Modernisme i el Noucentisme. Ruyra, a diferència de Casellas o de Víctor Català, és incapaç de congriar els seus quadres individuals en un organisme narratiu més complex.[109] Una impressió de creativitat profundament frustrada sorgeix de l'esborrany que s'ha publicat de la hipotètica novel·la. La incongruència entre el pla original de l'obra i el que en quedà escrit, i el fet que l'autor oblida o canvia en més d'una ocasió els noms dels protagonistes, són ocurrències ben simptomàtiques. Es pot dir que *La gent del mas Aulet* anuncia un avatar nou de l'antinovel·la. L'esforç de renovació comença a convertir-se en una actitud mental de frustració i de renúncia.

Es veu molt clarament en el cas de Ruyra com la concreció de tal actitud es relaciona estretament amb la transformació, entre el Modernisme i el Noucentisme, de la consciència estilística en una consciència més estrictament lingüística. Ell, com els poetes mallorquins, té l'habilitat —i la bona sort— de superar la inseguretat de l'idioma vuitcentista, amb una solució personal que s'adiu amb els cànons que comencen a imposar-se. Les seves activitats com a lingüista i traductor, dins la secció filològica de l'Institut són l'extensió natural de la seva obra imaginativa.[110] És perfectament congruent que el moment de prestigi màxim de Ruyra coincideixi amb l'apogeu del Noucentisme, quan ell ja es considerava gairebé jubilat com a escriptor.[111]

Més afí a Ruyra que a Casellas o Víctor Català és el Bertrana de *Proses bàrbares.* El traç ideològic del ruralisme modernista és molt esfumat en aquests croquis senzills però intensos, i llur funció íntima comporta un distanciament de les convencions estètiques tant del ruralisme «blanc» com del «negre». El retorn de Bertrana als «bells camins que no menen enlloc», a les llars d'hostal i les barraques dels carboners, és una forma de terapèutica existencial, un esforç de redescobriment de la innocència perduda lamentada a *Josafat,* una reacció davant contratemps personals i culturals.[112] En funció d'aquest deler de sanitat, la seva prosa esdevé tota airejada de naturalitat, i cobra, ensems, una finor nova i una gran subtilitat d'emoció:

«Bertrana reviu en cada mot i en cada personatge.» [113] Com en el cas de Ruyra, la contemplació «pura» i purificadora domina aquí la invenció i la curiositat per l'home, com a entitat psicològica, moral i *social*, sobre què Bertrana bastí les seves primeres novel·les. La narració es converteix en «prosa». No és pas exagerat —aviat ho hem de comprovar— de veure en *Proses bàrbares* una altra clau de la renúncia, temporal però turmentadora, a la seva vocació de novel·lista.

«Jordi Fraginals»: retorn al final del camí

El cant de cigne de la novel·la modernista és, significativament, la història de la formació i la crisi d'una personalitat individual, narrada en una forma que, d'antuvi, sembla una reversió a la fórmula realista-ruralista superada per *Solitud*. Tant pel seu esperit com per la seva forma, *La vida i la mort d'en Jordi Fraginals* de Pous i Pagès és una novel·la veritablement «monumental».

Ja hem remarcat la prominència de *Jordi Fraginals* en el panorama cronològic de la novel·la catalana. La posició transicional de l'obra i el seu relatiu aïllament, a la ratlla del 1912 entre el Modernisme i el Noucentisme, expliquen bàsicament la seva resistència a una classificació simplista. D'una banda, ha estat qualificada recentment de «la novel·la rural del Noucentisme».[114] De l'altra, en canvi, l'opinió coetània d'Unamuno —«*la novela es novela, toda una novela y no más que una novela*»— [115] indica la gran distància que separa *Jordi Fraginals* de les predileccions intel·lectuals i literàries del Noucentisme. Novel·la sense ambages, novel·la ben novel·la, té quelcom d'anacrònic àdhuc en el moment de la seva aparició. Pertany a una etapa en què tal gènere, malgrat els símptomes d'esgotament, és encara un organisme capaç d'interessar imaginativament i d'«historiar» les petites i les grans experiències de l'home en el món.

Les primeres obres de Pous i Pagès semblen, retrospectivament, formar una sèrie d'assaigs preparatoris de la seva última gran novel·la. El costumisme local (*Empordaneses*), les petites tragèdies rurals (*Per la vida, Quan es fa nosa*), la confessió autobiogràfica i la meditació social i metafísica (*De l'ergàstula*, 1909), la preocupació per l'individu «desheretat» que lluita obstinadament per a guanyar-se la vida i per a afirmar la seva plena personalitat d'home (*Revolta,* 1906): aquests temes, tots ells reflexos de la pròpia experiència o de les inquietuds de l'intel·lectual modernista, són reforjats i reforçats a *Jordi Fraginals.* El que fa que aquesta sigui tan superior a les obres prèvies és la «intensitat de sentiment i tècnica» (la prescripció de Casellas és molt adient) que autentica la seva potència emocional i simbòlica. La novel·la és tota penetrada d'un sentit extrem d'acabament —hem de traduir d'alguna manera *the sense of an ending* de Kermode—, d'un últim esforç d'esprovar uns valors posats en dubte per l'experiència personal de canvis històrics i culturals. La sinceritat i la urgència de la investigació de Pous i Pagès trempen la seva consciència artística, acarant-lo amb problemes tècnics de composició i d'estil que no s'havien plantejat en les primeres novel·les, més convencionals i mansoies. De novel·lista «passiu», esdevé «actiu», en el ple sentit que ja hem donat a aquests termes respecte a l'alternativa que es presenta als novel·listes modernistes.[116] I en el cas de *Jordi Fraginals,* com en les altres novel·les que arriben al final del camí del realisme, hi ha un lligam estret entre una crisi d'experiència individual i cultural i la crisi formal de la novel·la.

Jordi Fraginals és, en molts sentits, una novel·la penosa. Pous i Pagès va tardar dos anys a escriure-la, i a dretcient destacà el fet a la pàgina final. Els seus afanys i vacil·lacions entre el 1909 i el 1911 coincideixen justament amb l'agonia del Modernisme, entre la Setmana Tràgica i la mort de Maragall, que ell havia de sentir pregonament en tots els nivells. La ruptura històrica, efectivament, sembla reflectir-se a l'interior de la novel·la. És difícil, de tota manera, formular una interpretació més convincent del notable contrast, d'estil i de visió, entre les primeres quatre parts i la part final de l'obra.

El que ressalta en aquelles és un revifament vigorós d'esquemes ja molt usats. Estructurada al mode d'un *roman fresque* d'una família de propietaris rurals, el que caracteritza aquesta part major de la novel·la és la fluència de la narració, la sobrietat de l'observació i, sobretot, l'equilibri dels recursos que s'hi combinen. Es tracta d'una novel·la convencional però molt madura.

Pous i Pagès installa una òptica clara, a través de la qual presenciem l'acció desplegant-se amb unes proporcions «naturals» entre caracterització, descripcions (sense pintoresquisme), anècdota, diàleg, etc. Entrelluquem, de nou, la identificació de ruralisme amb realisme. Ben cert, hi ha una forta empremta d'alguns tòpics del ruralisme romàntic, adés ressons de l'agre de la terra, adés la figura del bon pastor, Cosme, que influeix tant en l'educació de Jordi. Però al centre de la novella tenim un personatge «sencer», l'home que determina forjar-se el propi destí. El caràcter de Jordi Fraginals i el tema del *self-made man* reuneixen un component de la vivència personal de Pous i Pagès i els postulats voluntaristes de Nietzsche que foren un dels dinamos de l'esperit modernista.[117] La lluita del protagonista per imposar-se al món i el procés de consolidació de la seva voluntat constitueixen l'eix de la novella. A l'entorn d'aquest el novellista construeix un complex de relacions, d'episodis i d'emocions: l'amor i el matrimoni d'en Jordi (presentats amb simpatia però sense a penes traça de sentimentalisme); l'hostilitat tràgica del seu pare i el sofriment estoic de la mare; la relació de Jordi amb l'oncle que l'empara després de l'expulsió de la família, i amb el capellà del poble que s'afanya, en va, de reconciliar pare i fill. Tot, fins al final de la quarta part, és un quadre obert i animat, fet a pinzellades simples i directes. El lector, com el protagonista, té la impressió de prendre possessió d'una realitat dominable.

La impressió és desfeta bruscament pel canvi que s'estableix en la part final. La malaltia i l'agonia de Jordi creen una pressió sobtada i extrema. El turment físic i mental del càncer trasbalsa la seva personalitat, i altera els valors que semblaven tan segurs: l'ambició, la responsabilitat, el control exercit sobre la vida. Aquest augment de tensió fa que la narració es condensi enormement. No és que canviï l'òptica del novellista, sòbria i objectiva; però tota l'atenció és enfocada ara en l'angúnia espiritual d'en Jordi. Aquesta reducció sobtada de la perspectiva comunica amb una eficàcia extraordinària el cop violent sofert pel protagonista: «Semblava que s'hagués trencat tota mena de relació entre'l món exterior y la seva consciencia.»[118] L'interès narratiu es va distanciant del medi ambient i del teixit de relacions tan acuradament dibuixats a les parts primeres. La realitat que Jordi Fraginals havia anat emmotllant a la seva voluntat, ara se li escorre, fugissera i preciosa. La imminència de la mort dóna una significació completament nova al temps, que abans, superficial i rítmic, era només un teló de fons passiu: «Y anaren passant els mesos y els anys...» (197). De sobte, ara, un minut d'espera del diagnòstic fatal del metge contindrà una eternitat (319). El futur ja no és l'esperança que dóna sentit al passat i al present, sinó la gran inseguretat que tot ho anul·la.

L'angoixa d'aquestes pàgines finals té una força torbadora d'autenticitat. Unamuno declarà que eren de les més intensament tràgiques que mai havia llegit, veient sens dubte en Jordi Fraginals un personatge consanguini amb els seus *agonistas,* i reconeixent en el seu autor un explorador company de les «inquietuds supremes».[119] És evident, però, que *Jordi Fraginals* no és pas un cas aïllat dins la literatura catalana de l'època. La crisi de personalitat i de consciència que narra, engrana directament amb una sèrie de problemes existencials plantejats per l'experiència i per la literatura modernista. La novel·la de Pous i Pagès esdevé una paràbola de la mort del superhome. Sol davant la incertitud final, havent rebutjat el consol de la religió en nom de la voluntat i de la força de la vida, el superhome es veu prostrat, reduït a la condició de simple humanitat. La decisió de suïcidar-se (una de les «tensions» del Modernisme[120]) significa una terminació o reintegració, però no pas una solució. El suïcidi de Jordi Fraginals: és la derrota i la voluntat rompuda? ¿o és un gest de desafiament, l'afirmació suprema d'aquesta voluntat? L'ambigüitat de la conclusió contagia el conjunt de la novel·la, la vida de Jordi Fraginals, i, finalment, l'epistemologia segons la qual ha estat narrada.

Com en els casos dels altres novel·listes del final del camí realista, la darrera novel·la de Pous i Pagès enclou una explicació de la interrupció que preludia.[121] A més a més, el sentit pregon de *Jordi Fraginals* —la derrota de l'individualisme, l'amplificació metafísica de la desil·lusió— és perfectament congruent amb les constants que encadenen *Els sots feréstecs, Romàntics d'ara, Joan Endal* i *Josafat.* Com a monument escaient a la novel·la modernista, *Jordi Fraginals* mostra un epitafi escrit amb el vocabulari del ruralisme. De nou, però, una contradicció hi és implícita. Si, d'una banda, la novel·la evoca una etapa primitiva de literatura ruralista —«*una novela de costumbres, y mejor que de costumbres, de* sentimientos *rurales catalanes*», com percebé Unamuno—,[122] ho fa també amb un esperit de pragmatisme, d'indústria i de seny. Per això Triadú hi veu «una resposta interessant al Noucentisme», un esforç positiu d'adaptació als corrents nous.[123] Potser té raó. Ens sembla, tanmateix, que la novel·la té una inspiració molt més íntima i més arrelada en la pròpia experiència de l'autor (i semblant a la de Bertrana en *Proses bàrbares*). El retorn a la terra fou una alternativa que Pous i Pagès rebutjà per a embarcar en una vida d'intel·lectual i d'escriptor. En un moment de crisi l'agre de la terra, ara desmitificat, esdevé un consol i una font de sanitat. Tal interpretació s'adiu amb les últimes paraules de Jordi Fraginals als seus fills, i ajuda, a més, d'explicar les grans diferències de força i de sinceritat entre aquesta i les primeres novel·les rurals de Pous i Pagès. De tota manera, *Jordi Fraginals* és una gran novel·la —«*toda una novela*»— i com a tal, el 1912, es destaca en contrast solitari amb una mentalitat que reaccionarà violentament contra el Modernisme, contra el ruralisme (mitificat o desmitificat) i contra el gènere de la novel·la, una mentalitat que veurà en totes tres coses, caires d'una «subversió romàntica» singular.

III. El Noucentisme i l'escomesa contra la novel·la

El nou programa

Ja hem vist com un corrent d'oposició al ruralisme «conservador» és actiu dins el Modernisme i com es concentra just al moment en què la novel·la rural modernista arriba al seu zenit. El 1905, l'any de *Solitud*, es publica un article, *Ruralitat* de Gabriel Alomar,[1] que dóna un nou ímpetu al moviment antiruralista traduint-lo en uns termes que s'ajusten a una de les primeres formulacions del programa cultural del Noucentisme. El ruralisme hi és definit, contundentment i sense restriccions, com una perillosa «tendència d'hostilitat contra tot lo que ens ve de fora, prejudici contra tot lo nou, afany tradicional y conservatiu, consagració de lo local y de lo actual». La seva literatura és criticada amb paraules que proposen una visió de la *nacionalitat* radicalment oposada:

> «No expressa, doncs, plenament una ciutat, una cultura (mot que suposa humanitat, nació); sinó un terrer, una regió, una encontrada. El Catalanisme es encara, malauradament, més geogràfic o corogràfic que ètnic, polític, humà.»

Hi reconeixem els principals pilars teòrics del Noucentisme, encara esquemàtics, però revestits ja d'una terminologia precisa. Alomar segueix accentuant la necessitat d'un esforç nacional unificat —atacant implícitament l'individualisme modernista— que tindrà per conseqüència que la Ciutat somiada possibiliti realitzacions cada dia més grans: «Encara va formant-se la *civitas*; la civilisació, naturalment, ha de venir després.» I el mitjà que indica per a aquesta fi introdueix el que ha d'ésser principi clau de la doctrina nova: «La Poesia es trascendental perque es l'única creació.» L'argument d'Alomar uneix, molt significativament, l'exposició d'aquesta teoria general amb un atac a una àrea específica. Atribueix a la novel·la la culpa principal de la perpetuació de la mitologia ruralista. Afirma que la poesia ha estat capaç de deslliurar-se d'aquesta aflicció, mentre la novel·la, «naturalment més endarrerida, encara s'hi troba de ple». La novel·la rural, amb la tendència d'amplificar, d'una banda, els trets reaccionaris (*La nonada, Gent de muntanya*) i, de l'altra, els trets «dissolvents» del Modernisme (*Els sots feréstecs, Solitud*), és l'enemic natural del nou moviment. Però l'argument o la queixa d'Alomar peca d'indiscriminació. Vol aplicar la seva crítica de l'«endarreriment» no solament a dues manifestacions ben distintes de la novel·lística rural, sinó també, i de manera englobadora, al gènere en conjunt. Es tracta, en efecte, de la primera declaració de la reacció exagerada contra l'aparent monopoli de la novel·la rural, reacció que el Noucentisme, després, transmetria a l'ortodòxia de la historiografia literària catalana.[2] Un altre component de la tesi d'Alomar agreuja les conseqüències immediates d'aquesta confusió. La seva exaltació de la Poesia situa a l'altra antípoda la novel·la, i sota una perspectiva que multiplica els seus defectes històrics. Hom confon el gènere novel·lesc —a través de l'afiliació ruralista i a través de l'endarreriment que se li atribueix— amb totes les influències nocives que s'han d'expel·lir del cos cultural. Tot l'article, publicat quan el Modernisme i la seva novel·la rural estaven encara, aparentment, en auge, anuncia un capgirament imminent dels valors literaris i culturals.

En aquesta etapa primera, però, en què el programa del Noucentisme encara ha de desmesclar moltes influències modernistes, quan manca encara de definició i d'autoritat, es consideren algunes possibilitats menys extremistes per a la novel·la dins els nous projectes. A la teoria abstracta i esquemàtica d'Alomar s'oposa inicialment una visió més pragmàtica, formulada per veus llavors més influents. Es planteja la possibilitat que el Noucentisme s'apropiï el gènere de la novel·la i que l'adopti completament a la seva imatge.

El 1906, any crucial, se senten molts rumors d'això. Xènius, a la primera tongada del *Glosari,* parla de «la mortal crisi per què està travessant avui el gènere literari de la novel·la».[3] El seu diagnòstic de la crisi no té res d'extraordinari. Contempla l'exhauriment del realisme —«el detallisme descriptiu»— i de les seves dues manifestacions principals del segle XIX, representades per Zola («brutalitat i naturalisme») i per Bourget («psicologia matisada i tesi social»). Però la seva anàlisi no comporta pas cap renúncia. Ans al contrari, confia que es podrà regenerar la novel·la d'una manera que no vulneri els cànons noucentistes segons ell els entén. Proposa l'obra d'Anatole France com a model d'un tipus de novel·la que escauria a «l'actual *platonització* dels esperits». La capacitat d'*«espiritualitzar els contorns de l'anècdota»* és el primer requisit per a aquesta nova novel·la. Segons afirma Xènius —i segons seguirà afirmant— no hi ha res més aliè a la sensibilitat noucentista que la crua i adotzenada «història narrada».[4] És una aversió contra la vulgaritat de reproduir una natura sense ordre, l'afany d'estilitzar «arbitràriament» la realitat, constants els dos de l'esperit clàssic que el Noucentisme malda d'assimiliar.[5] En aquesta primera fase es creu que tal mentalitat, amb tot el seu avorriment del prosaisme i de la narració basta, és compatible amb un cert estil de novel·la. Xènius conclou la *glosa* amb una definició que equival a un projecte per a la novel·la noucentista ideal:

> «La novel·la contemporània, rerassegada en comparació amb altres formes d'art, travessa avui el cicle impressionista, d'espiritualització dels contorns, que va de l'aristotèlic al platònic, de l'anècdota a la *música*, de la còpia a l'arbitrarietat...»

Ell no és pas l'únic a considerar un possible compromís entre el Noucentisme i la novel·la. S'estan multiplicant ja les convocatòries al conreu de la «novel·la de ciutat».[6] La provinença d'aquestes crides indica que són requestes sinceres en nom de la novel·la modernista —tot repudiant propensions ruralistes— d'admissió a la Ciutat.

L'entusiasme inicial, però, no dura gaire, i la imatge d'una novel·la pròpia del Noucentisme aviat es perd de vista. Ambdues nocions —la de la novel·la «platònica» i la de la novel·la ciutadana— perden valor, a mesura que el Noucentisme, desenvolupant el seu ímpetu, adquireix una definició més precisa, i a mesura que la crisi simultània de la novel·la modernista es va agreujant. Es palesa que aquests projectes per a la novel·la són o bé massa abstractes per a tenir viabilitat efectiva, o bé simples repeticions d'assaigs ja esgotats pel Modernisme. Xènius sol persevera amb els seus plans per a un estil novel·lesc revolucionari, però com més s'hi afanya, més evidents esdevenen aquelles «deixes preciosistes i decadentistes de fi de segle», censurades pels seus mateixos contemporanis.[7] Com a novel·lista, emmena per camins que els altres noucentistes o no poden o no volen seguir. La gran admiració per Anatole France, amb tot el que prometia, aviat se li fa fum.[8] I mentrestant, el Glosador, capitost i portaveu dels noucentistes, personifica una actitud i un sistema estètic que exclouen la novel·la. L'experiència i la pràctica literària mostra que la mentalitat noucentista no està per romanços ni novel·les. No és pas, tampoc, que es tracti d'una busca lenta i una descoberta de substituts homòlegs. Les temptatives de Xènius (ja ho hem insinuat) i més tard les de Carles Soldevila, J. Lleonart i J. Roig i Raventós (aviat ho hem de comprovar) concerneixen només subsidiàriament el veritable *kulturkampf* del Noucentisme. A mesura que el moviment va quallant i cobrant força, s'enforteixen certes actituds, predileccions i prejudicis centrals per a constituir una veritable política cultural. I aleshores les noves autoritats s'adonen que la novel·la «ciutadana» no representa res més que una branca de l'antiga novel·la en crisi, i proclamen que és incapaç de contribuir a la Ciutat magna i ideal.[9] Presa aquesta consciència, el prejudici contra la novel·la, com a forma literària i com a institució, s'integra de ple en el nou programa.

No és ningú menys que Josep Carner qui pronuncia la sentència definitiva. El 1908, planteja la qüestió: «¿Es possible avuy la novela ciutadana com a institució normal dins la nostra literatura?»[10] La seva resposta és inequívoca: «Jo crech que no encara», i la justifica amb un to de convicció absoluta:

«Perque precisament els nostres temps estàn en gestació de la Ciutat. A n'aquest somni de la Ciutat venidora dedica la llegió més escullida de la jovenesa un seguit meravellós de tasques y d'abnegacions. L'esperit ciutadà ja flota damunt el càos revolt, informe, de la nostra vida, però té de resoldre la seva encarnació, ha d'anar a la conquesta d'una venturosa plasticitat, y només quan l'hagi guanyada podrà inspirar fecondament un genre que floreix a base d'una opulentíssima complexitat social...

»Com la novela's nodreix de constatació, no pot referir-se a una Ciutat quimèrica. La novela no és profètica y alada com la poesía...»

La novel·la, doncs, queda terminantment prohibida de col·laborar a la construcció de la nova Atenes. Alomar va denunciar el gènere per les seves afiliacions ruralistes: Carner, ara, rebutja la novel·la ciutadana i burgesa, la d'Oller, de Fuentes i de Folch i Torres, en un mot, la novel·la normal. Es tracta, en ambdós casos, d'un anatema global.

Només els novel·listes són separats oficialment de la mobilització política d'artistes i intel·lectuals engegada pel Noucentisme al servei de la Ciutat futura. Tal exclusió sembla incongruent per a un moviment que pretén estimar tota aportació individual a la causa comuna i representativa. És aplicada, tanmateix —per raons que haurem d'escatir— amb un rigor purità. N'és el testimoni més obvi l'absència de novel·les noucentistes, la manca d'una novel·lística noucentista. Però el nou programa té un aspecte encara més negatiu: l'aplicació d'un tabú general sobre la novel·la i els novel·listes o, més ben dit, ex-novel·listes. Els requisits per a un baptisme noucentista, per mà del mateix Xènius, són prou ecumènics, però aquest honor no és concedit a cap novel·lista.[11] Igualment, l'*Almanac dels noucentistes* —un manifest pràctic que vol proclamar l'eclecticisme del moviment— no esmenta cap model novel·lístic. El Noucentisme produeix tota una escola de crítics literaris, alguns d'ells —Folguera, Capdevila, Riba— de la més alta categoria, però sense ningú que s'interessi seriosament i professionalment pel gènere. Els efectes de tot això són els d'una conspiració de silenci que recalqui l'edicte «oficial» de proscripció. Les pàgines literàries de «La Veu de Catalunya» durant la dècada posterior al 1911 en són una mostra ben significativa, amb només les referències més fugaces i insubstancials a qualsevol activitat novel·lística. Apuntem de pas que *Una generació snse novel·la*, segons comprovarem, és una part del llegat d'aquesta situació.

L'article de Carner del 1908 exposa les bases teòriques d'una segregació cultural tan radical, adduint uns postulats essencials del programa noucentista. La primera premissa, que la novel·la és una forma realista per la seva naturalesa o un mirall de la societat («la novela's nodreix de constatació»), no és gaire excepcional. El que sí és desconcertant és la deducció següent segons la qual, ja que el gènere «floreix a base d'una opulentíssima complexitat social», la novel·la catalana és de moment impracticable. Les novel·les del Modernisme, diverses en llurs estils i en llurs reflexos d'una època agitada i plena de tensions, en són una doble refutació, que Carner afecta ignorar. El seu propòsit, en canvi, és d'insinuar que, si la veritat actual del «càos revolt, informe, de la nostra vida» és desagradable, cal suspendre la novel·la fins que la realitat, de què es nodreix i que ha de registrar, sigui digna de reproducció en la futura Ciutat. Aquesta lògica retorta arrossega una conclusió d'implicacions extremistes. A més de negar a la novel·la tota validesa en la tasca col·lectiva, fa dependre la futura acceptació del gènere dels resultats de la mateixa empresa noucentista. La novel·la, així, esdevé víctima propiciatòria i, ensems, subjecte experimental d'una tesi abstracta. Podria semblar que exagerem o sobrecarreguem una proposició marginal i innocent de Carner. El fet, però, és que les seves paraules foren escrites per ésser preses molt seriosament. Carner està pontificant, i la pontificació tindria tot el seu efecte entre els deixebles de la nova ortodòxia.[12] Bona part de l'eficàcia del Noucentisme —com indica la referència de Carner a «un seguit meravellós de tasques y d'abnegacions»— és deguda a una disciplina inspirada des de dalt. El moviment projecta una imatge de cohesió i d'unanimitat, l'expansió de la qual és un objectiu tàctic primordial. El missatge de Carner, amb el seu to *ex cathedra*, és l'esquema d'una operació, del tot conseqüent amb la política noucentista i amb la manera de col·laborar-hi de l'autor.

En aquesta discussió de la inconveniència de la novel·la, Carner desenvolupa i precisa una conclusió que ja havia formulat en termes menys concrets. El 1905 reflexionava:

> «Y si's fés un gran silenci? Els literats catalans ja han mogut una política. Ara que hi ha polítichs, els literats que vagin al reculliment, a la tasca ignorada, a un religiós camí de perfecció que duri temps, molt temps.»[13]

Aquesta crida per a la subordinació de la llibertat artística i de l'individualisme a uns determinats interessos polítics ajuda a explicar alguns motius de la severitat amb què serà tractada la novel·la. El punt de partida del «camí de perfecció» és una creença que la imaginació i l'activitat creadores són impulsos que es poden regir i manipular en obediència a exigències externes. A la pràctica, el «silenci» és assignat principalment als novel·listes, l'activitat dels quals s'ha identificat molt directament amb la volubilitat o el «caos» individualista dels projectes anteriors per a la regeneració nacional. El Noucentisme avorreix la feblesa i la idea de la causa perduda: «Dic a tot fracàs, immoral», afirma Xènius per boca d'un dels seus personatges de ficció.[14] La novel·la modernista, amb totes les seves dislocacions internes, compendia el tipus de fracàs, de dubte i d'indisciplina més repugnant al nou classicisme. Les conseqüències pràctiques del silenci són un rebuig o un ofegament de la fase cultural que precedeix i, en part, coincideix amb el Noucentisme. El nou moviment ha de fabricar la il·lusió que tot comença amb ell. Unes nocions contradictòries d'exclusivisme i de representativitat tenen un paper important en la determinació de la perspectiva noucentista. I és que només es poden aplicar a costa de l'objectivitat històrica. Descartar o pretendre ignorar tota la comesa anterior —tret del que s'adapti a la imatge noucentista i, d'aquesta manera, la validi— comporta una negació falsa de la continuïtat. Però, de fet, el Noucentisme reacciona així contra el Modernisme, per l'estratègia de negar la seva existència. I així també Carner pot parlar de la «impossibilitat» de la novel·la, passant flagrantment per damunt de tots els assoliments d'una fase d'activitat en què ell mateix participà.

Si un aspecte del silenci significa això per a la novel·la, el projecte també proposa als fidels noucentistes una funció positiva. La recomanació de recolliment, de dedicació a la Tasca ignorada i a un camí de perfecció, expressa alhora una mentalitat artística i un ideal ètic de civilització. El recolliment dels escriptors vol dir submissió a la política de la Lliga: llur camí de perfecció és la campanya noucentista de reforma lingüística, objectiu principal en la lluita pro una veritable civilització nacional. L'abast i la importància de llurs realitzacions lingüístiques han estat, justament, molt comentats i encomiats.[15] Sota el penó de «normalització», la tasca de la literatura és concebuda com una demostració de l'esforç polític col·lectiu. La propagació de les *Normes ortogràfiques* (i de tot el que simbolitzen) constitueix el primer pas essencial vers la «venturosa plasticitat» que Carner predica, és a dir, vers una civilització i una cultura nacionals, modelades sobre el patró de les societats burgeses de l'Europa de la *belle époque*. La publicació de les *Normes*, el 1913, anuncia la Mancomunitat de 1914. La literatura hi té una comesa en què la depuració i formalitat de dicció s'equiparen amb reticència, «ironia», elegància personal, bona educació, etc., senyals externs de la civilització somiada.[16] Encara que aquests no són pas valors que hom aniria normalment a buscar a la novel·la, no hi ha cap raó objectiva per què no s'hi poguessin implantar a la manera, diguem, d'un Henry James. Tal reconciliació és impossibilitada, en aquest moment de l'evolució literària catalana, tant per factors històrics (la crisi de la novel·la modernista) com per determinacions específiques de la mentalitat noucentista. La poesia esdevé el gènere preferit i reverenciat. D'una banda, la noció que la poesia és inherentment la forma més refinada, i, d'altra, l'aptitud de l'expressió poètica per a fixar o matisar el sentit dels mots, expliquen lògicament aquesta predilecció. De més a més, mirant endarrera, hi ha tota la tradició que va des d'Aribau fins a Verdaguer en què s'associen, sentimentalment i pràctica, poesia i llenguatge. L'estètica noucentista és essencialment una *poètica*, una poètica que fon la preocupació intensa per la forma verbal amb tots els altres valors cognats, ètics i literaris, professats pel moviment. És també —Carner ho deixa entreveure, i val la pena de recalcar-ho— [17] una evasió, una disfressa de la realitat social, problemàtica, amarga i conflictiva. Instrument clau per a projectar la imatge de la Ciutat ideal, la poesia és dotada amb qualitats absolutes i transcendentals de «*religiós* camí de perfecció». Alomar ho anuncià, i Carner ho confirma en el programa definitiu del Noucentisme. L'antítesi entre novel·la i Poesia és consagrada en el decret: «La novel·la no és profètica y alada com la poesia.»

Malgrat tot això, no hi ha res a la teoria del Noucentisme que faci aquesta imprecació incompatible amb una dedicació a la prosa. Ans al contrari, els noucentistes conreen la prosa —contraposada a la poesia— a tall de comunicació més planera i «ordinària». Però les característiques d'aquesta prosa són encara determinades estrictament per la poètica omnipotent. L'*Antologia de poetes catalans moderns* (1914), d'Alexandre Plana, recull un bon grapat de *gloses* de Xènius. Tanmateix, seria impossible confondre l'índole de la prosa «poètica» noucentista amb els diversos assaigs de poetització, d'inspiració més o menys simbolista, que hem vist en connexió amb la novel·la i la narració del Modernisme. Els models de la prosa perfecta del Noucentisme són el Xènius del *Glosari*, Carner i Ruyra. Un article del jove López-Picó, titulat significativament *Orientacions literàries*,[18] ho declara pontificalment. Comença amb un repàs de la Tasca de l'any passat, que ha consistit, diu, en una labor d'«intensificació» i de «revisió» culturals. Els precursors del Noucentisme són censurats per la irresponsabilitat d'haver intentat un ressorgiment literari massa ambiciós, sense la preparació necessària. López-Picó, aquest «orsià de cap a peus»,[19] contrasta llur «improvisació» frenètica amb la dedicació, la seriositat i la diligència de «nosaltres els joves», que són els qui han aconseguit «el definitiu triomf de les modernes corrents literàries per damunt de tot el xiroisme floralesch». I partint d'aquest avanç, les orientacions que ha de seguir la prosa catalana —«pel nostre enriquiment espiritual y per la vigorisació y ductilisació de la nostra llengua literària»— són les que assenyalen Ors, Carner i Ruyra. Tot el seu argument palesa com l'aplicació a la prosa de la poètica noucentista ja suposava la desqualificació de la novel·la (vista com una de les activitats floralesques i improvisades que esmenta l'autor). Els tres herois de López-Picó són, indubtablement, prosistes exemplars. Però són també el triumvirat d'antinovel·listes del Noucentisme.

El Noucentisme —«la major dosi de treball normalitzador que mai hagi rebut el cos del país»—[20] havia de donar molt de fruit: però també havia de tenir les seves víctimes. L'article de López-Picó desplega una de les estratègies més fonamentals i més combatives del moviment. Els fracassos del passat (tot el que no contribueix a «la edificació de nostra ciutat espiritual») són atribuïts als «nostres pares» i als «nostres besavis», mentre els triomfs del present són realitzacions exclusives de «tota la nostra brillant host jovenívola». Els noucentistes, pel deler de monopolitzar la cultura catalana, exageren la ruptura amb el passat. Ja hem vist algunes conseqüències d'això, en la posició presa per Carner en el seu article del 1908 sobre la novel·la. La feina del Modernisme és preterida i relegada al segle XIX. El que rebutja López-Picó no és solament la «improvisació» dels besavis renaixentistes, ans també la col·laboració d'un sector contemporani de la intel·lectualitat catalana, que no pot o no vol allistar-se amb els noucentistes. La divisió «generacional» esdevé, en bona part, una justificació o una trampa.[21] El moviment que invoca una comunió d'interessos i un sentit d'unitat nacional, resulta ésser, en realitat, exclusivista i fins i tot minoritari, «la llegió *més escullida* de la jovenesa» (el subratllat és nostre). Tal actitud reflecteix directament una de les contradiccions més fonamentals de tota la política pratiana i noucentista.[22] El cas de la novel·la respon a la mateixa anàlisi. Les arrels vuitcentistes del gènere i la seva importància dins la literatura del Modernisme (dues coses que els noucentistes insisteixen a confondre en una de sola) fan que la novel·la i els novel·listes siguin les víctimes principals de la nova campanya.

Les implicacions del programa noucentista són radicals. Sense un clima propici, un projecte tan rigorós mai no podria establir-se com a base per a l'estructuració de tota una cultura nacional. El dogmatisme de la crítica a la novel·la indica la força de la convicció que l'informa. L'austeritat de l'alternativa i l'energia amb què és prosseguida testifiquen el dinamisme i l'eficàcia del moviment. Però, al capdavall, en la poda d'una branca major de l'arbre literari, tan decisiva hi havia d'ésser la manca de resistència com la força de l'escomesa. El nou programa només és intel·ligible en el context de la crisi que penetra la novel·la del Modernisme. És prou clara l'explicació teòrica de l'aversió noucentista contra el gènere. L'examen dels seus efectes pràctics, però, serà més complex. A més d'analitzar les formes literàries amb què el Noucentisme volgué substituir la novel·la, caldrà atendre les reaccions dels qui sofriren la liquidació.

Durant una dècada després de la publicació de *La vida i la mort d'en Jordi Fraginals,* la novel·la catalana no dóna cap senyal de vigor o de vida nova. No és pas simplement que hagin plegat les empreses editorials que havien fomentat el *boom* de la dècada anterior. Si, d'una banda, les col·leccions de «Joventut» i «El Poble Català» desaparegueren abans del 1911, de l'altra, l'editorial Ilustració Catalana de Francesc Matheu segueix publicant novel·les, i fins accelerant el ritme de producció, malgrat la depressió. En realitat, «Ilustració Catalana» és un cas especial. Encara que sembli contradir la impressió que ha mort la novel·la, ben mirat ho confirma, per la qualitat i les condicions de la seva producció. Comparades amb la vitalitat disciplinada del Noucentisme i amb el seu repertori d'èxits cada vegada més ferms, les novel·les de la «Ilustració Catalana» fan un paper empobrit i alienat. Esdevé el darrer refugi d'un gènere que no té altre aspecte que el d'un cansat supervivent del segle XIX, i el seu catàleg ho testimonia. *Vida triomfant* (1911) de Roger i Crosa i *Daltabaix* (1907) de C. de Fortuny —l'obra que provocà la condemna de Carner— exemplifiquen la «novel·la de costums» rutinària, fada i estàtica. La trilogia de Girbal Jaume, *L'agre de la terra* (1919-1923), persevera valerosament però més aviat debades amb les estructures i els tòpics de dues onades de ruralisme. *Alícia* (1923) de Pin i Soler mostra la degeneració i l'arxiusada sensibleria de la novel·la rosa. Aquesta dissortada reaparició de l'ancià Pin simbolitza la impressió de senilitat de la «Ilustració Catalana».[23] I la institució de la novel·la es troba associada, per omissió i per comissió, amb la fossilització d'aquelles forces floralesques i ultraconservadores, que, abans d'oposar-se a la «revolució» noucentista, havien combatut zelosament el Modernisme. En circumstàncies normals «Ilustració Catalana» haguera estat arraconada com una relíquia risiblement ineficaç del passat. Però en l'estat d'emergència cultural declarat pel Noucentisme, la normalitat —en particular la de les *Normes ortogràfiques*— era una condició per a què calia lluitar. En franca hostilitat amb el programa noucentista, s'arrengleren les forces de l'«antinormisme», capitanejades per Matheu i allotjades a «Ilustració Catalana».[24] La novel·la és enllistada a operar a favor d'una reacció que, per al Noucentisme, és de la mena més perniciosa i implacable. R. Miquel i Planes, enemic furibund de les noves tendències, produeix tres novel·les o pamflets amb el propòsit únic de satiritzar el Noucentisme i de propagar el sistema ortogràfic de l'Acadèmia de la Llengua Catalana, rival de l'Institut d'Estudis Catalans.[25] En conjunt, les novel·les de la «Ilustració Catalana» són una prova vivent de l'anàlisi noucentista. Confirmen la crítica, feta per Alomar i Xènius, de l'endarreriment del gènere. Pitjor que això, l'associació amb l'«antinormisme» militant corrobora activament la rígida distinció carneriana entre la Ciutat, representada per la poesia, i el «caos» representat per la novel·la. Això, afegit als efectes de la crisi interna de la novel·la modernista, tanca el gènere en una fase de desmoralització que dóna la raó als qui, com Carner, declaraven que era una forma inútil i infactible.

El progrés de l'obra literària del Noucentisme accentua aquests desenvolupaments. Comença en aquests anys i sota el signe estètic noucentista l'obra de la plèiade de poetes que dominaran el panorama literari durant més de mig segle. La poesia del moviment parla per ella mateixa. Aquí cal examinar les direccions que segueix la seva prosa, i la línia d'aproximació és indicada ja per les tres figures que López-Picó proposà el 1909 com a exemples i guies: Ors, Carner i Ruyra. Es planteja en cada cas, a través de la mentalitat i les qualitats de la prosa noucentista, la impossibilitat de la novel·la.

Hom reconeix al *Glosari* de Xènius el paradigma d'un estil nou que cristal·litza l'esperit del Noucentisme.[26] És una mena d'oracle que pronuncia sobre les definicions del moviment i demostra a la pràctica un estil de comunicació afaiçonat segons aquestes definicions: la compressió per el·lipsi de disquisicions o conceptes intel·lectuals, el to aristocràtic, la meticulositat verbal que flirteja amb el preciosisme (Maragall es temia que el *Glosador* no acabés escrivint en francès!). El caràcter singular de la *glosa* individual —equidistant de l'assaig, de la narració i de la lírica— no canvia quan s'inclou en una seqüència coherent amb pretensions novel·lesques, com es veu ben clarament en *La Ben Plantada*

(1912) i en les seves successores. La categoria d'antinovel·la que s'ha assignat sovint a aquestes obres,[27] deriva essencialment de llurs orígens i funció en el *Glosari*. Convé, doncs, per a un examen de llur mecanisme intern, començar amb *La Ben Plantada* que representa l'arquetipus formal i el pla mestre de Xènius per a una ètica i una estètica noucentistes.

Xènius qualifica *La Ben Plantada* d'«assaig teòric sobre la filosofia de la catalanitat»,[28] però el seu to és menys meditatiu i més retòric del que això faria creure. Per a Unamuno era «*un pequeño evangelio estético político*»,[29] i aquesta descripció és més adequada, copsant succintament la intenció exemplar (cultural i política) del llibre i la textura del seu llenguatge pseudo-religiós. El centre de l'obra és la presència de Teresa, la Ben Plantada, un personatge gairebé sense història, sense caràcter, sense relacions socials i humanes, no un personatge que *actua* i es fa, sinó simplement una presència que *és*. Ella encarna, misteriosament, el nou classicisme i el seny mediterrani, en un mot, l'ordre que ha de transformar l'ideal de catalanitat en una gran força civilitzadora. L'autor pren un to veritablement pontifical per a proclamar el missatge diví (que és també un missatge electoral de la Lliga):

> «La influència, l'ensenyament de la Ben Plantada! Si la pogués contemplar així, i aprendre d'ella, no una petita colla d'homes, sinó tota la meva terra, amb les seves gents! Si vinguessin a l'escola de la Ben Plantada les generacions a guanyar-hi serenitat, a guarir de romanticisme, a salvar-se de mentides i captar-hi estil i normes de bellesa i ben viure, i tots abjuressin davant d'ella dels errors passats, i els ciutadans, els poetes, els artistes, els arquitectes, els polítics, els negociants, els mestres d'estudi sabessin, d'aquest punt endavant, infondre una mica de l'esperit de tan escaienta i profunda ensenyança a llur acció i llurs obres.» (41-42)
>
> «Vés, doncs, i instrueix-ne les gents, batejant-les noucentistes en nom de la Teresa.» (144)

Tant la forma com el contingut de *La Ben Plantada* recorda que l'obra procedeix d'una compilació de *gloses*.[30] Com *Els sots feréstecs*, és una novel·la *malgré elle*, i, de fet, és possible rastrejar la influència de Casellas, o almenys una simpatia per ell, a través de diversos punts de l'estètica orsiana.[31] L'exemple d'*Els sots feréstecs,* ¿no podria haver suggerit a Xènius la possibilitat de fer una novel·la original, utilitzant, amb retocs mínims, uns articles destinats originalment a aparèixer «solts» a «La Veu»? Ens limitem a apuntar la coincidència. Quant a l'esperit i a l'efecte total, és clar, són obres i maneres de novel·lar ben distintes. Xènius, amb un procediment experimental, intenta compondre una narració estilitzada emprant elements més aviat no narratius. Abandona les convencions de la «ficció de realitat» i torna a una forma al·legòrica que Serrahima ha anomenat «narració retòrica» i que explota «els privilegis dels antics poemes».[32] L'enrariment de la visió i la deshumanització —conseqüències de l'ambició classicitzant d'«espiritualitzar els contorns de l'anècdota» o d'«elevar l'anècdota a la categoria»— queden reforçats per la composició seccionada en què les unitats individuals, lligades però no foses orgànicament, gairebé parodien la progressió de capítols d'una narració lineal. Cada *glosa* manté la seva autonomia, que pot portar lluny del tema central, com, per exemple, la llarga reflexió sobre «El anònims», capítol VIII de la segona part. I per damunt d'això, dues llargues «pauses» trenquen la continuïtat ja exigua amb seqüències de *gloses* que només es justifiquen com a demostracions de la mentalitat i l'estil inherents al missatge de la Ben Plantada. Quan Xènius declara més tard «No és el continu el centre d'atracció del meu pensament, sinó el discontinu»,[33] està definint un dels trets més fonamentals de la seva ficció. Es pot dir que aquesta representa respecte a la novel·la convencional el que la *glosa* representa respecte a l'assaig: antinovel·la i antiassaig, amb la *glosa* com a germen de tots dos.

En els intents posteriors de repetir la fórmula de *La Ben Plantada,* Xènius sembla descobrir els límits del seu mètode narratiu. Altres compilacions de *gloses* donen *Tina i la guerra gran* (1914), *Gualba, la de mil veus* (1915) i *Oceanografia del tedi* (1916).[34] Aquí, però, l'afany proselitista és reemplaçat per una visió molt més subjectiva i —ja ho hem assenyalat— més decadentista a la manera de la fi de segle. Significativament, és a *Gualba,* com ha remarcat Jardí,[35] que Xènius s'apropa més a ésser un novel·lista convencional. Són obres, aquestes i *La Ben Plantada,* que exerceixen ara una estranya seducció: conserven un lirisme enigmàtic i exòtic que dóna accés a un esperit complex i inquiet. Expressen aquell aspecte paradoxal i excèntric (demoníac, si voleu) de la personalitat orsiana, que Prat de la Riba sabé endegar i subordinar a una tasca superior —convertint l'energia en autoritat—, però que desconcertà molts dels seus companys noucentistes. El Xènius novel·lista no té seguidors ni inicia cap escola. *La Ben Plantada* i la seva successió basten per a demostrar la poca viabilitat de l'«estètica arbitrària» aplicada a la novel·la. Pel fet d'establir un exemple que ningú no podia emular, Xènius és un antinovel·lista en el sentit més negatiu, o sia, una influència que nega la continuïtat i la progressió del gènere.[36] L'autoritat del *Glosari* ratifica aquesta força negativa. Com a model estilístic, estimula una minuciositat, un intel·lectualisme i un amanerament incompatibles amb el procediment lliure i sense traves que demana la prosa novel·lesca. Com a prototipus i missatge, el *Glosari*, per les seves omissions i per la seva crítica oberta, propaga la idea que la novel·la «normal» no té lloc en el nou ordre cultural.

En contrast amb el preciosisme del *Glosari* i amb el dandisme del *Glosador*, la prosa de Josep Carner representa per als noucentistes un model més accessible i practicable. Es poden escatir, naturalment, certes afinitats entre els dos escriptors i traces d'una influència orsiana en l'estil de Carner; però, en general, són més pronunciades les diferències que no pas les semblances.[37] En conjunt, i dintre els criteris noucentistes, Carner és més planer: una prosa correctíssima, refinada i ben educada, però sense *bizarrerie*. Proporciona un exemple abastable d'elegància natural i de normalitat intrínseca. No és paradoxal, tanmateix, que Carner es trobi encara més allunyat de la novel·la que Xènius. No cal sinó examinar les declaracions respectives dels dos autors. Mentre que aquest, el 1906, considera la possibilitat d'una novel·la noucentista que ell mateix intenta realitzar, Carner hi declara l'interdicte.

La producció literària que referma a la pràctica aquesta presa de posició comprèn tres volums, reculls antològics de les col·laboracions periodístiques de Carner, principalment a «La Veu de Catalunya»: una col·lecció de narracions curtes, *La creació d'Eva i altres contes* (1922), i dos volums d'«articles» —per qualificarlos d'alguna manera—, *Les planetes del Verdum* (1918) i *Les bonhomies* (1925). La dificultat d'assignar-los una denominació exacta indica un dels trets peculiaríssims de la prosa carneriana. Maurici Serrahima se n'ha ocupat en una anàlisi molt intel·ligent que interessa directament el nostre tema.[38] Distingeix en tota la prosa madura de Carner —sia article o narració curta— un procediment que és en essència el de l'assagista i que, a l'una, és inseparable del que escau al poeta líric.[39] Partint del postulat que el principi de la narració és un desplegament successiu de fets mentre que el principi del lirisme és la simultaneïtat, Serrahima descriu l'adaptació especial del conte feta per Carner:

> «El conte que escriu consisteix, no pas en la narració d'un desplegament de fets que trobi valor en ell mateix, sinó en l'esment dels antecedents narratius necessaris perquè el fet o la frase conclusius puguin prendre per al lector el mateix sentit o el mateix abast que havien pres per a l'autor en la seva pròpia realitat, real o imaginada... És a dir, un intent de proposar, per camí de provocar una reacció anàloga en el lector, una mena de comunicació expressiva eficaç de l'estat d'esperit de l'autor en el moment que es produïa el fet o era dita la frase.»[40]

I la seva conclusió ens sembla irrefutable:

> «Essencialment, ell no era —no és— un narrador... Si alguna prova hi ha del fet que Carner no és novel·lista —a part del de no haver escrit novel·les, més aviat decisiu— són precisament els seus contes».[41]

Per a Alexandre Plana la raó d'ésser del conte carnerià és «l'anotació lírica de les sensacions menudes i esvanívoles de cada dia».[42] Queda ben clar que es tracta d'una literatura en què el contingut o la mera anècdota són supeditats a la forma verbal que se'ls dóna i a l'esperit que dirigeix la forma. L'estil madur de Carner opera en dos plans, com observà reverentment López-Picó, «pel nostre enriquiment espiritual y per la vigorisació y ductilisació de nostra llengua literària». El primer pla és una representació d'un capteniment ideal —urbà, circumspecte, assenyat, flemàtic («britànic» segons Castellet i Molas, «eduardià» precisaríem)— que donarà el to de la Ciutat i que s'hi generarà espontàniament. Es comunica, sobretot, la «ironia», agent catalític d'actituds civilitzades, «una de les aportacions substancials de Carner a la moderna literatura catalana».[43] El conjunt de valors que la ironia suposa es manifesta primer de tot en el llenguatge que l'articula, d'acord amb un dels cànons principals de la poètica noucentista. La prosa de Carner —extensió de la seva poesia— marca una fita important en l'evolució del llenguatge literari modern.[44] Les conseqüències d'aquest avanç havien d'afectar, al principi inversament, la situació de la novel·la. L'immens pas endavant cap a una completa normalitat lingüística, que el Noucentisme efectuà amb una rapidesa sorprenent, i, en particular, la concisió, la lleugeresa i la ductilitat de la prosa carneriana —tot havia naturalment de suscitar comparacions amb la incertesa babèlica d'un passat encara molt recent.[45] I és sobretot la vella novel·la —amb els seus satèl·lits— la que surt perjudicada de tal confrontació, desfavorida d'allò més a causa de l'associació continuada amb l'antinormisme de la Ilustració Catalana. Es tracta d'una veritable transformació de la prosa catalana, i el paper de Carner hi és decisiu, conreant un estil personal que al mateix temps verifica i consagra el llenguatge «normalitzat». El seu exemple i la seva influència, ultrapassant els de Xènius, defineixen la prosa per al Noucentisme, i consoliden així una situació en què les seves preferències literàries individuals tendeixen a esdevenir la política oficial del moviment. Cal recordar també que des de la redacció de «La Veu» i, més tard, de l'Editorial Catalana, Carner exerceix una autoritat molt directa. Durant els anys d'expansió, quan la prosa carneriana s'adapta a les necessitats culturals més urgents, la prevenció contra la novel·la pot presentar-se com una deliberada estratègia abstencionista. Més tard, quan la manca d'aquest gènere comença a fer-se sentir —manca registrada molt aviat pel mateix Carner—, hom veu que l'abstenció és realment una llacuna intrínseca i irreparable del repertori carnerià i noucentista.[46]

La influència de Carner és palesa en la gran proliferació del conte i la narració curta que coincideix amb l'ascendent del Noucentisme.[47] Evidentment, hi ha també antecedents més llunyans. Ja hem traçat a través del Modernisme un allunyament general de la novel·la, especialment per direccions simbolistes, devers formes més breus i més intenses de prosa narrativa i lírica. D'una banda, es pot dir que el Noucentisme introdueix una nova fase de la mateixa tendència, i que autors com Corominas, Santamaria i Ramon Reventós formen una mena de pont entre la fase modernista i la noucentista. D'altra banda, però, és clar que el conreu noucentista de la narració curta s'acorda amb una estètica ben distinta. Es crea una mena de prosa que fa pensar constantment no ja en models narratius sinó en la lírica especialitzada del nou classicisme. L'acte vulgar de contar «històries» ha d'ésser refinat: l'anècdota s'ha d'elevar a la categoria de contorns espiritualitzats, per dir-ho orsianament. Això, traduït, vol dir desrealització: situacions artificials que projectin una «Catalunya feta flors de civilitat», solucions senzilles, reticència emocional, ironia carneriana, no el que es diu sinó *com* es diu. La «por a la realitat» i l'elevat didacticisme lingüístic produeixen un tipus de conte que tira més a la narració per a infants que a la narració o novel·la pròpiament dites.[48] Així autors capdavanters com Carner, Riba i Soldevila conreen la literatura infantil, amb propòsits ben seriosos i de cara a un públic adult. És un aspecte més de la reluctància temperamental a treballar amb estructures narratives més complicades —realistes o no— i més vitals. Els mateixos trets, si bé en forma menys reduïda, caracteritzen el repertori general de les narracions curtes noucentistes. El cens dels seus conreadors sembla ésser un inventari dels principals participants i deixebles del moviment: Carner, López-Picó, C. Soldevila, Joan Sacs, A. Plana, Carles Riba, Martínez Ferrando, Jordana, Llor, Esclasans, Duran Reynals. El darrer és probablement el més ortodox dels joves seguidors de Carner i el qui, segons Fuster, «donà la mesura de tot el que el Noucentisme podia arribar a rendir en prosa de ficció».[49] La seva producció, que li guanyà la reputació d'esperança màxima de la nova literatura, és en quantitat i en qualitat d'una eixutesa ben simptomàtica.[50] Les *Quatre històries* (1917), pràcticament el total de la seva obra acabada, operen a l'escala microscòpica de la faula moral. La seva reconstrucció del conte de fades (*Les il·lusions de l'Angelina*) o l'evolució delicada de petits incidents patètics (*Les falzies del palau del bisbe*), encara que manquen completament de substància imaginativa, assoleixen comunicar una nota fugitiva de sincera simpatia humana i també una impressió de la fina sensibilitat de l'autor, les quals, per cert, tenen un atractiu considerable. Aquesta sensibilitat, però, i el seu perfeccionisme tímid s'apliquen gairebé exclusivament a l'execució formal. Els temes senzillíssims semblen triats com a pretextos d'uns exercicis minuciosos de brodaria estilística.[51] Els paràgrafs impecables traspuen revisions infinites alambinades en tota una pila d'esborranys. Fan sospitar, també, que els horitzons de l'autor són limitats per la seva pròpia literatura, i que literalment no s'atreveix a agafar temes més ambiciosos o menys artificials. La mateixa timiditat afecta, en diversos graus, els altres narradors del Noucentisme, fins en el cas d'un Carles Soldevila on comença a albirar-se una curiositat per situacions humanes més complexes. Una mena de censura de realisme (formulada explícitament per Carner el 1908) és sempre latent a la situació que descriu Albert Manent:

> «Un cert hipercriticisme, l'esperit cisellador de l'idioma, la recerca dels cristalls literaris perfectes, la lírica absoluta i totalitzadora no s'adiuen gaire amb un gènere [la novel·la] més impur, més de bursada, més *terre-à-terre*, menys "selecte".»[52]

L'esment de la mentalitat «cisselladora» recorda el temperament i el procediment de Ruyra. Explica una de les raons principals per les quals els noucentistes aclamen el vell autor i proposen com a model la seva prosa. A la primera ullada, la seva presència al quadre d'honor del Noucentisme sembla provar la continuïtat i la coexistència entre els vells i els joves, el vell i el nou. Xènius parla afectuosament de l'«oncle Ruyra», i Carner li tributa respecte de la manera més activa i directa.[53]

Al pròleg a *La parada* Ruyra expressa el seu agraïment a Carner. Havia sofert un període de depressió durant el qual va considerar que la seva carrera literària havia acabat: «Era buida la meva cistella.»[54] Es tractava, bàsicament, d'una incapacitat de satisfer el seu propi perfeccionisme, causa de frustracions i d'una crisi de confiança en els seus mèrits literaris:

> «En flacar una mica la meva vena, deixava la tasca; en trobar la primera dificultat greu, abandonava l'obra...

Així és que al cap d'alguns anys la meva cartera era plena de treballs, però tots incomplets.»

Solament la insistència personal de Carner li pogué infondre l'energia que calia per a ultimar, en *La parada,* la feina abandonada des de feia temps:

> «He fet l'esforç, aquell esforç que em repugnava: he repassat els originals del temps de les meves revifalles i, aprofitant una altra revifalla més llarga, he triat els que m'han semblat millors, els he acabats, els he polits i... aquí van a tot risc.»

Carner, com a portaveu del Noucentisme, vindica els escrúpols de Ruyra, el qual es troba ara en un ambient on són compartides moltes de les seves preocupacions i on el seu purisme estilístic representa la més alta dignitat literària. Així neix la situació paradoxal en la qual Ruyra, gairebé un premodernista, enllesteix i publica la major part de la seva obra —malgrat això, escassa— a l'era noucentista: *La parada* (1919), *Pinya de Rosa* (1920) —la versió definitiva de *Marines i boscatges*— i algunes de les peces publicades més tard a *Entre flames* (1928). La seva col·laboració en el treball lexicogràfic de l'Institut significa, de més a més, que ha pres carta de ciutadà noucentista, amb tots els drets corresponents.[55] Podem dir la mateixa cosa d'una altra manera. Ruyra és venerat en aquesta etapa precisament per les raons que sempre li impediren d'escriure *La gent del mas Aulet.* La novel·la inacabada és, diguéssim, el revés de la seva carta de naturalesa en el moviment que repudia el gènere novel·lesc.

El lloc de Ruyra en l'esquema noucentista és en més d'un aspecte privilegiat. Per als nous àrbitres de la cultura representa continuïtat i cooperació, i prova la legitimitat de llurs accions i aspiracions. Però —a part d'Alcover i de Costa i Llobera, casos si fa no fa paral·lels—[56] és l'únic a ésser acceptat amb un bagatge literari que ha passat sense modificacions del Modernisme al Noucentisme. És que no calien modificacions en el seu cas. Però el Noucentisme no fa pas cap concessió més, ni als modernistes ni als novel·listes (modernistes o no). És cert que Carner admira alguns aspectes de l'obra de Rusiñol —l'agudesa espontània i el barcelonisme— però les novel·les d'aquest, ja ho hem vist, segueixen en un aïllament total una trajectòria declinant.[57] Massó i Torrents s'uneix a les noves forces, però hi ingressa, seguint els passos de Fabra, en la seva qualitat d'estudiós i d'home de «L'Avenç». Perdura implícitament la crítica que havia fet a *Desil·lusió* contra les tendències dissolvents del Modernisme, i queda molt enrera la forma literària que havia conreat —bastant incompetentment— per afecció i pel desig de demanar una mica d'ordre en la cultura del país. I ara ja havia arribat l'ordre que volia. Els altres, els qui no poden contribuir-hi o no volen sotmetre-s'hi, sofreixen tot un altre destí. La mentalitat noucentista no reconeix discrepàncies ni neutralitats: només hi ha amics i enemics declarats, i a la guerra com a la guerra. Al nivell teòric aquesta perspectiva militant redueix cada qüestió a una antinòmia —la Ciutat contra el caos, el Nou-cents contra el vuit-cents, la Poesia contra la novel·la, «la jovenesa escollida» contra «els nostres besavis». La teoria havia de tenir una aplicació social, sobretot en vista de les dimensions microcòsmiques del món literari i cultural de Barcelona. Esdevé una pugna entre els elegits i els despistats, els intel·lectuals vencedors (que es qualifiquen de joves) i els intel·lectuals vençuts (que són qualificats de vells). La iniciativa surt constantment dels noucentistes: la tàctica és d'ells. Així llur rebuig de la novel·la pren sovint la forma d'una hostilitat directa i personal contra els novel·listes que volen isolar. Llur exclusivisme literari no solament estronca tot un corrent d'activitat, sinó que també fereix les personalitats que s'hi associen. L'agressivitat es manifesta de dues maneres. Hi ha a vegades el xoc directe, l'insult públic, la morrada.[58] Més sovint, però, s'expressa a través del menyspreu o l'omissió, i en el favoritisme exercit des d'una situació de monopoli dels òrgans culturals. Dirigida contra l'escriptor, aquesta és la forma d'antagonisme més insidiosa i destructiva, ja que, sense permetre-li replicar ni polemitzar, li nega reconeixement tant de la seva obra com del seu valor individual. *L'impenitent* de Bertrana ho exposa tot.

És Xènius qui estableix l'exemple d'un absolutisme rancorós i maquiavèlic en qüestions culturals.[59] Josep Pla, parlant del mal tracte donat pel *Glosador* al novel·lista rural Girbal Jaume —personificació sense saber-ho dels valors més repugnants als noucentistes—, ho subratlla: «Quan es tracta de coses culturals o literàries...

és un dogmàtic, un definidor, una fera.»[60] Carner, en general, es capté menys esquerpament. Tendeix, com ha afirmat Manent,[61] a ser més respectuós, almenys amb les personalitats importants de criteris «heterodoxos». Però això no afecta pas la seva declarada prevenció contra la novel·la i els novel·listes catalans.[62] L'acaparament cultural, el patrocini favoritista i la callada indiferència envers els dissidents, tots deixen un fort encuny en l'aspecte literari del país durant la magistratura carneriana. Les tàctiques dels líders són diligentment seguides pel fidel contingent noucentista, i molts de llurs efectes han passat a la història marginal de la literatura catalana. *L'assaig de la vida* de Plàcid Vidal descriu, des d'una perspectiva inevitablement molt subjectiva, l'actitud de l'*élite* i els maldecaps d'algunes de les víctimes.[63] Més que pels casos individuals que s'hi esmenten, els records de Vidal expressen per llur to general un estat d'humiliació i de frustració. El fet de recórrer a l'autobiografia és ja per ell mateix una reacció reveladora. És un fenomen que es repeteix en molts altres casos, amb una uniformitat de causes i motius que en fa un dels trets centrals de l'experiència dels novel·listes modernistes durant (i després) l'hegemonia noucentista.

El cas de Bertrana és típic, no solament per raó de les reaccions immediates de l'escriptor davant els canvis de l'ambient cultural, sinó també per la manera en què aquestes informen el caràcter de la seva obra posterior. Dos factors fan que Bertrana sigui especialment sensible a les vicissituds del gènere que conrea. La predilecció per la novel·la i la narració respon en ell a un impuls creatiu primordial. Com a Innocenci Aspriu, el seu *impenitent*, a Bertrana li cal escriure per viure: la seva obra és una dimensió del seu ésser; creu fonamentalment que ha nascut per escriure-la (per recrear-se en ella), que no és apte per a res més, i no troba en res més el ver sentit d'existir.[64] I també li cal escriure per viure en un sentit més bàsic i material. Com a autor professional —almenys fins al punt que la literatura li aporta una proporció imprescindible dels seus ingressos— és vulnerable a tots els canvis de gust i d'actitud pública respecte al gènere que és literalment la seva raó d'ésser. La varietat d'estils que assaja durant l'època modernista reflecteix l'experimentació del debutant, complicada per la mutabilitat i la dispersió d'una crisi genèrica. Amb l'ascendent del Noucentisme, una nova sèrie d'influències externes ve a pesar damunt la carrera del novel·lista. Diferentment d'alguns dels seus companys, no pot permetre's ni deixar d'escriure ni prosseguir una activitat no remuneradora. El destí de la seva novel·la *Ernestina* simbolitza el destret de l'autor en una situació on la novel·la convencional ha esdevingut, a Catalunya, una forma sense dignitat ni mercat.[65] Però la fal·lera de narrar continua, i l'escriptor es troba obligat a acceptar alguns compromisos. La necessitat econòmica i uns lligams, diguem-ne, temperamentals el duen a participar en revistes satíriques —«L'Esquella de la Torratxa» i «La Campana de Gràcia»— i, més tard, en col·leccions populars com «La Novel·la Nova», «La Novel·la d'Ara» i «La Novel·la Infantil Catalana». En aquesta fase de la seva carrera Bertrana s'ha d'acontentar amb el conreu de contes i de peces breus que abans (*Crisàlides* és del 1907) havien constituït només una part petita de la seva producció, i que ell sempre considerava com subsidiaris a la seva gran vocació de novel·lista. *Proses bàrbares* (1911) marca un punt decisiu, mostrant la difícil adaptació de l'escriptor a les noves circumstàncies. D'una banda dóna expressió a una fugida imaginària de la Ciutat asfixiant, de la ciutat que el veia passar amb ironia. En les seves «visions» rurals Bertrana torna a descobrir un jo més pur, defensa la seva integritat d'home i d'artista agrest, sincer, incivilitzat. D'altra banda, l'estil i la textura traeixen un procediment líric, d'interpretació més aviat noucentista que modernista. L'èmfasi es carrega sobre la *prosa* —èmfasi que el títol mateix subratlla— en uns exercicis de purificació estilística que s'acorden perfectament amb la inspiració de l'obra. A *Proses bàrbares* Bertrana assoleix una plasticitat i una nitidesa d'expressió que, tot i ésser molt personals, reflecteixen si més no l'esperit dels criteris estilístics del Noucentisme.[66] *Els herois* (1920) és essencialment una continuació, producte de les mateixes circumstàncies i, alhora, de l'estímul llunyà de Maragall que influí tant en l'esperit de Bertrana.[67] Abans, però, el 1915, publica *La lloca de la vídua* on sembla que s'albiren unes concessions al gust «ciutadà». El conte que dóna el seu títol a la col·lecció conté una versió ruralista de la ironia carneriana. El fervor i la sinceritat cedeixen a la sàtira i a un cert distanciament. És clar que factors materials pesen molt en aquesta fase de la producció de Bertrana. L'adopció parcial d'un to d'estil noucentista i la dedicació a la narració curta representen, fins a cert punt, modificacions que calia fer per tal de trobar una sortida en dues editorials afiliades al Noucentisme, la Societat Catalana d'Edicions i l'Editorial Catalana de Prat de la Riba.[68] Es tracta, ben mirat, d'un sacrifici.

Bertrana, simplement, no era de l'estofa d'un noucentista. La tensió que informa *Proses bàrbares* expressa la seva veritable posició, que és la que després enunciarà explícitament a *L'impenitent*. El seu temperament el fa incapaç d'acomodar-se a la vida de la Ciutat, tant l'indret real com l'abstracció cultural. Per a ell la capital significa la tragèdia personal i la frustració artística. La seva actitud inicial de suficiència i fins de provocació (al pròleg de *Proses bàrbares* diu que espera amb tranquil·litat «la fina ironia civilista») es va convertint en una aspror solitària i sorruda.[69] No s'associa amb els de la fossilitzada Ilustració Catalana —precisament perquè els tenia per uns diletants antiquats i vitalment anquilosats— i s'estalvia així la virulència concentrada dels noucentistes. Però no es pot estalviar el menyspreu d'aquests per la seva «innocència» i manca de «cultura», ni llur desdeny pel «mal gust» d'una novel·la com *Josafat*. I aquesta obra, al cap i a la fi, fou filla de la seva vocació autèntica de novel·lista.

Es confirma aquesta vocació en les obres que publica Bertrana un cop que minva l'autoritat cultural del Noucentisme. La novel·la *Jo!*, que tanta commoció provoca quan surt el 1925, és ben clarament el producte d'emocions i reflexions madurades en silenci durant els anys precedents. Obeeix una compulsió poderosa dins l'escriptor de desembarassar-se d'un gran pes espiritual. Motiva la novel·la una venjança personal (contra Diego Ruiz, com és ben sabut), però sembla també que Bertrana hi esplaia amb gran fruïció les seves energies de narrador, tant de temps refrenades. *Jo!*, l'obra que inicia la recerca del temps perdut de Bertrana, transmet sobretot una impressió d'alliberament. Haurem d'examinar més avall les circumstàncies de la seva publicació, i el seu lloc en el panorama històric. De moment, cal que ens detinguem en una de les seves qualitats que resumeix un aspecte clau de les reaccions dels novel·listes enfront del Noucentisme. Joaquim Molas, en un article molt lúcid,[70] ha arguït que una forta tendència cap a l'autobiografia constitueix un dels trets més dominants i ensems una de les grans debilitats de la novel·la catalana moderna. L'explicació general i més aviat provisòria que dóna a aquest fenomen —l'aïllament i la introspecció dels novel·listes catalans— pot ésser precisada més en els casos de Bertrana i d'alguns dels seus contemporanis. Llur experiència del Noucentisme accentua i alhora torça una propensió autobiogràfica o confessional que el subjectivisme modernista ja havia estimulat a la novel·la. És molt a propòsit una remarca de Pous i Pagès:

> «Així, doncs, entre l'autobiografia y la narració d'aventures imaginades, no hi ha sinó la diferencia de que l'una es relació de fets reals, que posen directament de manifest la nostra veritable naturalesa, y l'altra la revela indirectament... Tot se redueix a presentar-se al public, ab disfreça o sense disfreça, diferencia que en el fons no té cap importancia.»[71]

L'autor de *De l'ergàstula* assenyala ja una característica distintiva de la novel·lística *post*modernista. A la novel·la modernista la intimitat subjectiva o l'element autobiogràfic es converteix en matèria novel·lesca; és subordinat a la forma. Els efectes del Noucentisme, en canvi, produeixen una situació en què la forma de la novel·la és subordinada a l'autobiografia com a mitjà de reivindicació i justificació personal. Ho confirma l'evolució de l'obra de Bertrana a partir de *Jo!* Després de la truculència de la seva primera reaparició, aconsegueix una disposició més reflexiva i equànime que s'exterioritza en la llarga trilogia *Entre la terra i els núvols.* Aquesta obra, que absorbeix la resta de la seva vida, és la síntesi de la pròpia experiència, d'una personalitat que només pot realitzar-se en la literatura i a través de la literatura. El vel de la ficció és lleugeríssim, i, de fet, és molt difícil llegir aquesta obra com una novel·la. La personalitat de Bertrana hi és massa present, interferint amb l'esforç (que d'antuvi recorda Proust) d'objectivar artísticament la seva existència i d'eternitzar així el temps perdut. Es pot dir, d'una banda, que Bertrana és inferior a la seva tasca. Però hom hi ha de reconèixer també les conseqüències del procés històric que ha interromput la normalitat (o sigui, l'evolució que en altres circumstàncies haguera pogut seguir el novel·lista) i ha deixat al descobert l'absència, en paraules de Fuster, d'«una novel·lística catalana coherent i viva».[72] És com si Bertrana, després d'un silenci imposat, hagués tornat a emprendre una activitat oblidada. No crea una formulació artística cohesiva i autònoma, ans compon una crònica més aviat invertebrada i desigual en què són presentades les experiències d'una manera molt literal, com si haguessin de tenir per al lector la mateixa càrrega de significació que tenien per a l'autor. Paradoxalment, però, els trets més positius i valuosos de la trilogia, a l'igual dels defectes, semblen derivar de la incòmoda coexistència de Bertrana amb el Noucentisme. El retraïment el duu cap a un autoconeixement pregon i fa madurar un llenguatge personal, massís i net, totalment sense efectismes. El Bertrana de *Proses bàrbares* reviu i fins se supera en molts trossos de la trilogia autobiogràfica. El Noucentisme li imposà una concentració i ell la converteix en una lliçó de sinceritat.

Amb aquest perfil de la carrera literària de Bertrana ens hem anticipat a unes consideracions que pertanyen a l'última part del nostre estudi. La digressió, tanmateix, és justificada, car la trajectòria d'aquest escriptor és en molts aspectes representativa de tota una fase de la literatura catalana. Seguint les seves vicissituds, ens adonem que la història de la novel·la, àdhuc quan sembla que s'ha esborrat, pot ésser rastrejada «subterràniament» a través de les reaccions d'aquells autors que continuen essent els seus representants.

Bertrana recorre finalment a l'autobiografia en un temps d'alliberació, quan el transcurs dels anys li dóna una certa clarividència històrica. El mateix pas el fan abans que ell, més precipitadament, d'altres autors que es troben rerassagats pels esdeveniments culturals on sembla que ells no tenen cap paper.

Els motius de l'autonarració són ben evidents en tots aquests casos. Les veus d'alguns ex-novel·listes, obligats a viure en l'excomunió degradant, formen un contrapunt amb sordina als tons segurs i concertats de la literatura noucentista. L'autobiografia proporciona un esbravament i una justificació, una activitat solitària que ajuda a resistir al sentit de fracàs i d'aïllament. Una tendència inicial a lamentar o a rapsodiar la desgràcia —reacció típicament romàntica— va cedint de mica en mica a una perspectiva més objectiva sobre experiències pretèrites, superades d'alguna manera o altra. Només amb els anys són possibles la serenitat i la fina ironia amb què Miquel de Palol mira la seva joventut a *Girona i jo,* que no sortirà fins al 1972. Al principi, però, mentre dura el conflicte, i mentre les experiències són encara actuals i viscudes, es produeixen desfogaments més impetuosos i desbordants. El moviment, ben mirat, és molt natural. Els novel·listes modernistes concebien la narració en funció de llur intimitat subjectiva. Els mots de Pous i Pagès que hem citat més amunt mostren com ja era borrosa (a força de *sinceritat*) la línia entre la vida i l'art. Ja hem vist fins a quin punt *Jordi Fraginals,* sota la «disfressa» de la ficció, contenia una mena de balanç autobiogràfic. Després, amb el desprestigi de la novel·la, d'altres autors recorren a una literatura confessional en què l'única ficció o disfressa és l'anonimat, o el secret.

Cartes d'un visionari (1921) de Pere Corominas se situa de ple en aquest corrent.[73] És una seqüència de cartes, datades significativament entre el 1913 i el 1920, l'autor de les quals (que les signa amb el nom d'Odisseus) hi esplaia amb un profund desencant la seva desorientació en una societat nova i incomprensible. Hem de pensar que Odisseus és Corominas, i que les cartes són probablement fragments modificats d'un dietari íntim d'aquest. És difícil explicar altrament la confusió constant de la veu de l'autor fictici amb la de l'autor real:

> «No pots pensar-te, amic Albert, el bé que fan al meu esperit aquestes cartes, i com buiden el cor de sordes quimeres.»[74]

Les reflexions d'Odisseus-Corominas divaguen per assumptes polítics i metafísics, però retornen sempre a la situació de l'escriptor que se sent alienat en el seu propi món, que protesta contra l'arraconament imprevist i injust:

> «Cada dia ens trobarem més forasters entre mig de les generacions noves i un impensat sentiment dels homes i del món ens acorralarà més i més en la nostra soletat.» (34)

El to ens és molt conegut. S'hi trasllueix clarament una queixa contra l'«escombrada» efectuada pel Noucentisme dels seus antecedents culturals. L'altre terme de la disjuntiva és expressat en uns passatges on l'autor s'esforça per salvar del seu propi passat quelcom de permanent. Aquí el llenguatge del Modernisme es reanima amb una integritat emocional que sembla provenir d'un coneixement intensament viscut:

> «Jo vaig ser un visionari en la meva joventut, i la vida no ha estat prou pròdiga per a convertir en realitat les meves visions. I jo que deixo caure les plumes desmarxades i les fulles mortes no m'hi vui resignar a que s'esvaeixin aquelles visions que trobo tan belles com abans, les adorades quimeres que'm costaren tantes llàgrimes quan per elles havia deixat de banda les delícies de l'amor, en l'ombra de les presons i en les pàl·lides hores de l'exili...» (290)

La desil·lusió ja no és un tema per a improvisacions imaginàries: és una realitat ineluctable, més punyent i més plena de tragèdia que qualsevol ficció. L'autobiografia del novel·lista esdevé la seva novel·la.

Aquesta interpretació, més aviat abstracta en el cas de Corominas, és reforçada per una obra exactament coetània amb *Cartes d'un visionari. A la deriva* (1921) d'Alfons Maseras mostra els mateixos motius i conclusions de Corominas, expressats per un autor que ja s'havia provat com a novel·lista modernista. Les seves reflexions i confessions no es comuniquen per cartes (tècnica que ja havia assajat a *Edmon*) sinó per la narració en primera persona d'un Marçal Montllor, autoidealització transparent del mateix Maseras. El fil de la narració és purament fantàstic, i força estrafolari: l'afer de Montllor amb «la dona de la meva raça i del meu poble» és un manlleu flagrant de *La Ben Plantada*. Però el veritable propòsit de l'obra no és de narrar una història, sinó de lamentar la jovenesa i les il·lusions perdudes. Tornem a sentir la veu d'un home condemnat a una senilitat prematura:

> «Ara que són esvaïdes, per mi, les ànsies de la joventud, i que el meu cor ha deixat de glatir per les coses impossibles, vull escriure, per a edificació dels qui llegeixin alguns records d'aquells dies inquiets...»[75]

El que l'ha empès a escriure és la dolorosa necessitat de comprendre i d'acceptar una visió del món (la del Noucentisme, se sobreentén) que invalida completament la filosofia de la literatura i de la vida que abans tingué:

«Els meu romanticisme d'antany s'ha deixat en les aigües tèrboles i tumultuoses de la realitat.»

Podria ésser un dels epitafis del Modernisme: Maseras i altres són obligats a escriure'l (i d'aplicar-se'l) amb uns termes imposats pel Noucentisme. *A la deriva* té també una altra significació relacionada amb això. Mostra com la desmoralització dels novel·listes de procedència modernista destrueix tota capacitat d'afrontar la literatura dinàmica del Noucentisme amb una resposta positiva, és a dir, amb novel·les fidedignes.

El contingut d'*A la deriva* resumeix el destí d'Enric de Fuentes tal com es prefigurava a *Romàntics d'ara*, i tal com el descriu Ràfols anys després *«Él vivía en el recuerdo, aún, la Juventud que fué su norte y guía; rebelde todavía a su pérdida.»*[76] Fuentes no surt de l'oblit. L'únic intent que es fa per tal de rescatar la seva reputació mostra solament com han canviat els temps i com és d'inadequada la seva literatura davant la nova realitat cultural. El 1914 surten dues narracions de Fuentes a «Lectura Popular», fundada l'any abans per F. Matheu a fi de combatre les *Normes ortogràfiques* i la influència de l'*establishment* literari noucentista.[77] Una introducció anònima lamenta el retir prematur de Fuentes i emprèn una defensa ben fogosa dels mèrits de l'autor enfront del tracte sever que ha rebut a mans dels noucentistes:

«L'Enrich de Fuentes es considera jubilat, y es de doldre que axí abdiqui'l lloch d'honor que li correspon entre nostres bons novelistes. Se creu també oblidat pels que avuy actuen de sabis ò d'artistes, y no es pas cert. Els que l'han llegit ab cor nèt y senzill el recorden ab anyorança, com aquella cusidora enternida que retallà d'un diari y posà en un march un articlet seu, tenintlo mesos y anys dintre l'arcoba. Segur que si altres qu'escriuen pel públich obliden a n'en Fuentes, no han sigut en llur majoria capaços de ferse admirar d'un Maragall, ni tan sols d'enternir a una senzilla cusidora.»[78]

L'esforç polèmic és prou meritori, però el to traeix que prové d'una posició d'inferioritat i d'impotència exasperada. Hom veu clarament la polarització entre les forces del Noucentisme i les de la reacció cultural amb què es troben identificats els vells novel·listes. Aquest exemple palesa també fins a quint punt l'alineament amb la reacció es deu a la passivitat dels novel·listes.

Fuentes no és pas l'única ex-celebritat de la novel·la modernista que troba protecció o reconeixement en una o altra branca de l'empresa editorial de Matheu. La «Ilustració Catalana» publica en 1918 un recull de narracions curtes de Narcís Oller sota el títol d'*Al llapis i a la ploma,* i amb una carta preliminar de l'autor que és un document molt interessant. Qualificant aquestes peces curtes de «literatura simplement amena», Oller diu que foren escrites amb «més espontaneïtat que no pas labor pacient», i estableix una oposició entre dos tipus de literatura.[79] Es pregunta si el que és oposat al seu és ara l'únic acceptable, i conclou a contracor que

> «Una gran part del que avui apareix en ratlles curtes i llargues com a darrer figurí de l'art d'escriure, sembla, per sa fredor i pel preciosisme de la forma rebuscada, voler dir que sí.»

Confronta el *cultisme* noucentista amb el seu concepte més modest i més natural, i afirma que és aquest el que té l'adhesió dels llibreters i del públic en general. És el mateix argument que emprava el defensor anònim d'Enric de Fuentes. Tots dos constaten una deficiència fonamental del Noucentisme: la falta de comunicació amb el públic. Això implica, primer, que existeix un mercat important per a la literatura catalana, i, segons, que els novel·listes han estat i encara són capaços de satisfer aquesta demanda popular que el Noucentisme tendeix a menysprear. Més tard, la mateixa crítica del Noucentisme i les mateixes qüestions de la popularitat i la viabilitat econòmica de la novel·la catalana convergiran en una pressió irresistible a favor del restabliment i la normalització del gènere. Per ara, en els anys més abismals de la depressió (1914-1918), tal perspectiva futura no és ni tan sols concebible.

No és per mera coincidència que les dues figures cabdals de la novel·la catalana moderna es posin en contacte a través de l'amistat mútua amb Francesc Matheu.

Oller conta a les seves memòries les primeres relacions amb Víctor Català.[80] Al principi, són companys en una vocació que els proporciona prestigi literari i personal. Poc després, amb la condemna noucentista de la novel·la i dels novel·listes, són col·legues que es donen mútuament suport moral en l'adversitat. Les memòries d'Oller no solament són dedicades a Víctor Català: són escrites com si es dirigissin confidencialment a ella sola.[81] I durant els mateixos anys, esdevenen més estrets els lligams d'ambdós autors amb Matheu i la «Ilustració Catalana». La carrera literària de Víctor Català, malgrat les seves circumstàncies peculiars, segueix una trajectòria si fa no fa idèntica a la dels altres novel·listes rebutjats. Els projectes ambiciosos que anuncià el 1907 —quan l'optimisme era possible encara— mai no s'havien de realitzar.[82] Segueix escrivint *drames rurals* en l'aïllament esplèndid de l'Escala, però no en sortirà cap recull nou fins a la publicació, el 1920, de *La Mare Balena,* quan l'Editorial Catalana ha obert una mica les seves portes. Però només és redimida així en qualitat d'escriptora de narracions curtes. Abans d'això hi ha un esdeveniment que revela la profunditat de la davallada de la novel·la. El 1918, la revista «Catalana», l'última aventura de Matheu, comença la publicació (que durarà, amb interrupcions, fins al 1921) d'una novel·la de Víctor Català, titulada *** *(3.000 m.).*[83] Per als noucentistes devia ésser la prova més categòrica de la incorregibilitat del gènere, i de la impossibilitat de la novel·la «ciutadana». A més de les seves heretgies superficials d'ortografia i de lèxic, *** *(3.000 m.)* és una obra esperpèntica, truculenta, estrambòtica. Avui, potser, podem reconèixer en aquest *thriller* divagador i melodramàtic un intent valent i interessant de reproduir, en paraules de M. A. Capmany, «la textura vermiforme dels films serials». Tanmateix, amb tota la bona voluntat que es vulgui, és una novel·la que costa de llegir de cap a cap. El noucentista que pogués haver-se dignat a seguir la seva publicació a les planes de «Catalana», degué quedar esgarrifat.[84]

Abans que tornem al cas d'Oller, convé lligar caps i omplir alguns detalls del quadre general. El que hem anat veient fins ara mostra que l'hostilitat més violenta dels noucentistes va dirigida contra els representants principals de la novel·la modernista. És una oposició contra el gènere com a totalitat, i no pas simplement contra alguna manifestació excèntrica. Varien les circumstàncies dels novel·listes individuals, però llur reacció col·lectiva en aquesta situació és uniforme. Tant els experimentadors com els més convencionals, els novel·listes «actius» i els «passius», es veuen privats de tot estímul a assajar noves embrancades, o a anar fent. No tenen més remei que esmerçar-se en activitats diverses, prop o lluny de la creació literària, que proporcionin un altre tipus de satisfacció.

Després de *Jordi Fraginals*, Pous i Pagès es dedica al teatre, i no tornarà mai més a la novel·la. Com a dramaturg, es manté en contacte amb el públic i aconsegueix, a més, una certa «professionalitat» literària. També Bertrana, per motius semblants encara que amb menys èxit, s'embarca en l'aventura teatral. I el mateix farà Miquel de Palol, retirat definitivament a Girona a penes que s'hagué publicat *Camí de llum*. El cas de Folch i Torres és, fins a cert punt, l'excepció que prova la regla. Es guanya la vida com a escriptor de ficció —la ficció de les «Pàgines viscudes» i de la Biblioteca Gentil. L'enorme popularitat i l'èxit econòmic d'«En Patufet» i d'altres empreses fan de Folch i Torres un prodigi editorial, aspecte amb què influirà més tard en la discussió de qüestions fonamentals que acompanya (i determina) el procés de restauració de la novel·la.[85]

No es presenta cap talent nou que ompli el buit deixat pel retraïment o la desaparició dels novel·listes establerts. Si fos solament una qüestió de trobar una sortida editorial i un públic, aleshores la «Ilustració Catalana» ho haguera resolt tot. Però la solució no podia pas venir d'aquí: primer, perquè el que representava Matheu era repugnant a la majoria dels escriptors modernistes, i segon (raó encara més decisiva), els novel·listes patien una crisi de moral i de desorientació artística que impossibilitava la creació. *** *(3.000 m.)* de Víctor Català (l'única modernista *militant* que es refugia a can Matheu) n'és indirectament una prova, i el cas d'Oller n'és una altra. Mal que se li ofereixen encara possibilitats de publicar i que hom l'anima a escriure, ha perdut tot el seu entusiasme de novel·lista.[86] Amb un to evident de cansament, confessa que la col·laboració que envia el 1918 a Matheu, a instàncies d'aquest, no és sinó «un nou aplec d'aquelles expansions que jo em permetia publicar anys enrera».[87] *Al llapis i a la ploma*, amb el seu títol que adopta a dretcient la «nomenclatura de *taller*» del primer llibre d'Oller, és una reversió a la seva primera manera. Els mòbils d'aquest retorn al passat queden exterioritzats en les memòries que ocupen el novel·lista durant el període ominós del 1913 al 1918.

El llibre que Oller titulà *Memòries literàries: història dels meus llibres* és l'exemple clàssic de l'autobiografia emprada com a refugi pel novel·lista marginat. La posició patriarcal i representativa de l'autor dota les seves memòries d'un interès singular. Hi reviu les glòries passades, quan les seves obres eren preconitzades no solament a Catalunya sinó fronteres enllà. Cada fase afortunada de la seva carrera hi és documentada amb copioses referències, cartes i recensions publicades, l'abundància de les quals entrebanca bastant la lectura del text central. Hi hem de veure una expressió de la formació positivista d'Oller, el mètode «científic» que té ara una funció essencial en el seu intent de recuperar el passat. La seva manera d'obrar difereix, doncs, de les confessions rapsòdiques de Corominas i de Maseras, i de l'autobiografia novel·lada que després emprendran Bertrana i Puig i Ferreter, però el propòsit bàsic és idèntic en tots els casos. Oller, per un esforç de comprensió, intenta superar els canvis que ha viscut, l'ostracisme injustificat i un sentit de fracàs que no té cap fonament objectiu en la seva pròpia experiència. La consternació de l'autor es trasllueix en el desajust entre la insistència modesta en la seva «escassa importància literària» i la punya total per atestar els seus mèrits. No és que busqui en el passat una explicació racional del daltabaix que ha sofert, ans intenta esbrinar-hi i salvar qualitats i valors permanents que menyspreen els nous àrbitres de la cultura i de la vida. Aquesta és una de les raons per les quals Oller, escrivint entre el 1913 i el 1918, tracta solament el període anterior al 1906. No vol, o no gosa, aventurar-se més ençà del punt que marca la fi de la seva obra de novel·lista i la cruïlla en què queda invalidat el seu concepte de la novel·la i del «catalanisme literari».

Malgrat la seva visió predominantment retrospectiva, hi ha més d'un comentari amarg que puntua els records d'Oller i que al·ludeix clarament a l'actualitat del seu conflicte amb els noucentistes. Aquests exabruptes esporàdics són rèpliques, bé que subreptícies, als qui «avui, batejant-se ells mateixos de noucentistes (sic), reneguen inútilment l'obra intel·lectual de llurs predecessors immediats».[88] Explica la seva ruptura amb «La Veu de Catalunya» —«tan disgustat em té sa actual manera de conduir-se»—[89] i la seva decepció del que ha vingut a representar. Una al·lusió patèticament desdenyosa a «el tal Fabra» enclou tota una història d'una lluita desigual entre l'autoritat declinant i la que ja ha ascendit.[90] El xoc de personalitats no amaga el fet que a la base de l'hostilitat noucentista envers Oller hi ha la qüestió del llenguatge literari. Per a la «jovenesa escollida» la venerabilitat del novel·lista fa més culpable la irresponsabilitat d'haver-se allistat a la banda dels «antinormistes» i de continuar conreant una forma literària, per a ells, incivilitzada.[91] Des del punt de vista d'Oller, però, el veritable problema és més pregon, i la qüestió lingüística n'és simplement un indici superficial. D'una banda, és comprensible que l'escriptor vell, d'hàbits fets i fixos, es mostrés refractari a les reformes introduïdes pels «noucentistes que per donar-se d'innovadors voten avui per l'arcaisme».[92] Però la seva desavinença real es basa en qüestions i principis que considera més elementals. El que critica en el Noucentisme és la fredor i l'artificialitat de la torre de vori. La tàctica predilecta d'Oller és d'acarar l'actitud vital i literària dels noucentistes amb valors positius representats per celebritats del passat amb qui ell mateix havia tingut relacions. De José María de Pereda declara: «Detestava tot el que era exhibició, snobisme o artifici», i continua,

> «A l'estil hi volia tota la possible espontaneïtat, frescor i senzillesa; hi odiava la frase rebuscada o pretensiosa, retoricisme que avui tant impera en els dels fatus i eixuts noucentistes nostres. Amb quin fàstic hauria parlat d'ells l'autor de *Sotileza*.»[93]

Escomet, amb una convicció total, l'aridesa i allò que considera l'anèmia vital de «l'exsangüe jovent que actualment es diu intel·lectual».[94] És la «reafirmació en una concepció fonamentalment ètica de la literatura» de què s'han ocupat Molas i Marfany precisament en relació amb l'evolució de la novel·la postmodernista.[95] Cal recordar, però, que quan Oller escriu els seus records ho fa confidencialment, i que sempre veia les *Memòries lite-*

ràries (que no es publicarien fins al 1962) com un llibre pòstum. Ell no participarà públicament en la dialèctica en què la causa de la novel·la serà propugnada amb les mateixes raons que exposa, reservadament, en el pròleg a *Al llapis i a la ploma* i en les *Memòries*. I tampoc no participarà activament en la represa del gènere que és un dels productes del procés històric total. Oller fa la història del passat: la del present, que comença justament quan posa el punt final a les *Memòries*, la fa la generació —modernistes i noucentistes— que li succeeix.

Joan Puig i Ferreter és un modernista de la verema del 1900, que, després d'un primer *curriculum* dispers, descobreix la seva veritable vocació en la novel·la. Esdevé un novel·lista amb una missió, la de transcriure en ficció la seva autobiografia, com a autojustificació i com a història de la seva generació.[96] L'impacte del Noucentisme afecta pregonament la vida i la carrera de l'escriptor, i determina per repercussió el caràcter de l'obra en què, en tots els sentits, es recull. Puig mateix, en una part de la seva autobiografia total, ha deixat un escodriny penetrant d'aquesta etapa decisiva de la seva educació literària. *Vida interior d'un escriptor* (1928) podria subtitular-se «la novel·la de la novel·la catalana en crisi». Encara que l'obra no té una cronologia històrica explícita, tota l'evidència interna, sobretot els detalls autobiogràfics, palesa que tracta el període 1913-1923, els anys de crisi on Bertrana situa *L'impenitent* i durant els quals Oller escriu les seves *Memòries*. Puig i Ferreter produeix aquesta novel·la en unes circumstàncies molt diferents d'aquelles en què foren escrites les memòries d'Oller, però coincideixen tots dos en llur anàlisi d'un destret comú.

La concepció de *Vida interior d'un escriptor* és expressament la d'una carta oberta de rèplica al Noucentisme: el seu propòsit és de «respondre a la joventut amb unes confessions literàries».[97] Sota l'aparent objectivitat de la distància en el temps, hi batega l'emoció d'un trànsit intensíssim, narrat amb franquesa i integritat. Puig i Ferreter confessa, parlant per la boca del seu protagonista Martí Reclòs, que la sinceritat és la seva obsessió. La sinceritat, personal i literària, constitueix en efecte el gran tema de l'obra.

El fil narratiu és molt tènue, un mer suport de les reflexions de l'autor i del seu debat amb ell mateix.

Comença quan Reclòs es troba amb un innominat «jovenet de la darrera promoció, que escrivia proses» (32), encontre que l'incita a embarcar-se en les seves confessions literàries, amb el propòsit dual d'esclarir per a ell mateix la seva posició i llavors de defensar-la. El punt de partida, doncs, és el conflicte «generacional» que el Noucentisme exacerba com a part d'una política cultural, i que és al bell centre del desconcert de Reclòs:

> «Després, havent triomfat darrera d'ell una generació més estudiosa i culta, ell s'havia sentit com indefens i arreconat amb el seu instint.» (66)

Aquest *instint* —equivalent *a geni*, vitalisme, creativitat, mots que descriuen la concepció modernista de l'art i de l'artista— expressa una mentalitat que s'ha desprestigiat i que els nous àrbitres consideren com una superstició molt perniciosa. Per al Noucentisme, tot el que no és arbitrarietat o perfecció de l'«obra ben feta», tot el que no se sotmet a l'ordre civilitzat, significa primitivitat i falta d'educació. L'etiqueta d'inferioritat comporta també un estigma social, causa de ressentiments en Reclòs:

> «Què havem de fer els que no hem tingut la sort de comptar des dels primers anys de la nostra adolescència amb una sòlida educació literària? Els que hem nascut en un període viciós i desorientat de les nostres lletres? Els que hem hagut de maldar per a guanyar-nos la vida i no hem tingut gaires hores per a consagrar a l'estudi? Els que sentim una certa originalitat dintre nostre, una certa puixança i profunditat de sentiment, de reflexió i de sensibilitat, que traspua a través dels esgarriaments del nostre autodidacticisme? Què tenim de fer?» (56)

Si la pretesa diferència generacional en realitat no és pas tal (Puig i Ferreter neix el mateix any que Ors, i només dos anys abans que Carner), aquesta diferència de classe, en canvi, és fins a cert punt verificable. Tanmateix, Puig i Ferreter no l'enfoca sociològicament. El que critica és la creació d'un *establishment* sectari que aplica arbitràriament —valgui el mot— un exclusivisme literari segons criteris que ell té per espuris, antivitals i antiartístics. L'objecte de la seva meditació és el conflicte de dues visions culturals, enfocat des de l'angle del novel·lista que veu en l'estètica imperant la negació de la seva raó d'ésser. El jove prosador diagnostica una inconsistència fonamental a l'obra de Reclòs:

> «—En general, diuen que l'estil vostre és fluix, poc precís, poc cenyit... Tots, però, reconeixen el vostre gran talent, una puixança creadora que imposa...» (44)

L'al·ludit, però, meditant sobre aquesta crítica, només pot contemplar el mateix problema des d'un punt de vista diametralment oposat:

> «La preocupació de l'estil em sembla més aviat funesta per a l'escriptor creador.» (80)

El conflicte, doncs, rau essencialment en aquesta qüestió de prioritats:

> «Ell volia fer una obra viva, organitzada; una obra que respirés, que exhalés fortitud i bellesa, una creació d'artista, i no pas col·leccionar herbetes i floretes assecades...» (140)

La novel·la és l'única forma prou ampla i flexible per a comprendre el seu impuls vessant de reproduir la realitat amb una llibertat creadora que expressi la seva personalitat. Té una fe senzilla però sincera (vuitcentista, si volem) en el poder de la novel·la: «La novel·la és el gènere que copsa més plenament la vida.» (102) Entre la seva ambició i l'estètica perfeccionista dels que el critiquen hi haurà sempre un abisme infranquejable:

> «En les obres de certes proporcions, no és natural ésser cenyit, contingut... És fàcil ésser cenyit en les coses breus, limitades. Els orfebres de la literatura!» (79)

Té el dit en la plaga.

Vida interior d'un escriptor descriu un període en què «els orfebres de la literatura» exerceixen un domini aparentment indiscutible. Les contrarietats i els efectes frustratoris d'aquest ambient són més seriosos per a un Puig i Ferreter, relativament jove i ple d'energia creadora, que per a un home com Oller que ja ha esgotat la seva vena. És inútil, però, d'especular com la trajectòria de Puig (o la d'altres novel·listes com Bertrana o Maseras) s'haguera pogut desenvolupar en circumstàncies diferents. Les circumstàncies del Noucentisme constitueixen la història efectiva i veritable, la força dinàmica, d'aquest període. L'experiència de Puig resumeix la història subterrània —la «vida interior»— de la novel·la i dels novel·listes a l'època del Noucentisme:

> «Fou una època angoixosa durant la qual va debatre's amb multitud de teories estètiques que després d'haver-lo fet anar de tomballons el deixaren inerme per a tota creació viva i original. Desmaiat, las, decidí no escriure mai més. Es confessà, humilment, la seva ineptitud. I apartat del públic havia començat el seu diari íntim, on s'iniciava una reacció de fidelitat a si mateix.» (66)

La perspectiva de *Vida interior* és inequívocament la d'un esguard retrospectiu sobre una era que ja queda endarrera. La visió total i l'interès testimonial de l'obra no es limiten pas a l'objecte a què ens hem cenyit en aquestes pàgines. Les reflexions de Martí Reclòs abracen una munió de problemes que, avui encara, concerneixen vitalment el futur de la literatura catalana. Moltes pàgines de *Vida interior* són dedicades a la qüestió urgent, llavors i ara, de la professionalització de la literatura catalana, als molts dilemes de l'autor català, i, en general, al paper de l'escriptor en les petites cultures nacionals.[98] Aquestes qüestions són tractades amb una comprensió i una perspicàcia que confereixen a les reflexions de Puig i Ferreter un interès extraordinari i un valor permanent. Endinsar-nos-hi ara, però, ens allunyaria del nostre camí. El context de *Vida interior d'un escriptor* és evidentment el d'una estabilitat i salut relatives en la situació de la novel·la catalana. Cal que seguim per totes les seves etapes el procés d'aquesta recuperació.

IV. El debat sobre la novel·la (1917-1925)

Orígens del debat

A partir del 1912 el Noucentisme està en plena marxa. Amb la Mancomunitat sembla que s'ha fundat la Ciutat ideal.[1] L'interès i l'activitat creixents entorn de la promulgació de les *Normes ortogràfiques* reforça l'esperit de determinació i d'unificació cultural. La crisi implícita en la novel·la de la dècada precedent es manifesta ara en la depressió i el silenci. Tot, aparentment, és harmonia. Però l'aparença és la fatxada del Noucentisme. I darrera d'ella se senten rumors d'insatisfacció més i més forts. Ben mirat, el panorama literari del Noucentisme és incomplet i més aviat sintètic per a una nació que pretén haver aconseguit la normalitat.

La manca de novel·les originals deixa un buit, denuncia una certa ineficàcia en el nou ordre cultural. Passa una cosa semblant amb el teatre, però s'aixeca la veu d'alarma i el buit es tapa gairebé de seguida.[2] El despertament de la novel·la serà més llarg i més penós. Plàcid Vidal registra una observació que se li va fer precisament l'any 1912, tocant a la possible publicació de la seva obra *La cançó dels herois*:

> «Ara no es tracta de versos, sinó de prosa, i l'obra és una novel·la. Precisament novel·les són les obres que allí desitgen més, perquè el públic en reclama, i en la literatura catalana no se'n produeixen gaires.» [3]

La reflexió de Vidal subratlla que «veritablement, en la literatura catalana, llavors, no es produïen gaires novel·les, i el públic trobava a mancar-ne». L'absència d'aquest gènere del mostrari noucentista emmiralla una contradicció capital radicada al cor del moviment i del caràcter polític de la Lliga: la necessitat, per part de la minoria hegemònica, d'identificar els seus interessos amb els de tot el poble català.[4] Quan Vidal es refereix a una concreta demanda de novel·les, toca, gairebé inconscientment, la incompatibilitat entre els productes literaris del Noucentisme i els gustos i exigències d'un públic més ampli, refractari a intel·lectualismes. Ben mirat, era natural que una reacció contra el Noucentisme, nodrida per aquesta contradicció interna, se centrés sobre el problema de la novel·la. Així com aquest gènere era la víctima principal de la severitat noucentista, la seva situació esdevé la causa principal i el punt radial de l'oposició.

Sens dubte, la crítica més substancial que es podria fer, llavors i ara, contra el Noucentisme és que agreujà una de les tendències més perilloses de l'art en l'època contemporània: el divorci entre literatura i públic.[5] En el cas de la novel·la, forma «democràtica» per excel·lència, les conseqüències de tal separació repercuteixen per totes les capes de la cultura. En l'observació de Plàcid Vidal es pot distingir una identificació bàsica entre «novel·la» i «públic». Convé recordar com Oller i els editors de «Lectura Popular» defensen amb arguments semblants els gustos i interessos populars en la literatura, just quan la davallada de la novel·la ha arribat més al fons. La demanda de novel·les per part d'un públic repentinament privat de la seva ració implica una crítica fonamental a la torre d'ivori noucentista. I, en efecte, veurem com en el dificultós procés de renaturalització, el caràcter i la tradició de popularitat de la novel·la adquireixen una importància crucial. El gènere novel·lesc esdevé un símbol dels valors rebutjats pel Noucentisme: espontaneïtat i sinceritat, vigor, humor en oposició a la ironia, interès per l'humà, o, per dir-ho orsianament, Dionís enfront d'Apol·lo: realisme. *Vida interior d'un escriptor,* amb tots els privilegis de la vista retrospectiva, proporciona l'expressió més poderosa d'aquesta anàlisi. Cal que la remuntem ara fins als seus orígens. Veurem com una reacció inicial contra la visió noucentista de la cultura va cobrant força, impel·lida per les pressions d'un públic lector, relativament embrionari encara, però acostumat pel *boom* modernista a demanar i a llegir novel·les autòctones. I com els noucentistes, obligats a fer cas d'aquest desideràtum, han de descobrir-ne encara d'altres.

No es tracta, ni de bon tros, d'un procés senzill. La depressió de la novel·la és una situació en què es combinen i es compliquen factors diversos. La qüestió editorial n'és un dels cabdals. A partir del 1911, la principal sortida per a la novel·la, gairebé l'única, és la Il·lustració Catalana, la via morta de l'anacronisme. Antoni López publica les novel·les de Rusiñol, però sense haver de desviar-se de la seva línia, satírica i plebea. I fou també un cas únic i especial. La Societat Catalana d'Edicions de Tobella és més representativa de l'actualitat cultural d'aquell temps: després de publicar *Jordi Fraginals,* l'empresa es decanta cap a coses més «serioses». Imbuïda dels valors intel·lectuals del Noucentisme, es dedica a la història, a l'estètica i a l'assaig. La literatura hi és representada pels gèneres predilectes de la poesia i la narració curta, i es dóna cabuda també a moltes traduccions. Així, la crisi de la novel·la sembla agreujada per l'escassesa de possibilitats editorials. Però això, és clar, no ho explica tot: la cosa comença al nivell de la creació i la producció. Amb prou feines s'editen novel·les perquè amb prou feines se n'escriu cap de publicable. Un cercle viciós. Quan, cap al 1917, la Societat Catalana d'Edicions vol publicar una novel·la inèdita, topa amb la carestia i ha d'acontentar-se, ben a desgrat, d'*Infinit* de Plàcid Vidal... que feia gairebé deu anys que esperava un editor condescendent.[6]

El testimoniatge del mateix Vidal, la seva conversació del 1912, ens fa arribar la veu d'uns lectors insatisfets i queixosos davant la mancança d'una novel·lística viva en català. És una expressió aïllada, però, que ens és referida retrospectivament, i no la tornarem a sentir (és a dir, no la trobarem documentada) fins alguns anys més tard. El perquè és fàcil d'endevinar: el que registra Vidal és un rumor vague d'insatisfacció que tardarà a formular-se amb precisió i determinació; durant els anys de màxima cohesió i disciplina del Noucentisme (del 1912 al 1917) un punt de vista tan heterodox difícilment seria admès en els mitjans d'expressió pública dominats pel moviment; i els novel·listes mateixos, que podien haver-hi aportat llur veu, queden silenciosos i isolats. El caràcter difús i anònim de la queixa original ens obliga a seguir amb la imaginació el seu desenvolupament fins que atreu l'atenció d'una part influent de la crítica.[7] En aquest procés, un malcontentament inarticulat contra els procediments noucentistes i una demanda general de novel·les catalanes es van quallant en una presa de consciència i en un plantejament inicial del «problema» de la novel·la catalana. Dos articles d'Alexandre Plana mostren la transició.[8] Llur importància en la cruïlla del 1917, és que tots dos expressen una veritable preocupació pel «cas estrany de la nostra novel·la».[9] La condició de la novel·la catalana és interpreda com una anomalia:

> «Una vegada i altra s'ha dit que fóra un perill a l'espandiment de les nostres lletres, el desequilibri cada cop més visible entre la poesía i la novel·la. Com més viu és l'esclat de la nostra poesía, més arraulida en la foscor s'amaga la nostra novel·la.»[10]

Plana, evidentment, està assenyalant la contradicció i els perills de concentrar tots els esforços culturals en una activitat poètica unilateral. Tot el seu argument transparenta la consciència que el Noucentisme, enclaustrat a la torre d'ivori, corre el risc de perdre contacte amb el públic, amb la nació que pretenia representar.

Però, en conjunt, la crítica de Plana no és pas enfocada ni sostinguda amb tota la consistència que calia. Bàsicament, es limita a afirmar que les reeixides del Noucentisme han estat aconseguides en detriment de la novel·la. No sotmet el problema de la novel·la catalana a una anàlisi literària o històrica, defecte dels articles que ha d'ésser atribuït tant a la formació noucentista de l'autor com a la desorientació general de la crítica novel·lística de l'època. Esmenta Baroja, Stendhal, Gide, Zola, Scott i Balzac, però cap novel·lista del país, mostrant així quelcom de la mateixa afectació i desnaturalització que, almenys implícitament, està criticant en aquests articles. Hi trobem una característica negligència envers les realitzacions de la cultura catalana, sobretot de la novel·la, anterior a la presa de poder del Noucentisme. Es dóna per descomptat que la novel·la moderna a Catalunya sempre ha estat culturalment inferior: «A Catalunya la novel·la és una forma primitiva encara.»[11] L'asserció, el 1917, no manca d'una certa validesa relativa, però en el context del «problema» és un apriorisme perjudicial, les implicacions negatives del qual sobreviuran encara molts anys i constituiran un entrebanc formidable contra la renovació de la novel·la.

La declaració de Plana no desperta cap resposta o polèmica. Però la seva actitud indica l'emergència d'un corrent d'oposició intel·lectual que endegarà els moviments d'insatisfacció ja existents. Revela una debilitació interior del Noucentisme, els primers senyals d'una consciència noucentista envers la novel·la i envers unes qüestions connexes més fonamentals. És prou significatiu que el primer impuls de tal reacció es vegi en un escriptor que, tot operant dins l'*establishment* noucentista, manté un cert inconformisme. Les tensions escatides en els seus articles del 1917 —la crítica independent d'un programa amb el qual s'identifica bàsicament— són constants de la personalitat literària de Plana.[12] Abans de gaire d'altres veus vindran a confirmar les seves reserves i preocupacions, i a comunicar-les finalment als rectors de la política cultural del Noucentisme. Després del 1917, la causa de la novel·la és traslladada del subterrani a la superfície i és convertida en tema de debat, debat públic i, per tant, historiable. Dos factors decisius en el seu desplegament són el paral·lelisme amb la desintegració del Noucentisme estricte, i la intervenció d'alguns qui, com Plana, són noucentistes no doctrinaris o simplement desil·lusionats.

El 1917 és una conjuntura de transició en què convergeixen uns esdeveniments que refermen les pressions internes de canvi. Dos d'aquests esdeveniments —la mort de Prat de la Riba, i una modificació en el panorama de les edicions—, sense relació aparent entre ells, incideixen tant en el desenvolupament del Noucentisme com en el destí particular de la novel·la.

La mort de Prat, l'u d'agost de 1917, no explica per ella sola la descomposició progressiva de les aspiracions i energies col·lectives que ell capitanejà, però sí anuncia per un simbolisme eloqüent que ha començat el darrer acte del Noucentisme. Castellet i Molas han analitzat la relació entre la poesia d'avantguarda i l'evolució política a Catalunya entre el 1917 i el 1924.[13] Salvant les òbvies diferències de gènere i de context, no sembla exagerat de situar el cas de la novel·la en les mateixes coordenades culturals i sòcio-polítiques. Una creixent onada popular i les vindicacions de la petita burgesia ocasionen escomeses serioses contra la dominació del Noucentisme. La novel·la, com a gènere popular i com a víctima del rigor noucentista, tindria una mena de valor emblemàtic per a les forces de l'oposició. Amb un llenguatge menys estrident que el de l'Avantguardisme, però amb motius en el fons semblants, la causa de la novel·la serà defensada contra l'exclusivisme i l'intel·lectualisme de la cultura oficial. De l'altra banda, la noció de la popularitat de la novel·la comença a atreure l'atenció dels noucentistes i del moviment oficial que, ara, s'ha d'esforçar per recobrar o ampliar la seva iniciativa político-cultural. Aquest procés, complicat per una discrepància entre l'interès teòric i les limitacions intrínseques dels escriptors noucentistes, és l'eix del debat sobre la novel·la. Tant la cronologia del debat, que omple el període crucial del 1917 al 1924, com les al·lusions freqüents en l'argument noucentista a l'eficàcia o necessitat política de la novel·la, indiquen una dialèctica entre factors socials i literaris.

Sota aquesta llum ressalten les relacions entre aquests dos esdeveniments: la mort d'un polític i la fundació d'una publicació dedicada a la difusió popular de la literatura catalana. Es llança «La Novel·la Nova» el 3 de maig de 1917, amb l'ambició palesa d'emular els èxits d'aventures semblants en castellà.[14] En una cultura novel·lística normal, tal fenomen seria relativament insignificant, un mer satèl·lit de la producció culturalment important. Però en el context de la novel·la catalana del 1917, «La Novel·la Nova» cobra una importància que desmenteix les aparences. El seu caràcter en fa un índex de les palpitacions dels temps i, ensems, un factor de pes en el debat sobre la novel·la. Actuant als marges del Noucentisme, lliure de les sancions oficials, «La Novel·la Nova» pot afrontar (ha d'afrontar) problemes arraconats per la cultura oficial. La seva funció històrica és d'haver subratllat les contradiccions del Noucentisme i d'haver reconegut alguns dels obstacles més grans en el camí vers la normalització de la novel·la.

Els redactors de «La Novel·la Nova», havent diagnosticat una inadequació entre la literatura catalana i el seu públic, proclamen que a la nova publicació li escau la tasca de la reconciliació:

> «A la volta els nostres prosistes, per tot Catalunya cridats a eixir altre cop a la vida pública, lamentaven la manca casi absoluta d'empreses editorials que s'atrevessin a donar un impuls a la nostra producció intel·lectual.»[15]

L'anàlisi, tot i bàsicament vàlida (identificant el cercle viciós), és massa simplificada, i l'ambició, massa gran per a una publicació menor d'aquesta condició. El paper de «La Novel·la Nova», vist amb perspectiva, és d'assumir i renovar la missió de «Lectura Popular», que plega per l'abril del 1918. Es continua la comesa de portar la cultura a l'abast popular, tot eludint els estigmes d'anacronisme i d'antinormisme associats amb les publicacions de Matheu. «La Novel·la Nova» fa un gran pas endavant conformant-se a l'ortografia de l'Institut d'Estudis Catalans. A més a més, l'ambient del 1917 justifica el concepte general de la nova empresa. Una noció de l'eficàcia política de la literatura popular (o popularitzada), que aviat seria compresa pels noucentistes, imposa una mirada enrera, a les consecucions dels renaixentistes i els modernistes que, malgrat tot, havien posat arrels ben fermes en el sòl comunal. Verdaguer, Guimerà, Maragall, Víctor Català i Rusiñol —per citar només els peixos grossos— no sols eren campions famosos del «catalanisme literari»: la gent se'ls llegia. Projectada en el buit deixat per la desaparició de les publicacions modernistes, «La Novel·la Nova» comença si més no a reconstituir l'equilibri triangular entre autor, públic i editor, que és la condició *sine qua non* de la producció novel·lística normal.

Aquest moviment de revalorar els predecessors del Noucentisme es palesa en el contingut eclèctic de la nova publicació, per bé que el cercle viciós hi sembla ser més influent que qualsevol criteri de selecció clarament definit. En comparació amb la funció estimuladora dels prototipus castellans,[16] «La Novel·la Nova» no compleix la promesa del seu títol. No és solament que no editi cap «novel·la nova», car ni els temps ni les dimensions de la publicació no hi eren propicis. És que tampoc no afavoreix especialment el gènere narratiu en la forma de contes, novel·letes o narracions breus. Publica, en canvi, una mica de tot: poesia, periodisme, teatre, folklore, discursos i (en el núm. 67, 1918) les *Normes ortogràfiques*. En realitat, aquest eclecticisme —justificat pels propòsits didàctics i patriòtics de l'empresa— correspon al problema més elemental d'omplir planes. A falta de material inèdit, «La Novel·la Nova» s'ha de satisfer amb reeditar obres d'autors «marginats» com Bertrana, Víctor Català, Oller, Casellas, Rusiñol, Pous i Pagès. Els redactors es veuen obligats, també, a cercar encara més endarrera i a ocupar llargues sèries de fascicles amb obres clàssiques de la Renaixença.[17] Aquesta dificultat, però, té unes conseqüències positives. Ocasiona un retorn a la llum pública d'obres i autors negligits. Oller, Rusiñol i Massó i Torrents, en llur capacitat de novel·listes, formen el jurat d'un Concurs de Lletres Catalanes convocat per «La Novel·la Nova» l'any 1918, afer insignificant en si mateix, però una represa de la tradició establerta pels concursos de «L'Avenç» i «El Poble Català». Anuncia el concurs, més important i molt més productiu, que celebrarà «La Novel·la d'Ara» l'any 1924. A la llarga, la dignitat real i l'impacte més positiu de «La Novel·la Nova» és d'haver tornat a fer circular, amb ortografia normalitzada, obres que el Noucentime desqualificà. I això significa també una nova difusió d'uns modes i valors literaris que contrasten sovint amb la relativa inaccessibilitat de la literatura noucentista. En el seu propi terreny, la seva llarga vida i l'estel d'imitacions testifiquen el succés de «La Novel·la Nova».[18] Els problemes amb què topà, i a què dirigí l'atenció pública, són precisament els que el debat sobre la novel·la hauria de resoldre.

Rèpliques i contrarèpliques (1918-1924)

El 1918 marca la fi de la *belle époque*, tant per a Catalunya com per a la resta d'Europa. Però el país es troba en una situació que, momentàniament, atenua aquesta trista realitat. La neutralitat durant la Guerra Gran crea diners i contribueix així, almenys en la classe mitjana, a una sensació general de benestar material. Les condicions econòmiques afavoreixen el mercat del llibre i la rendabilitat de la cultura.[19] La demanda de novel·les, ja registrada, esdevindria naturalment més forta. Aquest any de canvi, però, és presidit per l'expressió més sublimada de la teoria noucentista, les *gloses* aplegades en *La Vall de Josafat*.[20] Balzac i Dostoievski —o sia, la novel·la per antonomàsia— hi són exposats a la picota per llur «enormitat»: «El Dant és "molt gran"; però Dostoievski no és més que "enorme"... en la frontera entre allò que és "molt gran" i allò que és "enorme" es troben Shakespeare i Balzac.»[21] Consagrada en la *summa* doctrinal del Noucentisme es defensa la teoria de l'antinovel·la. Però es defensa ja a contracorrent. A partir d'aquest moment ja no serà sacrosanta.

Després de la mort de Prat de la Riba, el Noucentisme és afectat tant per tensions internes com per pressions externes. Ambdós factors es poden distingir en la fundació, l'any 1917, de l'Editorial Catalana, «la darrera creació patriòtica de Prat de la Riba» i confirmació positiva de la seva visió.[22] L'empresa té dos motius fonamentals: explotar el mercat potencial per tal de portar fons a les arques empobrides de la Lliga; i assegurar la supervivència del Noucentisme, eixamplant els seus horitzons i popularitzant el seu missatge político-cultural. La diversitat de les seves activitats editorials correspon a un intent ben seriós d'influir decisivament, des de dalt, en la vida del país.[23] Les dues col·leccions literàries llançades el 1918 —la «Biblioteca Literària» i la «Biblioteca Catalana»— van a l'avantguarda de la campanya. Representen una adaptació, a una escala infinitament més imponent, de la fórmula que vigoritzà «La Novel·la Nova»: la difusió de la cultura com a mitjà de «catalanització» del país. En aquesta funció, era inevitable que la nova empresa encontrés el cercle viciós que inhibia la producció novel·lística, i que establís un contacte entre el Noucentisme i els problemes del gènere. La col·lisió, tanmateix, és esmorteïda per la influència dels criteris adoptats en el programa i, especialment, per l'accentuació de la literatura «universal».

Aquesta preferència es destaca en la «Biblioteca Literària». La «Biblioteca Catalana», dedicada a la literatura nativa, és clarament la parenta pobra, la qual cosa queda corroborada per la seva incorporació l'any 1923 a la «Biblioteca Literària». A despit de nous volums de narracions de Víctor Català, Bertrana i Maseras, àdhuc a despit d'una novel·la de Sagarra,[24] la «Biblioteca Catalana» té un paper més aviat exigu en el debat sobre la novel·la. Cal cercar-ne les raons en la subordinació d'aquesta branca de l'empresa i en l'atracció molt més forta que les activitats de la col·lecció germana exerceixen sobre l'esperit noucentista. «L'anostrament d'autors universals era una de les fites del Noucentisme que volia esbatanar el país a Europa», subratlla Manent,[25] i a la «Biblioteca Literària» els valors grans i famosos de la literatura mundial són divulgats en català: Shakespeare, Virgili, Goethe, Dickens, Mme. de Lafayette, Gogol, Molière... Aquesta tasca reuneix una autèntica escola de traductors, la flor dels joves noucentistes (M.

Manent, Riba, Ll. Riber, Lleonart, Capdevila, Martínez Ferrando, Farran i Mayoral, Vallès), patrocinada i inspirada del prolífic Carner.[26] L'art de la traducció assoleix una categoria independent i superior a la seva funció bàsica. Aquesta tendència, governada per la forta orientació lingüística de la poètica noucentista, accentua una ja pronunciada inclinació a considerar la prosa com una entitat autònoma. La «Biblioteca Literària» administra una operació que converteix les *novel·les* estrangeres —una bona proporció del catàleg— en *prosa* catalana. Mentrestant, i més o menys com a corol·lari d'això, la novel·la indígena queda desqualificada d'aquesta categoria, una de les raons ocultes per les quals és plegada la «Biblioteca Catalana». Amb el seu anhel d'universalitat, malgrat la gran contribució a l'enriquiment del català literari, la «Biblioteca Literària» empara una mentalitat que permet la desnaturalització d'una branca de la literatura pròpia, i actua així com una força d'oposició en el debat sobre la novel·la.

Des d'un altre punt de vista, però, cal reconèixer que la creació d'una editorial nova i dinàmica és per ella mateixa un considerable pas endavant. Amb algunes edicions de quatre i cinc mil exemplars la «Biblioteca Literària» representa un avançament important respecte als resultats d'antecessores com les editorials de «Joventut» i «El Poble Català».[27] En aquest aspecte és una veritable represa, amb un ímpetu que, ara, no ve pas de fora de l'*establishment* (cas de «La Novel·la Nova»), sinó del centre mateix del poder. Malgrat la seva protecció i resistència inherents, la «Biblioteca Literària» està inevitablement subjecta a les pressions creixents a favor de la novel·la. L'empresa editorial florent no podia donar l'esquena a les possibilitats del gènere, ni tampoc a la situació problemàtica de la novel·la catalana coetània. Als punts de contacte amb aquestes pressions es revela que s'està aguditzant una consciència noucentista envers aquesta qüestió.

«La Veu de Catalunya» de 26-XII-1918 porta una llista d'obres a la venda i de pròxima aparició a la «Biblioteca Literària». Anuncia la publicació imminent de *La rosa bonica,* una novel·la de Josep Carner. La novel·la mai no sortiria a la llum, encara que les especulacions i rumors al seu entorn, ensems amb el fet que Carner mateix dirigia la col·lecció, fan pensar que l'anunci es referia a un projecte concret, potser mig enllestit.[28] Però la notícia és ja per ella mateixa molt significativa. Carner, l'escriptor que personifica les principals tensions antinovel·lístiques del Noucentisme, l'autoritat que en 1908 declarà que la novel·la catalana era indesitjable, amenaça ara amb produir una novel·la. Tot i essent una falsa alarma, l'anunci significa una revisió de valors, un canvi (si no un capgirament) d'actitud, amb conseqüències pregones per a Carner i per a l'esperit literari col·lectiu del Noucentisme.

No gaire lluny d'això, trobem un exemple concret de com actuen sobre el Noucentisme les pressions a favor de la novel·la. A mitjan 1918 havia sortit a la «Biblioteca Literària» *L'abrandament* de Carles Soldevila. Sota el títol, s'exhibeix destacadament a la portada la qualificació de «novel·la». El volum, de fet, conté quatre peces: la narració que li dóna títol, seguida de tres altres de menys extenses. *L'abrandament* mateix no és sinó una narració curta, típicament noucentista, un xic allargassada per a omplir 120 pàgines de lletra bastant grossa. Difícilment es podria confondre amb cap novel·la de debò. I no cal dir res de les altres tres narracions. La qualificació de la coberta és, doncs, enganyosa. Hom s'adona ben aviat que es tracta d'un intent, deliberat, de donar gat per llebre.

Aquesta simple maniobra, en les circumstàncies en què es produí, és molt reveladora. Ho és encara més el pròleg de Josep Carner, que, tot justificant el canvi de posició teòrica respecte a la novel·la, ajuda inconscientment a treure l'entrellat de l'engany perpetrat a la portada de *L'abrandament*. En els seus arguments Carner també desembulla una mica el cas misteriós de la seva pròpia novel·la no escrita.

Comença amb un intent de veure les coses amb perspectiva:

> «Un silenci d'uns quants anys en la novel·la catalana, precedeix, com tots els momentanis silencis col·lectius, una metamòrfosi.»[29]

El propòsit de Carner és d'injectar continuïtat dins un panorama on la falta de continuïtat comença a ésser criticada. Amb aquest fi, al·ludeix implícitament a la seva tesi del 1908 segons la qual el futur de la novel·la catalana depenia dels èxits del Noucentisme.[30] D'acord amb això, admetent ara la novel·la al seu patrocini, pot proclamar una nova victòria. El «momentani silenci col·lectiu» de la novel·la —minimitzada intencionalment la crisi— es descriu com una fase íntegra i profitosa del Noucentisme, com una tàctica concertada per a purgar el sistema d'un mal doblement insidiós:

> «En un ahir ja no gaire pròxim, la novel·la era a l'ensems naturalista i simfònica. No ens pensarem, certament, de descobrir que el naturalisme era una fase de la famosa i tanmateix renovelladora subversió romàntica.» (7)

Esdevé clar, no obstant això, que la proclamació de continuïtat i la pretesa metamorfosi de la novel·la cobreixen una concessió feta pel Noucentisme. Carner vol abraçar o dominar per assimilació els moviments d'oposició. Havent repudiat una vegada la novel·la, el Noucentisme ara es veu obligat a provar d'acceptar-la. La incomoditat d'aquesta posició es revela en el recargolament de l'argumentació de Carner quan procedeix a introduir *L'abrandament* com a antídot i solució de la «subversió» anterior del gènere. Argüeix que el que proposa Soldevila és un tipus revolucionari de novel·la antinaturalista:

> «En Carles Soldevila és un novel·lista de temperament clàssic, és a dir... partidari que la novel·la sigui determinada pels caràcters reaccionant sobre l'argument, i no de la manera inversa.
> »Així *L'Abrandament* és una novel·la novíssima, i està d'acord amb la més aguda sensibilitat moderna... és un llibre intel·ligent i no un llibre pintoresc.» (7-8)

No podria dir-ho més clarament: *L'abrandament* s'ha de considerar com l'arquetípica novel·la noucentista. La contradicció, però, clama a Déu. L'antinaturalisme de Soldevila —«els caràcters reaccionant sobre l'argument»— no és res més que el resultat de la concepció, l'estructuració i les dimensions d'una narració curta.[31] El seu «classicisme» —la trama unifilar, l'escenari elegant i artificial, l'enfocament limitat, el distanciament, l'estil àtic— marca de nou el límit del que el Noucentisme podia rendir en prosa narrativa.

Hi ha, tanmateix, un aspecte de l'argumentació de Carner que sí és convincent i que descobreix un autèntic element de continuïtat en la situació que contempla:

«Hem reivindicat l'aptesa literària del català... Mentre el català era gairebé individual, la nostra literatura no podia aconseguir veritable universalitat...» (10)

Des d'aquest punt de vista la novel·la és ara factible: ja no pesa tant l'argument lingüístic en contra. Si el silenci col·lectiu era el preu per un llenguatge literari normalitzat, la novel·la ara pot —teòricament— tornar a prendre el vol, beneficiant-se de l'experiència i els aconseguiments del Noucentisme. Aquest és un tema que, desenvolupant-se a partir del 1918, dóna una forta empenta a la causa de la novel·la. Però la seva influència és oposada inicialment per uns efectes concomitants: els impediments interns produïts per al gènere durant el silenci, una incertesa fonamental (Què és una novel·la? Com s'escriu una novel·la?), i la tendència fomentada pel Noucentisme que fa que la novel·la sigui absorbida per la categoria més àmplia de Prosa.

A continuació segueix un dels passatges més simptomàtics del pròleg de Carner:

«*El noucentisme necessita, darrera els seus poetes, els seus novel·listes.* La poesia lírica, com la metafísica, és un nimbe, un halo sacrosant; però la novel·la, com el teatre, és l'entronització. La novel·la és més tranquilament amaradora que no pas el teatre. *I sobretot és més obiqua.* Hom la troba o la té en el quiosc, en el ferrocarril, dins el pupitre de l'escolar adolescent, dins el prestatge de la casa de camp on els hostes llegeixen quan plou, dins la butxaca del modest dependent de comerç o sota el coixí agençat amb randes on es mig sepulta una rossor mandrosa.» (11: el subratllat és meu)

El nou problema del Noucentisme, és a dir, l'urgent necessitat de posar-se en contacte amb un sector més ample de la població, de rebutjar l'estigma d'exclusivisme, es reflecteix palesament en la preocupació de l'escriptor. El Noucentisme ha de menester la novel·la, i, amb pragmatisme típic, es prepara a fer-se-la seva (per on, *La rosa bonica* de Carner). El gènere interessa, però, més per la seva capacitat de difusió i insinuació —la seva eficàcia política— que per intrínseques qualitats literàries. És una necessitat que s'imposa en bona part des de fora, i, llegint entre línies, veiem que a Carner li costa una mica de conformar-s'hi. La seva condescendència a propugnar els mèrits de la novel·la té una nota forçada, expressada en l'afirmació desafiadora de la inviolabilitat de la poesia —«un nimbe, un halo sacrosant»— i en la derivació devers una retòrica gairebé sardònica sobre la ubiqüitat de la novel·la. Incapaç de resistir la temptació de parodiar un lloc comú novellesc —«sota el coixí agençat amb randes on es mig sepulta una rossor mandrosa»—, Carner traeix la impossible conciliació de les dues activitats i mentalitats literàries que pretén unir.

En aquest punt, totes les circumstàncies, i no menys aquest ajust teòric, semblen afavorir la realització d'un ideal abandonat des del 1906: l'aparició de la novel·la noucentista.[32] I efectivament, el 1918 i el 1919, sovintegen al·lusions a la seva imminència, i els noucentistes es dediquen a crear la impressió que la novel·la nova comença a poder-se ataüllar. El jove Carles Riba examina *Argelaga florida*, deu narracions de Roig i Raventós, mesurant les possibilitats d'un hipotètic novel·lista:

> «És aventuradíssim de calcular el que seria una possible novel·la d'En Roig i Raventós, precisament per la seva excel·lència com a contista. Cap conte del recull... com en "Joan el Miracler" dóna la sensació de trobar-nos davant d'una novel·la fallida.»[33]

En un altre cas, Riba recorre a la maniobra, demostrada per Carner, de donar garsa noucentista per perdiu novel·lística. Així s'han d'interpretar la seva aclamació de *Quatre històries* de Duran Reynals com una «monjoia de la nostra prosa i de la nostra novel·la» i la idea que la mort inoportuna de l'autor ha robat a Catalunya el seu Flaubert.[34] Una narració curta de Martínez Ferrando li mereix d'ésser designat per Riba «un nostre Dickens» en potència.[35]

El mecanisme teòric d'aquesta expectativa queda exposat en un article anònim de «La Veu de Catalunya», l'autor del qual comenta una conversa tinguda amb un editor:

> «Parlàvem un dia amb un editor català, i se'ns lamentava de la manca de literatura de ficció. La novel·la catalana, ens deia, té un públic, i és llàstima que no el recullí una més abundosa i sistemàtica producció novel·lística.»[36]

Es presenta la mateixa anàlisi de la crisi de la novel·la que reiterarà Carner al pròleg de *L'abrandament* (cosa que fa sospitar que l'autor incògnit és potser el mateix Carner): ha estat «benefactora, encara que de moment desconcertant», en altres mots, una tàctica deliberada i profitosa del Noucentisme. I ara es torna a consagrar la novel·la, com a mitjà d'integració cultural. L'estrena de la flamant Editorial Catalana emmena l'autor a creure no solament en un retorn molt fàcil a una producció normal, sinó també en una efectiva professionalització de la novel·la catalana. L'optimisme resulta prematur —aviat ho comprovarem— però cal remarcar el primer plantejament de la importantíssima qüestió econòmica:

> «Al novel·lista d'ocasió, o per deport, ha de succeir el novel·lista professional, i demés, a l'editor diletant i inremunerador ha de succeir l'editor tècnic i negociant. Estem pensant... en una dotzena de noms de la nostra joventut que, n'estem segurs, no trigaran d'enaltir entre nosaltres el gènere novel·lístic, com també en les noves i belles perspectives editorials.»

L'única cosa que falta, és clar, són les novel·les i els novel·listes. De bell nou s'aixeca l'espectre de la novel·la noucentista. L'autor anònim creu que els poetes, els prosistes i els crítics del Noucentisme podran posar-se, en un girar d'ulls, a escriure novel·les mestrívoles, i parla amb optimisme de

> «...altres novel·les més o menys imminents, del gloriós Joaquim Ruyra, d'En Carles Soldevila, d'En Josep Carner, d'En J. Farran i Mayoral, d'En J. M. López-Picó, d'En Joaquim Folguera... Sembla que estigui per normalitzar-se l'expressió novel·lística a la literatura catalana.»

De tot això se'n treu ben clarament que la novel·la noucentista, si mai havia d'aparèixer, sorgiria el 1918 o poc després. S'ha fet la convocatòria, i totes les condicions exteriors hi són favorables.

Per un moment, les il·lusions i l'expectativa semblen justificades. Es fa de *L'abrandament,* després del patrocini de Carner, la nova novel·la representativa. Alexandre Plana, aprofitant l'avinentesa de repetir la seva prevenció contra el preciosisme noucentista, considera amb tot que l'aparició del llibre de Soldevila és un símptoma molt prometedor.[37] A despit d'alguns dubtes ben fundats respecte a l'autenticitat genèrica de l'obra, està contentíssim d'acceptar que representa el nou punt de partida que Carner preconitzà. I llavors, poc després, un altre esdeveniment sembla venir a confirmar la impressió fugissera creada per *L'abrandament*: la publicació, el 1919, de *Paulina Buxareu* de J. M. de Sagarra. Arribada d'avui a demà, una novel·la que no deu pràcticament res al Noucentisme, és acollida nogensmenys com a exemple del que s'està buscant. Tot aparellant l'obra de Sagarra amb la de Soldevila, i sense cap altra prova en què basar-se, Josep Lleonart intenta caracteritzar allò que ell —amb entusiasme precoç i amb un to de sofisticació molt noucentista— interpreta com «una nova empenta de la novel·la catalana»:

> «La novel·la ressorgeix, ressorgeix en ço del nostre en una forma lleugera, molt subjectiva i molt despreocupada alhora, amarada de l'ironia d'una joventut culta i perspicaç, psicològica per sobreabundància del temperament.» [38]

Són castells a l'aire, on gairebé es perden de vista les dues obres en qüestió. Ben mirat, el que és cert és que la descripció idealitzada que fa Lleonart s'adiu molt més amb *Paulina Buxareu* que amb *L'abrandament*. D'aquella almenys se'n pot dir una novel·la. Bastida entorn de la personalitat singular de la protagonista epònima, és una improvisació psicològica sobre la seva aura personal, retratada amb una humanitat que dóna vida autònoma al caràcter i al medi ambient en què es mou. La destresa dels tocs, l'espontaneïtat del llenguatge i l'humor mesurat del to narratiu atesten una visió original i un temperament vigorosament creador. Arriba com un alè d'aire fresc en l'atmosfera encofurnada del 1919. *Paulina Buxareu* és veritablement una obra fora de sèrie, en relació tant amb el clima cultural del 1919 com amb la situació deprimida de la novel·la catalana coetània. Sembla, més aviat, correspondre a l'impuls que Michel Raimond ha descrit referint-se a una etapa similar en l'evolució de la novel·la francesa:

> «*Et l'on avait bientôt le désir de revenir en arrière, et de conter tout bonnement selon les vieilles méthodes. Un simple récit émouvant sera toujours plus apprécié du pu-*

blic que les plus subtils raffinements des modalités de la narration.»[39]

Es tracta d'una ruptura espontània amb les limitacions de l'autoconsciència estrenyedora que es promovia com una gran virtut literària des de l'arribada del Noucentisme, d'una eliminació de la síndrome que el mateix Sagarra aviat qualificarà de «por a la novel·la». Però *Paulina Buxareu* és alhora una obra excepcional i inimitable, l'expressió d'una forta personalitat individual, capaç de sobreposar-se a les circumstàncies, circumstàncies que, en 1919 encara, entrebanquen la producció novel·lística. Aquesta obra de Sagarra no inicia una revifalla general, esperada tant pels noucentistes com pel públic consumidor de novel·les, però sí anuncia l'aparició en la palestra d'una presència imponent, la presència que palpita arreu en la seva primera novel·la. A l'igual d'aquesta, la personalitat literària de Sagarra no permet que hom l'encaselli fàcilment. Independent, iconoclasta, era potser un *neo*modernista, nascut massa tard, que mai no acabà d'emmotllar-se del tot al patró noucentista.[40] I fa el seu nom just quan comença a tancar-se l'artificial solució de continuïtat entre les dues fases culturals. Donat això, donada l'estrena com a novel·lista i donada la seva pruïja innata de defensar «causes perdudes», era inevitable la seva intervenció en la causa de la novel·la. Sorgeix, doncs, una figura que, més i tot que Alexandre Plana, és un noucentista suspecte i malcontent, capaç i disposat de criticar el dogma des del punt de vista negligit de la novel·la.

Les dues flors del 1918 i 1919 no fan, doncs, l'estiu novel·lístic que es feia esperar. *L'abrandament* i *Paulina Buxareu* —i els aplaudiments amb què foren acollides— constitueixen, de fet, una falsa alarma. Després del 1919 és evident que el Noucentisme mai no produirà la seva novel·la. Hi roman una manca fonamental de disposició i d'aptitud per a aquesta branca de la creació literària. La reconciliació teòrica no correspon amb la pràctica. El cas de Carner ho demostra perfectament. En comptes de *La rosa bonica,* la novel·la promesa, publica en 1918 *Les planetes del Verdum,* una antologia d'articles que remunten al 1909. Ressenyant aquest llibre, C. Riba repeteix les «orientacions literàries» que López-Picó formulà deu anys abans.[41] Havent subratllat la influència definitiva de Ruyra, Ors i Carner sobre la moderna prosa catalana, conclou que *Les planetes del Verdum* és una obra essencialment *lírica,* màxim encomi de la poètica noucentista.

Però la fe i els valors que Carner podia proposar el 1908 en tant que absteniment correcte de la novel·la, en benefici de causes més peremptòries, ja no basten sense obres. I segueix apuntant la consciència de la deficiència d'un repertori literari que, segons la seva pròpia definició, hauria d'ésser normal. Incapaços de donar abast a la demanda de novel·les, l'actitud dels noucentistes és d'intentar disfressar la deficiència. Notant la reacció contra la Poesia i la necessitat d'eixamplar llurs horitzons, emprenen una forta compensació a favor de la prosa. Quelcom d'això es patentitza en la famosa conclusió de Folguera, formulada el 1919, que Verdaguer, encara que un poeta dubtós, fou un excel·lent escriptor de prosa.[42] El Noucentisme s'afanya a esbombar els seus aconseguiments en una activitat que sempre havia estat una funció de la seva Poesia però que ara presenta com a substituta de la novel·la. Aquest procés, en què no es planteja mai, naturalment, la qüestió, què és una novel·la?, fa que les identitats genèriques esdevinguin encara més obscures i imprecises. El camí que (almenys teòricament) es podia haver seguit des de 1918 o 1919, queda reemplaçat per un altre que, a través d'una equiparació falsa entre novel·la i prosa, desvia i allarga tot el debat sobre la novel·la.

N'evidenciem les conseqüències en la confusió conceptual i crítica que afecta el debat entre el 1918 i el 1924, mentre la iniciativa cultural pertany encara als noucentistes. Mentre no surti cap defensor seriós de la novel·la, amb experiència directa del seu conreu i de les seves dificultats, la insistència repetida dels noucentistes sobre la normalitat novament assolida i sobre la maduresa de la prosa catalana desenfoca el veritable problema de la novel·la. No és gens sorprenent que la figura de Ruyra es trobi al centre d'aquest moviment, resumit en el títol d'un article de Carles Cardó, *Envers la prosa definitiva.*[43] Hi veiem amb quina facilitat el debat és constantment dirigit cap a temes on el Noucentisme pot lluir els seus èxits. Ruyra representa «la primera aparició de la prosa catalana definitiva, cobricelada sota l'iris que formen amb llur encaixada cordial, braços alts i mans estretes, l'Emoció i la Gramàtica... la normalitat de la perfecció assolida».

Es considera que amb això n'hi ha prou. Però aquesta manera de veure les coses, en un mot, l'«estètica arbitrària», perilla de caure en un concepte gairebé mecànic de la literatura que, com l'experiència del mateix Ruyra ja ha demostrat, és funest per a la novel·la. La creença que la literatura es fabrica de la perfecció de la matèria prima, *reductio ad absurdum* del pensament noucentista, entre el 1918 i el 1924 segueix alimentant il·lusions que la novel·la hagi de ressorgir dels assoliments noucentistes. Amb aquesta confiança bàsica es torna a iterar i a reiterar la promesa incomplida, en comptes de fer l'esforç de preguntar-se per què roman irrealitzada. Tal interrogació suposaria retractar un article de fe primordial. I, en conseqüència, la descoberta del 1918, motiu principal del pròleg de Carner a *L'abrandament*, malgrat la seva òbvia fallida, és mantinguda artificialment com una esperança o promesa:

«No tenim avui un gran nombre de novel·listes, ni d'assagistes. Tenim tanmateix un bell conjunt d'escriptors. La prosa catalana, que ha trigat més a madurar que la poesia —com en totes les renaixences literàries ha succeït— entra en el període de maturitat sabrosa... La prosa catalana esdevé castissa, moderna i natural...»[44]

Això s'escriu l'any 1924. Aquest mateix any, un crític anònim declara des de la fortalesa noucentista de «La Revista», com si fos una novetat: «Veus autoritzades proclamen la necessitat d'estimular el treball de la prosa catalana, senyal de maduresa de la nostra llengua.»[45] Carles Soldevila torna a justificar la compensació del Noucentisme a favor de la prosa, sense a penes esmentar el problema de la novel·la.[46] D. Guansé repeteix l'apologia carneriana de la ubiqüitat del gènere.[47] Tots plegats, són arguments exhaurits cinc anys abans. Els noucentistes no poden o no volen portar més lluny el debat en el terreny teòric. La discussió, mancada encara de veritable força polèmica, tendeix a estancar-se en la reiteració. Fins l'esperança comença a trontollar. Tomàs Garcés es pregunta, ben cansadament, si «comença de néixer, a la fi, la novel·la a Catalunya», i llavors procedeix a descobrir en les narracions curtes d'Alexandre Plana la presència d'un novel·lista original.[48]

La vaguetat conceptual és encomanada àdhuc als qui comencen a aparèixer en aquests anys com a defensors de la novel·la, veus noves, no mogudes per interessos de partit, però infectades inicialment per la falsa perspectiva del debat que segueix arrossegant-se sense resolució. Així una de les primeres aportacions de Sagarra mostra els efectes de la vaga equiparació de novel·la i prosa:

> «Un dels temes que surten més en les converses i van a parar a la ploma del crític quan es parla del nostre món literari, és la lamentació que s'acostuma a fer a propòsit de la prosa catalana. Es diu que entre l'esforç líric i l'esforç novel·lístic hi ha una desproporció enorme.»[49]

El desig de fer de Martínez Ferrando un novel·lista —emprant la mateixa tàctica que ja hem vist en Riba— el duu a la mateixa posició contradictòria d'anticipar-se a la novel·la noucentista:

> «No sé si Martínez Ferrando construirà la seva gran novel·la, però estic convençut que amb els elements excepcionals i heterogenis que componen la seva rara personalitat literària, es pot construir el monument més suggestiu de la nostra prosa: d'aquest monument l'autor d'*Històries i fantasies* ja ens n'ha donat detalls i fragments que són definitius.»[50]

La primera intervenció de Josep Pla revela els mateixos símptomes de confusió. Saluda, amb elogis gairebé incondicionals, la publicació d'*A l'ombra de Santa Maria del Mar* d'Alexandre Plana en termes que assenyalen de bell nou els poders absorbents de la categoria *prosa*:

> «Aquest llibre conté una novel·la curta titulada "Vida d'un actor", que és un dels trossos de prosa més seriosa, més feliç i més segura del renaixement de la literatura catalana...»[51]

L'article és interessant també perquè deixa entreveure els principis de la relació, entre amor i odi, de Pla amb el Noucentisme. Joan Fuster, en una anàlisi molt delicada, ha sabut veure en l'actitud de Pla una ambigüitat essencial,[52] de la qual serà una de les primeres manifestacions la seva participació en el debat sobre la novel·la. D'ençà de la seva confessió del 1919 que «no he pogut mai afeccionar-me a llegir novel·les... la literatura infantil de les persones grans», Pla ha practicat una interpretació personalíssima de la «literatura narrativa d'imaginació».[53] Al voltant del 1924 critica l'esterilitat de la literatura noucentista en nom de la vida i de la sinceritat. Com Sagarra i com Plana —el qual influí decisivament en la seva ruptura amb el Noucentisme—[54] exerceix una pressió favorable a la novel·la des del seu angle particular. Aventurem, de pas, l'opinió que moltes de les constants de la singular producció literària d'aquest escriptor fecund es remunten a través del seu temperament fins a la seva formació durant l'època de la dialèctica entre el Noucentisme i la novel·la.

D'aquest resum de la direcció i la degeneració d'una de les branques del debat, cal tornar a la situació del 1919, per tal de seguir el desenvolupament simultani d'altres línies importants. Oposats a l'impacte negatiu de l'obsessió defensiva del Noucentisme respecte a la prosa, aquests altres components són les forces positives que a la fi produiran la resolució del procés total.

Fallida la promesa d'una novel·la noucentista, esdevé evident a partir del 1919 que qualsevol renovellament del gènere en català ha de dependre de dues condicions estretament relacionades. O bé cal esperar l'arribada de talents nous, prou distanciats i lliures dels efectes de la bancarrota i crisi de la novel·la per a poder conrear-la de nou, sense els prejudicis o l'autoconsciència limitadora de l'estètica noucentista. O bé la revifalla ha de dependre d'una rehabilitació dels ex-novel·listes: la reintegració cultural d'aquelles forces que, sobrevivint a la liquidació del Modernisme i a la intensa calor refinadora del Noucentisme, poguessin encara reemprendre la tasca interrompuda al voltant del 1911. Ambdues condicions depengen essencialment del pas del temps, que assegura la minva progressiva del domini noucentista en la vida cultural. Tot això és una altra causa de la prolongació del debat sobre la novel·la, especialment perquè la primera condició difícilment es realitzaria sense l'acompliment de la segona en la restauració d'una tradició novel·lística. Hem albirat ja els inicis d'un moviment favorable a això, l'assentament gradual de continuïtat a mesura que s'atenua el rigor del Noucentisme militant. El doble procés, accelerant-se durant els primers anys 20, influeix directament en la història «subterrània» de la novel·la.

És perceptible durant aquests anys una considerable reviscolança d'interès pels novel·listes de la «vella escola». «La Veu de Catalunya», el bastió de l'*establishment,* comença a publicar de fulletó una sèrie de les «obres més representatives de la novel·la catalana».[55] El programa és iniciat amb *La febre d'or,* «una novel·la a la qual ha donat una actualitat recent les derivacions econòmiques de la guerra i de la post-guerra i l'aparició dels nous rics i dels nous pobres». És un símbol de reconciliació, concretat en la normalització ortogràfica del textos vells. S'editen a continuació la trilogia de Pin i Soler (*La família dels Garrigues, Jaume, Niobe*), *Solitud* i *Vilaniu.* El programa complet va des del setembre de 1922 fins al març de 1925, constituint així una mena de teló de fons a la conclusió del debat. En aquesta resposta a la demanda generalitzada i explícita de novel·les, el conegut cercle viciós té una influència considerable en la tria de les obres publicades. A falta de novetats, hom ha de recórrer a l'antiga existència. L'Editorial Catalana ja s'havia trobat amb el problema, havent de resoldre'l amb l'ajut dels «clàssics», Vayreda, Casellas, Pons i Massaveu, etc. Joan Estelrich, un interessant en tots dos projectes, proporciona més tard una explicació reveladora de les dificultats subjacents de l'empresa editorial.[56] Al mateix temps, però, el fulletó de «La Veu» és dirigit amb uns clars criteris de representativitat i d'importància literària.[57] La selecció mateixa —una mena de reintegració dels bens negres— evidencia una presa de consciència d'una tradició perduda o sacrificada en la campanya noucentista. La descoberta no es limita sols a aquesta manifestació. El 1923 veu reedicions d'*Els sots feréstecs* (publicada per la Societat Catalana d'Edicions), de *Josafat* i de *La papallona* (a «La Novel·la d'Ara», núm. 19 i 41, respectivament).[58] Així tornen poc a poc a circular i a llegir-se novel·les «normals» en català, novel·les sòlides i absorbents que tenen una identitat inconfusible amb la de la mera *prosa* que el Noucentisme oferia. El 1922 C. de Domènec publica un estudi elogiós del novel·lista Alfons Maseras.[59] Malgrat totes les deficiències de l'obra, la seva aparició és un esdeveniment notable. Es tracta del primer llibre complet dedicat a la novel·la catalana moderna. I també és un dels primers intents seriosos de considerar el Modernisme i el Noucentisme plegats com una fase d'una història cultural única i coherent.[60] Els dos assumptes van inseparablement lligats. És massa aviat encara per a parlar de la rehabilitació total dels modernistes, però el llibre de Domènec indica que el moviment de represa està ja en marxa. Llurs obres —normalitzades ortogràficament ara, però no solament per això— tornen a ésser «respectables». La tradició torna a tenir doncs un sentit positiu, continu i estimulador.

És molt interessant la reacció d'alguns observadors noucentistes davant aquesta evolució. Demostra el canvi d'actitud, confirmat ara i estabilitzat, però tot suposant noves contradiccions. Un comentarista anònim acull així *Sang nova* de Vayreda, reeditada per l'Editorial Catalana:

> «Dues errors que convé rectificar: la primera, que no té el català modern cap mena de precedent estimable de prosa literària: la segona, que els escriptors joves, i en general el petit nucli modern de lectors, no s'interessa per l'obra del renaixement català treballada a l'escalf dels Jocs Florals...
>
> »Poden els murmuradors discutir de naturalisme i de ruralisme: poden analitzar l'adaptació d'unes pàgines vives a les estructures retòriques de la novel·la. Nosaltres repetim simplement que els llibres com el d'En Vayreda ens han servit de sil·labari i preceptiva. I que avui, ja que n'estem mancats, ens comencen de servir de llibres de memòries.»[61]

El descobriment de la tradició «perduda» es tradueix en un desig de connectar el passat amb el present, de veure en una clara perspectiva històrica el pas del segle XIX al XX.

Un matís diferent d'aquest esperit es troba en l'actitud, davant la mateixa descoberta, d'un altre noucentista més ortodox. T. Garcés prova de veure en la solució de continuïtat un guany positiu, forçant un argument après probablement del pròleg de Carner a *L'abrandament*:

«S'ha fet una llegenda: s'ha dit i s'ha repetit una pila de vegades que a Catalunya no hi ha prosa de qualitat, que mentre la poesia prenia entre nosaltres gran volada la prosa feia una vida miserable.

»Potser fora convenient acabar d'una vegada amb aquest tòpic. Hi ha entre nosaltres prosistes d'una gràcia extraordinària, novel·listes de gran força, contistes fins i alats. Hi ha un Bertrana, un Ruyra i un Soldevila, per exemple.»[62]

En l'esforç de curullar el buit, pretenent que la continuïtat existeix dintre mateix del Noucentisme, li cal repudiar allò que considera que no són sinó mites entorn del moviment:

«Un d'aquests mites consistia en negar, davant una poesia forta i ben nodrida, l'existència d'un moviment en prosa. S'havia arribat àdhuc a oblidar tota una brillant tradició d'escriptors.»

La «mitologia», de fet, resumeix una sèrie de crítiques fonamentals i irrefutables. Volent apropiar-se realitzacions —la novel·la, sobretot— que no tenen res a veure amb el Noucentisme, Garcés perilla d'embolicar-se irremeiablement. Dos anys després, ressenyant les edicions d'*Els sots feréstecs* i *La papallona* a què ens hem referit més amunt, ell mateix revela involuntàriament la gran contradicció de la seva manera de veure les coses:

«Justament en aquestes hores d'amarg pessimisme, quan hom propaga, entre altres coses, que a Catalunya no hi ha novel·la, ens arriben dues edicions significatives... aquestes dues magnífiques novel·les duien, si més no, una possibilitat encoratjadora i poden devenir el començ d'una tradició literària.»[63]

La ironia és inconscient. Gairebé exasperat, Garcés proclama un altre cop l'expectativa de la novel·la noucentista. Però, com això és inútil, li cal abraçar una evolució que, en realitat, forma part d'una forta reacció contra la mentalitat que ell representa. La «tradició» a què es refereix, s'està tornant a confirmar malgrat i no a causa de l'acció del Noucentisme.

Una fita destacada (i alhora una causa) de la crisi interna del Noucentisme es troba en la partida de Xènius i de Carner. Els dos esdeveniments, quasi simultanis, van acompanyats de conseqüències dramàtiques. Entre el 1919 i el 1921, es presencia la davallada del *Glosador*; el 1921, Carner se'n va a seguir la carrera diplomàtica. En cada cas hom ha parlat d'una deserció.[64] Les circumstàncies i els detalls no ens han de detenir aquí; els efectes, però, concerneixen directament el nostre tema. Després de la mort de Prat de la Riba i la subsegüent crisi política, esdevé el retir dels dos líders culturals. Xènius acaba pràcticament a l'exili, aïllat de la cultura de la qual havia semblat durant un temps ésser el dictador. En el cas de Carner, la distància confirma els efectes de concessions i modificacions d'actitud que acabem de notar. La seva presència ja no domina el món literari de Barcelona. És, doncs, l'ocasió per a fer els clams. La reacció, sobretot la de l'«antiorsisme», un cop desembridada, és sovint amarga i venjativa.[65] Però s'escau també una aclarida de l'ambient, una oportunitat per a emprendre la necessària revisió d'aspectes de la vida cultural descurats pel Noucentisme. La novel·la, òbviament, va al davant.

Després d'aquesta ruptura interna, els fets polítics fan trontollar encara més el Noucentisme estricte. La Dictadura de Primo de Rivera rebla el tascó que ja havia començat a esberlar la unitat teòrica entre el catalanisme polític i cultural. Dissolta en 1924 la Mancomunitat, es tanca tot un cicle d'activitats i propostes nacionalistes. Però, mentre la Dictadura lliga fortament el braç polític, permet encara que el braç cultural es mogui amb una relativa llibertat. La situació que priva el Noucentisme de la seva raó d'ésser, autoritza i fins i tot fomenta les activitats culturals. Una conseqüència n'és que aquestes tendeixen a substituir la política, com en el cas de Rovira i Virgili, convertit de teoritzador polític en autor del *Teatre de la Natura*. Ultra això, la Dictadura crea un moment de repòs molt necessari. Afavoreix una pausa i un balanç de la situació, després de l'activitat frenètica dels anys precedents. Succeeix un perceptible estat de consolidació intel·lectual, un intent de verificar mesuradament els resultats d'esforços anteriors. Imposat d'antuvi per les circumstàncies, era també quelcom que havia de venir naturalment en l'etapa atesa per la cultura catalana. En aquest moment, un balanç detingut dels èxits i dels fracassos no és sinó una expressió de la normalitat anhelada. La fundació en

1924 de la «Revista de Catalunya» i la qualitat del seu contingut representen el que té de més positiu el nou ambient.

Un altre indici del moviment que acabem de descriure es dóna en la naixença (o, més ben dit, renaixença) de «La Publicitat» i en el paper exercit pel nou diari. El cisma d'Acció Catalana i el revifament de l'antic òrgan lerrouxista, amb una identitat totalment nova, signifiquen l'oposició més seriosa a l'hegemonia de la Lliga i del Noucentisme, des de la separació del grup d'«El Poble Català» l'any 1904. «La Publicitat» ofereix un fòrum important al moviment general de revisió i consolidació, i, en particular, dóna una nova empenta al debat sobre la novel·la.

Hem vist ja que aquest debat s'havia anticipat a les condicions i a la direcció dels vents culturals del període immediatament posterior al 1923. El seu interès augmenta, naturalment, quan convergeix amb el procés més ampli. El cas problemàtic de la novel·la catalana compendia una bona part d'allò que està per espellucar o rectificar. Així, la continuació del debat segueix encara les línies establertes des del 1917. Es tracta encara de confrontar l'*haver* (els assoliments institucionals i lingüístics del Noucentisme, la concreció de «la prosa definitiva») amb el *deure* (el predomini d'uns valors poètics més aviat exclusivistes, l'alienació d'un sector de la intel·lectualitat i la desaparició de la novel·la com a òrgan de cultura). Tanmateix la confusió dominant, nascuda en la preocupació noucentista per la prosa, no deixa de desorientar aquesta fase intensificada del debat. La pista falsa de la prosa —ja ho hem vist— segueix fins al 1924, i de vegades sembla que la paraula «novel·la» ja no tingui cap sentit genèric.[66]

De tant en tant, però, s'entrelluca una distinció, com en aquestes reflexions de D. Guansé:

> «Els nostres joves tindrien de deturar-se a meditar la diferència que hi ha entre un simple prosador i un novel·lista...
>
> »Els prosistes... els que no són sinó prosistes, que no passen de fer filigranes retòriques, quadrets i esboços, estan condemnats a ésser llegits solament per nuclis més o menys selectes. Quan a les lletres hom no els demana altra cosa sinó un pampallugueig sentimental o unes es-

purnes de la bellesa eterna, hom prefereix a la prosa, les formes de la lírica pura.» [67]

L'alternativa s'insinua, però queda implícita perquè l'autor no té cap punt concret de referència.

Està latent a l'ambient del 1924, sense arribar a expressar-se categòricament, una crida inequívoca a favor de la novel·la catalana. És com si s'hagi comprès, finalment, que si mai serà produïda de dins, vindrà de fora dels àmbits noucentistes, i com si la idea els hagi fet perdre l'alè. La suspensió d'aquest moment es palesa en un article de Sagarra, en el qual, característicament, és ell qui s'apropa més a formular una convocatòria directa:

> «Quan hom mira aquest extraordinari monument novel·lístic europeu, fet entre el segle passat i el segle que vivim, i s'adona de la pobresa, per no dir de l'absència absoluta de la novel·la catalana, li agafa una gran tristesa i un desig que aquest buit lamentable de la nostra literatura comenci a omplir-se una mica.» [68]

Malgrat l'esforç de parlar clar i amb objectivitat històrica, la influència dels tòpics noucentistes hi és inconfusible. En el passatge citat, la veiem en l'exageració del buit i la negació d'una tradició novel·lística autòctona. Sagarra, a continuació, es mostra embrancat per consideracions que condueixen a l'antinovel·la noucentista: «Avui dia la nostra llengua comença a ésser apta per dir meravelles, per arribar a totes les possibilitats; la prosa d'En Josep Carner demostra això que estic dient.» I àdhuc repeteix l'argument carnerià pretenent que «la vida del nostre poble no tenia potser una personalitat prou definida i prou complexa perquè es produís el desitjat moviment novel·lístic». És una altra mena de cercle viciós.

Sembla, doncs, que cap al 1924 el debat s'ha exhaurit i que no pot rendir més, havent anat des del plantejament del problema cap a la formulació d'una demanda de solucions pràctiques. De més a més, hi ha senyals simultanis que alguns novel·listes o futurs novel·listes estan treballant de ferm, cosa que contribueix a la impressió que s'hagi acomplert el cicle.[69] En realitat, però, com hem anat veient, la discussió, lluny de ser acabada, es troba més aviat empantanegada en la seva pròpia inèrcia. Queden per afrontar i superar una pila d'obstacles teòrics que segueixen enfosquint la identitat de la novel·la i els seus veritables problemes. En un nivell més simple, hi ha un altre fet, d'índole pràctica, que atura el ple desenvolupament de la dialèctica. Als escriptors de novel·les —àdhuc suposant que els esdeveniments posteriors al 1923 estimulen un retorn a la tasca— els cal temps. Una novel·la, generalment, no s'escriu pas en quinze dies. Les dificultats serien d'allò més greus després de la llarga interrupció en la tradició i en la pràctica de la novel·la catalana, i en vista dels dubtes i cabòries inevitables en la represa d'una forma abandonada. Mentre el debat teòric pateix d'incertesa i d'una manca de referències concretes en el pla creador, i mentre encara s'ha de reivindicar declaradament el gènere, l'hesitació del novel·lista en potència és molt comprensible. Cal veure en aquesta dislocació entre la teoria i la pràctica una altra causa de la prolongació estèril del debat.

La raó per la qual l'estat de suspensió havia de resoldre's precisament l'any 1925, cal cercar-la, primer, en les efemèrides. Fita del quart de segle, el 1925 és una talaia ideal des d'on continuar i intensificar la labor d'historiar i d'avaluar el passat recent. És estimulada així una nova aproximació a les velles qüestions. Veurem com moltes crítiques i conclusions, suprimides abans per la inèrcia o per la supervivència de l'autoritat noucentista, comencen aquest any a ésser expressades sense ambages. En el debat sobre la novel·la es concentra aquesta tendència general. La discussió s'allibera de l'estancament en què perillava d'extingir-se. El 1925 veu una veritable conclusió on es conjunyeixen tots els components teòrics i pràctics del llarg procés dialèctic.

La conclusió del debat (1925)

L'any comença sota bons auguris. Un llarg article de C. A. Jordana, *Excursió de plaer pels camins de la prosa catalana,* és el segon d'una sèrie publicada a «La Revista», el títol general de la qual, *Balanç d'un quart de segle,* resumeix perfectament el clima del 1925.[70] La perspectiva de Jordana, jove deixeble del Noucentisme, revela encara fortes traces de l'ortodòxia crítica del moviment. L'entronització de *prosa* a l'encapçalament del seu article n'és la primera mostra. La seva premissa inicial, que la literatura catalana no té cap figura novel·lística patriarcal, oblidant del tot l'obra d'Oller, ens posa en guàrdia. I la secció dedicada a «Els nostres clàssics» —Carner, Riba, López-Picó— respira el conformisme. Amb tot i això, la resta de l'article mostra un nou to d'equilibri i de comprensió. Jordana comença amb un intent de distingir entre prosa, conte i novel·la, i es plany, sobretot, de la pobresa d'aquesta última.[71] Proporciona una apreciació entusiàstica dels «íntims amics de la naturalesa», Víctor Català, Bertrana i Ruyra. En el cas de Xènius, el creador de *La Ben Plantada* és preferit al Glosador. Sagarra rep elogis fervents, sobretot per *Paulina Buxareu,* «una de les poques novel·les de què podem envanir-nos». Són acomodats a la mateixa caseta Rusiñol i Carles Soldevila, «dos ciutadans», malgrat la distància que els separa. Jordana enfoca amb un esguard únic els noms de Martínez Ferrando, Roig i Raventós, Santamaria, Sants Oliver, Diego Ruiz, Pous i Pagès, Corominas, Lleonart, Maseras. S'estan descomponent les categories jeràrquiques i «generacionals» de la crítica noucentista.

Recordem que ja ha sortit *L'home que tenia més d'una vida* de Puig i Ferreter, publicada al número 85 de «La Novel·la d'Ara», el 31 de gener de 1925. La seva aparició provoca una controvèrsia ben significativa. C. Pi i Sunyer, escrivint a «La Publicitat», saluda aquesta obra «forta, viva, sincera, moguda» que «revela un veritable temperament de novel·lista».[72] No es deté, però, a ressenyar la novel·la, ans passa a abraçar qüestions més generals i, en aquest moment, més transcendentals. Remarca que «dia darrera dia sentim planys per la mancança de fruits en la branca de la novel·la» i segueix:

> «Si volem analitzar i esbrinar els motius d'aquest silenci, arribarem al moll de l'os d'una tara de la nostra literatura. Com que discussions recents l'han posada prou i massa en evidència, potser seria hora d'un sincer examen de consciència, per veure si amb un xic de bona voluntat i de sacrifici d'amor propi hom podia posar-hi remei.»

És —ara ho veiem— una definició perfecta del sentit més pregon del debat sobre la novel·la, i tot l'article de Pi i Sunyer constitueix una mena d'exordi a la seva fase final. Tot criticant el cultisme i l'exclusivisme noucentistes («una mena de casta a part que ignora o vol ignorar tots els esforços fets més enllà dels petits horitzons de cenacle»), sap apreciar les ambicions del moviment («crear una petita consciència col·lectiva») i les seves realitzacions. Conclou, però, que:

«Sempre serà millor una societat, imperfecta, però diversa i accessible, plena d'angles i d'arestes, cantelluda i poc afinada, si en ella hi ha, entre uns sortints i altres, contactes, encaixos, lligams, relacions, que no una societat feta com d'esferes metàl·liques, isolades, hostils, que arribin a sentir naturalment, una per l'altra, la repulsió que prenen les masses en carregar-se d'electricitat igual.»

Veu en la novel·la de Puig i Ferreter, un retorn a la naturalitat homogènia, a l'espontaneïtat i la «passió» genuïna de la literatura catalana d'uns quants anys enrera, és a dir, de l'època del Modernisme.

Quatre dies més tard, un «full de dietari» de Carles Soldevila mostra l'altra cara d'aquesta medalla.[73] Parla amb un cinisme extremat de la popularitat de *L'home que tenia més d'una vida,* es mofa dels planys dels editors que es queixen de la manca d'atenció concedida per la crítica oficial a aquesta novel·la, i conclou que «L'estufa cal reservar-la per a les empreses àrdues, per a les obres refinades, per a les temptatives selectes...». És un cas crònic de miopia cultural, que demostra els efectes més negatius de la mentalitat noucentista. El director de «La Novel·la d'Ara», M. Poal-Aregall, no triga a acudir en defensa dels propòsits de la seva publicació: («Nosaltres havem fet el que encara està dejuna de fer alguna empresa subvencionada i tot [Editorial Catalana]. "La Novel·la d'Ara" és i vol ésser només que una publicació popular»).[74] Tot escometent en Soldevila amb un sarcasme poc disfressat («això de l'invernacle fa tuf d'enfermeria...»), emprèn un contraatac vigorós:

«No volem que la nostra estimada publicació ni els homes que en ella fan pàtria col·laborant-hi —fem un incís per a dir que paguem a tothom— pugui ésser inclosa en la llista dels senyors que sembla hagin fundat la lligueta del *bombo mutuo*... No demanem altra cosa sinó que s'acabi d'una vegada la vergonya de les capelletes que no fan altra cosa que enranir l'aire que respirem.»

Amb aquesta injecció de polèmica, sembla que l'ambient del debat s'hagi esboirat d'una manera espectacular. En aquestes condicions, Sagarra torna a formular amb confiança i autoritat renovades la crida pro novel·la que havia fet amb indecisió el 1924. Heus aquí la importància de dos articles seus, que han donat lloc a tantes referències ambigües en la crítica catalana posterior i que semblen haver estat més comentats que llegits.[75] Ha quedat prou clar aquí que de cap manera no podem veure'ls com el principi sobtat o miraculós d'una consciència del problema de la novel·la catalana. Aital consciència existia ja des del 1917, i Sagarra mateix ja hi participava. La importància de les seves declaracions del 1925 és que se situen al bell centre de la conclusió del debat. Les reaccions que provoquen només són plenament aprehensibles en el context del total desenvolupament anterior. Parlant sense ambages i en nom d'un públic nombrós, Sagarra demana novel·les:

> «El públic català està demanant amb la boca oberta i amb uns crits desesperats que li donguin novel·les... Aquest gran públic no és que sigui molt mirat, no és que sia molt exigent, només demana que no l'ensopeixin; és un públic de bona fe que estima les coses del país, i que, si llegeix novel·les o històries forasteres, és perquè aquí no en fem, que si en féssim, se les empassaria com bresques... S'ha de vèncer la por d'escriure novel·les; jo demano persones de bona voluntat que vulguin començar a escriure novel·les; fem la prova i no ens en empenedirem.» [76]

Procedeix a diagnosticar en aquesta «por a la novel·la» una causa major del dèficit literari.[77] Considera que una evolució normal i ininterrompuda de la novel·la catalana al segle XX hauria d'haver donat unes duescentes novel·les, i que d'aquestes n'«hauríem de tenir unes vint-i-cinc de passadores i mitja dotzena, si més no, que fossin bones del tot». El seu càlcul, tenint en compte la quantitat i la qualitat de la novel·la catalana anterior al Noucentisme, no és gens exagerat. Palesa una comprensió de les proporcions d'aquest buit, tan poc natural, de la literatura autòctona. Aquesta franca autocrítica, una de les característiques de la darrera fase del debat, elimina molta de la confusió acumulada entorn del gènere durant la depressió. Encara que no està disposat a ficar-se en definicions, Sagarra es nega a acceptar cap mena de succedani. Ell vol «novel·les amb tots els ets i uts, no contes allargassats i assaigs apreciables». L'oferta dels noucentistes esdevé terminantment rebutjada.

A *La utilitat de la novel·la* l'objectiu explícit de Sagarra, havent tastat l'èxit amb el seu primer article, és de «remoure i atiar aquesta importantíssima qüestió de la novel·la catalana». Però aquí els arguments són més fluixos. Tot es redueix pràcticament a l'apologia ja molt usada de la utilitat de la novel·la («una de les armes més poderoses de la democràcia»), el tòpic ja esgotat per Carner i els noucentistes:

> «Una novel·la catalana... arrelaria l'esperit dels lectors en un sentit d'apreciar les nostres coses. Les novel·les podrien tenir aquí una positiva valor patriòtica.»

La part més sòlida de l'article és el primer paràgraf, on se suscita la qüestió de la relació entre l'art de la novel·la, el seu públic i la seva difusió. Havent-se preguntat si el problema és l'absència de novel·les o l'escassesa de possibilitats de publicació, Sagarra declara emfàticament que es tracta de la primera: «Si hi ha novel·les bones, però bones de debò, els editors trauran el cap com les maduixes en acostar-se la calor.» En el seu primer article ja havia al·ludit als èxits editorials i econòmics de Folch i Torres, citant-los com a exemple de la rendibilitat possible de la novel·la catalana.[78] Les seves consideracions del mercat reflecteixen clarament la pressió exercida, des dels orígens del debat, per la demanda pública.

Com veiem, no s'afegeix res de nou a la temàtica del debat: el revifament del 1925 es fonamenta sobre bases ja establertes. La diferència és que la discussió esdevé més lliure i més clarament enfocada. A mesura que l'interès es desplaça des de l'abstracció vers la pràctica —tendint a centrar-se més i més entorn de qüestions econòmiques— hi ha més senyals d'eficàcia. Sagarra, a *La utilitat de la novel·la*, remarca que el seu primer article ha despertat una molt considerable reacció pública.

No hem de menysestimar la seva influència a atiar la qüestió; però al mateix temps és clar que no fa altra cosa que tocar una corda ja vibrant. El que és important és que el problema de la novel·la catalana esdevé, en aquest moment precís, una *cause célèbre.*

Per una editorial independent de Josep Pla és la primera resposta a la provocació de *La por a la novel·la* de Sagarra.[79] Anuncia la fundació d'una nova empresa editorial, l'Editorial Diana,[80] i la seva publicació inaugural —el propi debut de Pla en un llibre—, *Coses vistes.* L'autor pren una actitud ben combativa:

> «Ens constituirem en editors de tota la prosa catalana que tingui cara i ulls. Editarem novel·les, contes, memòries, crítica, assaigs, filosofia, política i ciència. Exigirem dels autors que no siguin guillats, que tinguin un mínim de claredat i de simplicitat... Mirarem de donar al lector català llibres per llegir.
>
> »Un punt curiós: no editarem cap llibre de poesies... Fora poesia, doncs. Si volen cantar que cantin. Les nostres pretensions són, doncs, com tothom veu, infinitament més modestes.»

Però la seva rebel·lia no és tan extrema com sembla a primera vista. La relativa subordinació de la novel·la en el projecte exposat aquí per Pla i la insistència en l'antinòmia entre «poesia» i «prosa», assenyalen de nou l'ambigüitat de les seves relacions tant amb el Noucentisme com amb el gènere de la novel·la. Ja hem vist que Pla no era de l'estofa d'un campió incondicional de la novel·la. Amb tot i això, així com l'Editorial Diana no tarda a pesar en la situació material, aquesta intervenció de l'autor de *Coses vistes* contribueix força a l'animació de la fi del debat.

Dos dies després, surt un comentari substanciós de Joan Estelrich al primer article de Sagarra.[81] En combinació amb una crítica raonada de la torre de vori noucentista, analitza els seus efectes en l'evolució de la novel·la, des del punt de vista del problema bifront de l'editor català respecte a l'autor i al públic. És un document interessantíssim. La premissa d'Estelrich declara sense reticències que la novel·la representa «una deu de possibles revelacions que el noucentisme de fa quinze anys va obstruir, reclòs dins la lírica o entestat en la recerca d'un esnobisme estèril i d'una superació vàcua i artificial».[82] I descriu amb precisió les conseqüències d'això en l'evolució literària:

> «Observem un gran buit entre els noms que ara suren i el nombre de narradors que produïren principalment a fi de segle (Vayreda, Oller, Casellas) i encara després (Rusiñol, Víctor Català, Prudenci Bertrana), amb la personalitat de Joaquim Ruyra per damunt de tots. Apar un estroncament, una ruptura de dos períodes. Ara enriquida i depurada la nostra prosa per vint anys d'exercici filològic, esdevé adequadíssim de reprendre el camí.»

Hi ha aquí una claredat de perspectiva que hom troba a faltar sovint en interpretacions posteriors de la qüestió, d'*Una generació sense novel·la* ençà. A més a més, la resta de l'article d'Estelrich és molt il·luminadora respecte als factors econòmics que actuen en el debat sobre la novel·la. Segons ell, una producció novel·lística regular i nodrida, d'obres que interessin la gent, és l'únic mitjà de superar l'obstacle tradicional de la cultura catalana, la relativa exigüitat del públic llegidor. Set anys d'experiència de l'Editorial Catalana li han ensenyat que l'atracció de novel·les autòctones ofereix una manera practicable d'eixamplar el nucli actual de lectors, la «massa de lectors fidels, que oscil·la... entre dos i quatre mil».[83] En aquest punt, quan atribueix l'existència d'aquest públic a «l'acció intel·lectual dels darrers quinze anys», un prejudici típicament noucentista s'infiltra en la tesi d'Estelrich. Ja venia anunciat per l'especial esment de Ruyra en el passatge que hem citat més amunt. Estelrich creu confiadament que les novel·les han de venir no solament dels novel·listes confirmats (Víctor Català, Maseras, Pous i Pagès, Enric de Fuentes), sinó també d'aquells noucentistes o confederats que ja s'han establert com a narradors o mestres de la prosa catalana: Ruyra, Plana, Martínez Ferrando, Roig i Raventós, Lleonart, Soldevila, Riba, Pla, Carner.[84] Sembla no adonarse que els fets, des del 1918, ja han desmentit aquesta convicció de la suprema facilitat dels noucentistes per a la novel·la, un cop hi sigui dirigida llur atenció.

Aquesta fe en la novel·la noucentista, la més persistent de les línies negatives del debat, rep un desafiament contundent des de les pàgines de «La Vanguardia», quan Gaziel entra en la discussió. La seva primera intervenció, escrita en un to saludablement directe, se les heu així amb Sagarra com amb Estelrich.[85] Ataca l'optimisme i allò que considera ingenuïtat il·lògica en les aportacions dels altres dos escriptors («*No tenemos novelas, decía Estelrich, extrañamente, pero en cambio tenemos novelistas*»), i planteja el problema en termes ben simples:

> «*¿Por qué no se escriben novelas? He aquí mi respuesta: porque no tenemos novelistas... Si aquí, en Cataluña, no se escriben novelas, es, en primer lugar, porque hacen falta los temperamentos capaces de hacerlas.*»

Considera que Estelrich és com l'hostaler que volgués fer truites amb els primers ous que li vinguessin a les mans (de coloms, d'ànecs, d'oques o de paons), i afirma que així com només els ous de gallina poden fer truites de debò, només els novel·listes poden escriure autèntiques novel·les: Insisteix que no es confonguin els *narradors* amb els *novel·listes* («*Todo novelista es narrador, pero hay poquísimos narradores que sean también novelistas*»), i addueix dos casos típics decisius, Ruyra i Carner. Malgrat totes llurs qualitats literàries excel·lents, diu, cap dels dos no és ni serà mai un veritable novel·lista. «*Son otras cosas, si se quiere superiores a la novelería: pero novelistas, no.*» L'agressivitat iconoclàstica de Gaziel té una validesa considerable. Les seves observacions arriben com una mena de repte estimulador, sense prejudicis ni interessos creats. Venint d'un «estrany», però, provoquen objeccions tant dels defensors del Noucentisme com dels partidaris de la novel·la. En contraatac de Carles Soldevila, que es queixa que Gaziel no defineixi els seus conceptes, traeix l'estretor de la línia oficial supervivent.[86] Soldevila es posa en un terreny molt segur quan invita Gaziel a definir la novel·la, però tal estratègia no fa res per a defensar les possibilitats novel·lístiques de Carner o Ruyra. És que Gaziel, tot simplement, tenia raó.

Estelrich torna a la tribuna. Amb esperit reflexiu relaciona les dificultats de la novel·la amb les seves pròpies crítiques més generals contra el Noucentisme.[87] Reivindica les realitzacions positives del Modernisme enfront de les deficiències del moviment que el liquidà i enfront de les forces destructives de la «ironia». *La generació anàrquica* és un article que, tot assenyalant el marc ample en què se situa el debat sobre la novella, prepara el retorn d'Estelrich al centre de la discussió. Només vint-i-quatre hores després, publica una rèplica fogosa a la censura de Gaziel sobre les seves truites.[88] Declara que, a diferència de la gallina que pon ous per naturalesa, un autor no és novel·lista fins que ha creat una novel·la. La defensa és enginyosa, però fa cas omís de l'historial literari de Carner i Ruyra. Per molt que Estelrich s'esforça per confirmar la seva pròpia fe, es veu que no contesta la crítica de Gaziel. Tornant a qüestions econòmiques i editorials, Estelrich es mostra més segur. Rebutja com a massa simplista l'asseveració del seu contrincant, que «no tindrem una novel·lística regular, mentre les obres bones d'un autor català no li reportin de dotze a quinze mil pessetes anuals», argüint que

> «No hi ha cap literatura en el món, i en resum, cap producte d'art, que s'expliqui només segons la compensació econòmica que en treuen els autors. Tindran els americans tot l'or de la terra, faran tiratges de novel·les per millons d'exemplars, i no produiran novel·listes com els russos, ni sols com els noruecs.»

Per a Estelrich la qüestió purament econòmica es dissol així en consideracions majors i més abstractes. Creu, però, que la millora actual de la situació editorial ofereix una prova directa i pràctica als novel·listes, aspirants o hipotètics, i saluda les noves empreses que vénen a competir amb l'Editorial Catalana.[89] Està convençut que ja no pot haver-hi el cas d'una novel·la passable que quedi sense publicar per falta d'editor. La iniciativa, doncs, ha passat als novel·listes.

És evident que el debat, havent arribat a aquest punt, torna a perillar d'esgotar-se en repeticions. Els arguments —entre la interpretació econòmica i la interpretació cultural de la crisi— esdevenen circulars; es torna a topar amb el cercle viciós. Estenent la metàfora de Gaziel, podem dir que el debat està desembocant en l'enigma etern de la gallina i els ous: què és primer, les novel·les o l'editor?[90] L'enigma no es resoldrà pas al nivell teòric.

Gaziel, conscient d'això, replica amb un article que vol ésser conclusiu.[91] Calen fets, diu, que ja s'han gastat prou paraules. Proposa, com a contribució pràctica a la solució del problema, la fundació d'un «Premi Narcís

Oller» ben dotat, i termina amb una provocació irònica:

«Sería un síntoma de que la selección de Cataluña quiere verdaderamente novelas, y por lo tanto nos hallaríamos en el mejor camino para llegar a tenerlas. Sería, en fin —¡oh milagro!—, la primera vez que de una discusión entre cuatro intelectuales catalanes, habría salido algo bueno, algo útil, algo beneficioso para Cataluña.»

El projecte de Gaziel resta, fins avui, irrealitzat.[92] La seva sarcàstica conclusió, però, té un fons de veritat. La discussió del 1925 sí és positiva i fins productiva. En quatre o cinc mesos les coses s'han aclarit més i han avançat més que durant els deu anys anteriors. Podem veure això sense caure en la trampa d'atribuir-ho tot a l'eficàcia de la «crida d'alarma» de Sagarra, i sense buscar relacions directes de causa i efecte entre els comentaris i els esdeveniments comentats, sigui les noves editorials o, menys encara, els senyals d'una renovada producció novel·lística. La polèmica final és fructífera en un sentit més abstracte. Hi veiem una franquesa, una claredat conceptual i una voluntat constructiva que abans faltaven. El 1925 la novel·la esdevé una veritable *cause célèbre* que involucra en lluita pública algunes de les personalitats principals de la literatura catalana,[93] obligades a prendre posició davant qüestions ideològiques i culturals fonamentals. És una discussió que, fins quan la seguim a una distància de mig segle, encara fa una impressió d'urgència i de vigor autèntic. Des de la fita del 1925 comencen a albirar-se clarament la significació i els efectes del Noucentisme en l'evolució literària. I de tot això comença a sorgir, tímidament, una noció del que és o hauria d'ésser una novel·la. Es tracta, de fet, d'una definició «negativa»: s'identifica la novel·la com una forma literària singular i irreemplaçable, forma literalment *sui generis*, que ha estat desnaturalitzada per l'ascendència dels valors poètics del Noucentisme. Molt simplement, el públic no s'ha volgut empassar substituts.

És eliminada així la causa principal de la confusió que abans enterbolia el debat. Però el que encara trobem a faltar en la discussió del 1925 és un enfocament teòric o històric de la crisi estètica a l'eix de tota aquesta fase de la història de la novel·la. Podem atribuir a dos factors aquesta limitació del debat. Primer, hi ha l'absència d'una tradició de crítica novel·lística a Catalunya, després de la mort d'Yxart. Ni les expansions intuïtives del darrer Modernisme, ni la crítica culta i clàssica del Noucentisme, no tenien interés a formular una teoria de la novel·la. Observem també que els qui intervenen en la conclusió del debat tenen més qualificacions pràctiques que «acadèmiques» per a parlar de novel·la. I el segon factor és que són massa prop dels problemes, que afecten directament llur pròpia experiència vital i literària, per a poder objectivar totalment un corrent històric que presencien però del qual també formen part. Cal una perspectiva més llarga que la del 1925 per a relacionar la controvèrsia d'aleshores amb el desenvolupament de tot un cicle cultural que s'hi clou.

La situació de la novel·la catalana durant el primer quart del segle XX és, en el seu contorn general, una manifestació local d'un fenomen que la crítica moderna, si fa no fa unànimement, descriu com una «ruptura gradual amb la literatura narrativa del passat immediat», la crisi de la «retòrica» del realisme tradicional.[94] Els múltiples punts de semblança amb condicions coetànies en altres literatures europees demostren que la crisi de la novel·la catalana no s'esdevé en un buit absolut. L'evolució de la novel·la francesa, salvades totes les diferències quantitatives, ofereix un paral·lel força estret, i no ens ha de sorprendre, donat el grau de la influència francesa en la literatura catalana d'entre-dos-segles. En el debat català del 1917 al 1925 ressona una discussió coetània, de l'altra banda dels Pirineus, sobre la novel·la i la qüestió de la seva decadència, a l'igual que *Ideas sobre la novela* (1925) d'Ortega y Gasset en recull elements de Castella estant. Les línies de força de la controvèrsia francesa han estat minuciosament analitzades per Michel Raimond,[95] el qual hi veu l'expressió d'un *grand tournant* de la novel·la moderna. Valent-nos dels resultats del seu estudi, podem traçar algunes analogies claus amb els esdeveniments que ens han ocupat en el nostre. A França i a Catalunya, al declinar de la novel·la del segle XIX succeeix una fase d'activitat diversiforme —conservant intactes sovint les estructures de la narrativa tradicional—, en què un estat de producció grossa i fins d'inflació mig amaga la crisi interna. A Catalunya és la fase de la novel·la modernista del primer decenni del XX.

Raimond troba, amb excepcions notables, una depressió general en el vigor i la qualitat de la producció novel·lística entre el 1911 i el 1920. Hem vist com a Catalunya una depressió semblant ateny proporcions crítiques, coincidint amb la fase de màxima eficàcia del Noucentisme que insereix un prejudici antinovel·lístic en el seu programa d'estructuració total de la cultura nacional. En ambdós països la minva de creació suscita una llarga «reflexió col·lectiva sobre la novel·la», una enquesta sobre dos temes principals: què és el valor de la novel·la?, què és una novel·la? A França, com a Catalunya, el moviment arriba al seu cim en 1924-1925, tot rebent una empenta final en la qual la definició del gènere esdevé el centre d'interès. De més a més, es poden distingir, sota totes dues discussions teòriques, coordenades semblants de tipus econòmic, editorial i fins social. Però hi ha una distinció ben clara, que limita la comparació de les dues literatures. Quan arriben a Catalunya els ressons de la discussió estrangera, es registra una reacció que resumeix l'estat veritablement greu de la novel·la catalana. En un raconet de la «Revista de Catalunya», sota el títol *La mort de la novel·la,* es publicà una sinopsi d'un article d'Hilaire Belloc, acompanyada d'un petit comentari del recensionista: «A Catalunya no hi ha problema, perquè a penes hi ha novel·la.»[96] L'etapa final del debat català dirigeix l'atenció als estralls de la crisi del 1911 al 1920. Mentre a França els problemes són debatuts contra un fons de producció continuada i algunes innovacions novel·lístiques considerables (Gide, Proust), a Catalunya la novel·la queda pràcticament anihilada. En una cultura vasta i heterogènia, el gènere pot suportar una crisi de confiança; a Catalunya la novel·la en crisi és amputada en una operació fàcil, en nom de la salut col·lectiva. Tanmateix, la diferència dels efectes palpables no enterboleix les correspondències històriques subjacents. Primer, el floriment tardenc de la novel·la modernista, després el col·lapse, seguit per l'enquesta sobre el gènere, són refraccions, a través de les circumstàncies particulars de la cultura catalana, d'una situació comuna de les literatures europees contemporànies: l'extensa crisi de la novel·la del segle XIX.

* *

La discussió del 1925 és empesa i justificada per una sensació que la novel·la catalana està a punt de ressorgir. I aquesta vegada no es tracta pas d'una expectativa frustrada, com entre el 1918 i el 1924. El debat, ara, té diversos punts concrets de referència. Estelrich els esmenta.[97] Els projectes de Bertrana (*Jo!*) i de Corominas («un seguit de novel·les seguint les evolucions d'un personatge central») estan ja bastant avançats; Puig i Ferreter està treballant en unes «*Memòries d'un periodista*, que segurament faran sensació», és a dir, *Servitud*, que serà la seva quarta novel·la.

De fet, el catàleg de novel·les publicades el 1925 fa una bona impressió, sobretot quan hom el compara amb l'esterilitat dels anys precedents. El componen *Jo!* de Bertrana, *L'home que tenia més d'una vida* i *Les facècies de l'Amor* de Puig i Ferreter, *Silèn* de Corominas, *Ma vida en doina* de J. Santamaria i *Història gris* (sic) de Miquel Llor. Per qualsevol criteri, és una bona collita, d'una consistència que referma la impressió inicial causada per la coincidència cronològica. Aquesta renaixença demana una explicació. Ja hem esclarit que és un error voler veure-hi simplement el resultat sobtat d'una crida feta en la discussió del 1925. Al contrari, el fet que algunes d'aquestes novel·les, si no totes, estiguessin en preparació abans del 1925, determina el caràcter de la discussió. L'explicació real no és pas tan fàcil. Cal cercar-la en el joc de les forces i tensions de la situació total que hem analitzat.

Així, hem de veure en aquesta variada revifalla novel·lística una expressió del llarg procés de rehabilitació iniciat pels volts del 1917, i també un component de l'ambient de consolidació i introspecció cultural que succeeix als esdeveniments del 1923. En aquest ambient, la novel·la, amb la seva aptitud especial per a la recreació i la re-creació, té possibilitats úniques. Com ja hem suggerit, cal atribuir el seu retard a manifestar-se a les exigències particulars del gènere, complicades per tots els factors del període de crisi. Els novel·listes mateixos són els últims a respondre a les pressions que determinen el debat sobre la novel·la.

La demanda pública de novel·les sempre hi era: no havia afluixat des dels primers anys del segle, i àdhuc els noucentistes, a la fi, van haver de fer-ne cas. Però el fet és que, sense el compliment d'altres condicions, la demanda sola no bastava per a estimular i sostenir el retorn a una producció novel·lística normal. Les altres condicions, teòriques i materials, són les que són ventilades plenament en la discussió del 1925. La primera és la superació definitiva del monopoli literari del Noucentisme, una reacció contra l'intel·lectualisme i la deshumanització que foren les causes principals del rebuig de la novel·la. La reacció culmina tot justament el 1925, l'any que s'encunya el mot «antinoucentisme», llançat amb vigor i certitud pel seu autor:

«El noucentisme, entre altres moltes coses, significa el divorci entre el poble i la seva literatura... Aquesta mateixa situació ha produït en les nostres lletres un efecte lamentable. El noucentisme ha significat la superposició de la cultura damunt del sentiment, de l'emoció i de la passió. La cultura ha predominat i la literatura s'ha ressentit del seu pes, per això sembla que hi manqui força, naturalitat i sobretot humanitat.» [98]

És ben significatiu que aquesta oposició sigui associada explícitament a la causa de la novel·la, i que hom consideri aquesta determinada forma literària com el vehicle d'una vitalitat essencial sacrificada pel Noucentisme. L'article ressonant de Pi i Sunyer, a propòsit de *L'home que tenia més d'una vida*, ho declara prou contundentment:

«Perquè com a resultes d'un excés mal paït de correcció, mesura, escepticisme, finor, elegància i altres trucs respectables que hom inventa per convertir-nos en un poble civilitzadíssim anem tornant-nos tan "clàssics", que aviat de tan arrodonits i polits no hi haurà per on agafar-nos...

»Tornant pròpiament a la literatura, no és difícil de remarcar, encara agreujada, aquesta mateixa tendència a la preponderància absorbent de la perfecció formal... Molta composició ordenada, molt cisellament meticulós i un avar estalvi d'ànima... Però mai creurem que per escriure es necessiti abrillantar-se les ungles amb un polissoir de manicura, i sobretot que per a no desentonar, per conservar l'elegància de la línia, per a no perdre el glaçat maquillatge d'un classicisme acadèmic, s'hagin d'ofegar els crits sincers i apassionats, i castrar voluntàriament la força d'expressió d'una literatura, que de natural és intensa i viva.» [99]

I el crític s'adona que la literatura catalana d'abans gaudia del que ara es troba a faltar:

> «Fa uns anys, les obres catalanes, malgrat una certa qualitat barroera, natural en tots els inicis, estaven més amarades de passió. Jugaven tragèdies veritables homes de carn i d'ossos, amb sang a les venes, i amb idees, esperances, generositats i contradiccions humanes.»

Aquesta represa dels valors i de la tradició modernistes afecta totes les esferes literàries,[100] però és sobretot una justificació de la novel·la:

> «Cal escriure novel·les, però les millors novel·les, abocant-hi la nostra vida actual, els nostres somnis i records, les nostres defallences i esperances. Cal escriure novel·les, abandonant la torre de vori i prenent un generós interès en la vida dels homes.» [101]

Dos factors materials —que són identificats en el debat sobre la novel·la i que, de més a més, assenyalen l'entrada a l'era del postnoucentisme— presten suport als canvis literaris. El llenguatge literari ha estat purificat i enriquit mitjançant els esforços congriats a l'entorn de les *Normes ortogràfiques*, i preparat en el gresol de la prosa i la poesia noucentistes. Àdhuc per criteris tan rigorosos, la novel·la ara és lingüísticament factible. És clar, la possibilitat de la novel·la en aquest sentit s'ha anat predicant des del 1918. Però els efectes del puritanisme i l'autoconsciència noucentistes perduren, i no són superats fins al 1925 o a partir d'aquesta data, després que s'ha tornat a separar, definitivament, la novel·la de la categoria absorbent de la prosa. Després del difícil procés d'educació, la naturalitat que exigeix l'escriptura novel·lística es produeix espontàniament: per fi és possible veure «un estat filològic en què l'escriptor es trobi resoltes les dificultats primàries i secundàries, que pugui treballar amb una llengua treballada».[102] El segon factor és la millora de la situació editorial.[103] Es llancen dues empreses noves, l'Editorial Diana i la Llibreria Catalònia, en el mateix moment que els directors de la «Biblioteca Literària» s'adonen que la novel·la catalana pot ésser un negoci considerable. Segueixen prosperant, a més a més, les col·lecions «de butxaca» com «La Novel·la d'Ara» i la «Biblioteca Nova»,[104] que ja han exercit una funció importantíssima en el manteniment de la tradició novel·lística i en la protecció d'autors com Bertrana i Puig i Ferreter. Tant els editors com el públic sol·liciten novel·les —segons testifica Carles Soldevila de mal humor—[105] i s'està trencant el cercle viciós. El cas de Joan Santamaria compendia en certa manera la relació entre aquestes noves condicions lingüístiques i editorials. Les seves *Històries extraordinàries* de 1915 i 1919 passen gairebé desapercebudes, però comença el 1925 a gaudir, com a novel·lista, d'una notorietat més aviat desmesurada. Amb *Ma vida en doina,* que publica l'Editorial Diana, inicia un seguit de novel·les que revelen, en mots de Tasis, una «prosa sucosa, inflada un punt de barroquisme, que no s'atura davant de les incorreccions gramaticals ni els descordaments de lèxic», un estil que esgarrifa els noucentistes.[106] Llur desaprovació és comprensible, i fins a cert punt justificada i tot, però resta el fet que les preocupacions lingüístiques ja no són un obstacle per a la producció o la publicació de novel·les.

Tornant a les novel·les del 1925, és important de veure com participen directament en la tendència molt estesa de retrospecció històrica i d'introspecció cultural que es fa sentir a Catalunya durant els primers anys de la Dictadura de Primo de Rivera. És un temps propici per a reviure el passat, i la novel·la —amb les seves associacions innates amb la història i amb l'autobiografia— té una aptitud avantatjosa per a tal comesa. L'autobiografia, que durant la campanya noucentista contra la novel·la era un mitjà de consol privat per als novel·listes marginats, esdevé ara l'ingredient que dóna substància a unes obres de ficció que volen aprofundir la consciència col·lectiva. Aquesta continuïtat pregona explica la gran dosi de «memòries» a les novel·les del 1925, i explica també per què entre els autors es destaquen tres figures ja grans, Puig i Ferreter, Bertrana i Corominas, tres ex-modernistes per qui la literatura fou sempre concebuda com un vehicle de la confessió sincera. Combinen ara la història, els records, la confessió, l'al·legoria (en el cas de Corominas) i, tot purament, la ficció. Daniel Pérez, el protagonista de *Jo!,* no és solament el Diego Ruiz de carn i ossos, quan era el director extravagant del manicomi de Salt, sinó «un tipus característic d'una època i d'un poble».[107] *Silèn* de

Corominas és la primera part d'una trilogia projectada grandiosament com «una epopeia, no sols per la seva forma narrativa, sinó pel seu intent de compendiar el contingut de l'actual civilització catalana».[108] Per a ambdós autors, la nova llibertat artística és una expressió de llur rehabilitació personal. El cas de Puig i Ferreter és encara més significatiu. Amb *L'home que tenia més d'una vida* es lliura definitivament, gairebé obsessivament, a la vocació de transmetre en termes de ficció el testament i la justificació de la seva generació cultural.[109] La represa general de la novel·la és per a ell un autèntic començament.

Aquí no podem donar més que una ullada molt ràpida a algunes característiques de les novel·les del 1925 i llur importància en el panorama literari. Per damunt de tot, comuniquen una sensació d'alliberació, un esclat d'energies llargament contingudes: Santamaria publica quatre novel·les en tres anys, Puig i Ferreter, quatre novel·les en dos anys. Aquesta impressió d'exuberància, encara que previsible, no és determinada sols pel contrast amb la llacuna precedent. Les obres mateixes són «passionals», volen *épater le bourgeois*. A les novel·les de Bertrana, Puig i Ferreter i Santamaria, l'interès per la psicologia anormal, els temes eròtics i un cert immoralisme expressen una rebel·lió, en nom de la vitalitat humana, contra el bon gust artificial predicat pel Noucentisme. Fins i tot el costumisme sentimental d'*Història gris* de Llor respira una espontaneïtat semblant, i una fe senzilla en el valor de les relacions humanes. Es pot parlar, certament, d'una represa de la tonalitat de la darrera etapa de la novel·la modernista. Però, al mateix temps, els efectes de l'estroncament de l'evolució literària són clarament visibles en aquestes obres, i durant algun temps després. Hom troba, sense sorpresa, una certa barroeria (repeticions, defectes d'unitat estructural, tòpics exagerats) i fins monotonia, malgrat l'afirmació de vitalisme. Els refinaments tècnics i l'experimentació avançada són els privilegis d'una tradició dinàmica. La novel·la catalana, en 1925, està tornant en bona part als principis bàsics. Cal assimilar la influència de Dostoievski abans que es puguin explotar les descobertes de Joyce, per exemple, o abans que es puguin prendre camins independents i originals. Tot plegat, una consistència irregular i una mena d'inhibició minen les energies assertives d'aquestes novel·les. Corominas declara que *Silèn* és «una novel·la que no vol innovar res».[110] *Història gris* gairebé podia haver-se escrit vint anys abans. Això no obstant, a partir de 1925 és possible parlar de nou d'una novel·lística en marxa. La novel·la, restituïda al primer pla del panorama literari, ha superat el complex d'inferioritat. *Jo!* promou una polèmica que és testimoni eloqüent d'una situació cultural en què la novel·la, com a activitat i institució, té renovats els poders d'excitar la imaginació, la intel·ligència i la facultat estètica.[111]

Manquen encara el 1925 les novel·les del Noucentisme. *El camí errat* (1923) de J. Lleonart i *Flama vivent* (1924) de Roig i Raventós són obres de prosèlits, les quals pertanyen realment a la fase anterior dels intents forçats i frustrats del Noucentisme d'acordar-se amb el gènere. Només en el cas de M. Llor és possible veure un neonoucentista que es dedica sense hesitacions a la novel·la.[112] La reviscolança del 1925 pertany de segur, com subratllà Víctor Català,[113] a la promoció modernista, malgrat les baixes sofertes: ni Oller ni Fuentes no trenquen mai llur silenci; Miquel de Palol es queda tancat a Girona, convertit en «poeta local»; J. M. Folch i Torres i J. Pous i Pagès segueixen conreant exclusivament els nous terrossos descoberts per ells durant la crisi de la novel·la; Víctor Català torna als *drames rurals*, però la fórmula que produí *Solitud*, o s'ha perdut per sempre o no és operativa fora de l'ambient del Modernisme. No és que els noucentistes fan mutis el 1925; ells també s'aprofiten del *boom* editorial. És un error, però, interpretar llur producció d'aleshores com una branca de la revifalla de la novel·la. Els comentaristes que no saben fer aquesta distinció, no fan sinó perpetuar la confusió de la crítica noucentista.[114] *L'ingenu amor* (1924) de Carles Riba, *Les bonhomies* de Carner, *El senyoret Lluís* de Soldevila, *El mirall imaginari* de Plana, representen aspectes diversos de la poètica noucentista aplicada a la prosa i a la narració. I *Coses vistes* de Pla, ja ho hem vist, és més distant de la novel·la que de la prosa noucentista. Moltes coses són rectificades el 1925, però tardaran encara deu anys més a sorgir talents nous i joves que puguin abordar la novel·la com una tasca normal, completament lliures ja dels efectes d'una educació noucentista.[115]

«*Una generació sense novel·la*»

Carles Riba adreça *Una generació sense novel·la* a la situació que adés hem intentat d'esbrinar fil per fil. És essencial una apreciació del context per a comprendre el contingut i el sentit de les seves reflexions. Una conferència llegida el 5 de juny de 1925, *Una generació sense novel·la* es publica primer, en dues parts, a «La Veu de Catalunya» d'aquell mateix mes.[116] Veu la llum, doncs, després de la conclusió al maig de la discussió del 1925, la qual era la culminació d'una dialèctica molt més llarga. Cal relacionar aquesta posició postrema, d'afegitó, amb l'actitud de Riba envers tot el moviment de reacció contra el Noucentisme, del qual la causa de la novel·la és una motriu central. Com a escriptor que s'identifica amb els valors i postures capitals del Noucentisme,[117] el poeta afronta ara una reacció concertada contra la influència d'aquest. Riba comparteix, durant els primers anys vint, l'esperit general de revalorització cultural, però la seva participació és molt considerada i condicional. Així, per exemple, tot revisant la seva admiració per Ors, es nega a deixar-se arrossegar per la histèria col·lectiva de l'«anti-orsisme», i insisteix en una avaluació justa de les aportacions del Glosador.[118] Es manté ferm contra un corrent que, segons creu, amenaça de tirar daltabaix el reconeixement de tot el que ha aconseguit un moviment en què ell roman encara compromès. Quan Riba, en *Una generació sense novel·la,* para atenció en la qüestió de la novel·la, ho fa amb aquestes mateixes condicions. Veient la tendència i les implicacions antinoucentistes del debat que culmina en 1925, se sent obligat a oposar-se a algunes de les conseqüències.

El mite crític i historiogràfic que hem reconegut a l'inici del nostre estudi creava una imatge de Riba i de Sagarra com els caps-i-causes de la revifalla novel·lística del 1925. Quant a Sagarra, per bé que netament falsa aquesta interpretació, és almenys comprensible, en vista de la seva declaració a favor de la novel·la. *Una generació sense novel·la* no proporciona pas tal justificació. Els subtítols de Riba a les dues parts de la seva conferència basten per a indicar la diferència radical entre les seves intencions i les de Sagarra. «Apologia de la nostra lírica» difícilment introduiria una demanda de novel·les. «En justificació de la por» és, tal com sona, una rèplica directa a la interpretació de Sagarra de «la por a la novel·la». Sospitem que la referència explícita de l'exordi de Riba ha induït alguns comentaristes a considerar-los, a tots dos, en harmonia:

> «Ara darrerament, Josep M. de Sagarra s'ha plangut de la misèria de la novel·la catalana; desimbolt i cellaarrufat Tirteu, ha preludiat un fogós *embatèrion* per fer seguir la nostra gent de lletres a la conquista de l'imponent gènere literari.» (314)

De fet, però, el to n'és prou irònic, i àdhuc despectiu. Així com aquesta actitud deu provenir de la rivalitat personal entre els dos autors,[119] tot el tema de Riba és una impugnació deliberada d'una causa de la qual Sagarra no és sinó un dels advocats defensors. En vista de la confusió que, encara, sembla envoltar *Una generació sense novel·la,* ja és hora de fer un examen detallat del seu veritable contingut i significació. I s'ha de fer, com confirma la primera ratlla de Riba, contra el teló de fons de tot el debat sobre la novel·la anterior a la seva intervenció.

El títol triat per Riba és colpidor i ple de suggestions, una de les raons per les quals ha estat apropiada per la crítica posterior. L'autor mateix fa servir conscientment aquestes suggestions. En quin sentit empra el vocable clau, «generació»? Evidentment, Riba pren la seva perspectiva des de la fita del quart de segle, com els col·laboradors de «La Revista», per a fer balanç d'una «generació».[120] Ara, el que fa és explotar l'ambigüitat d'un mot que pot significar un període de temps o un grup de contemporanis. Parla d'«aquest quart de segle [...] aquests vint o vint-i-cinc anys» (315). Però els equipara, sense cap mena de matisació, amb el «paisatge literari postmaragallià [...] la generació postmaragalliana, la generació mancada de novel·la» (314 i 316), és a dir, amb el Noucentisme. El que veiem és, tot simplement, la coneguda tàctica «generacional» dels noucentistes. El Noucentisme —i amb ell, el silenci de la novel·la— ve així a ocupar tot el primer quart de segle. Però la manera en què Riba qualifica la seva pròpia «generació» revela la falsificació inherent a aquest punt de vista. La «generació *post*maragalliana» no domina completament fins després del 1911. Riba, com a noucentista, vol passar per alt o, si més no, relegar al segle XIX una dècada d'esforços i d'experiències culturals.

Hom reconeix de seguida la contradicció. Ha passat, nogensmenys, a constituir un dels tòpics més sagrats de la crítica posterior. I els tòpics són sempre difícils de desarrelar.[121] No ens embranquem. La «generació sense novel·la» no és més que mitja «generació», de qualsevol costat que es miri, en qualsevol dels dos sentits amb què Riba utilitza el mot. És la facció noucentista, que no volgué i no pogué conrear la novel·la, i que, en nom de l'harmonia, intentà abolir una part vivent del patrimoni cultural. Però les novel·les del darrer Modernisme, per bo i per dolent, pertanyen integralment al panorama literari del segle XX, i sempre hi hauran d'ésser judicades. Cronològicament, la «generació sense novel·la» és un període de menys de quinze anys, del 1911 al 1925, que enclou l'auge del Noucentisme i una fase «subterrània» de la història de la novel·la catalana, encaixada íntimament amb la relació antinoucentista.

Havent posat en clar aquesta falsificació fonamental i algunes de les seves conseqüències, podem veure com el cos de l'argumentació de Riba s'orienta intrínsecament a la defensa del Noucentisme. Efectivament, la primera part de la seva conferència no fa gaire cosa més que tornar a afirmar, quasi sistemàticament, una sèrie de nocions que hem anat identificant aquí com les claus del programa literari del Noucentisme. La retòrica imponent ni les amaga ni les transforma.

El poeta comença per reiterar l'apologia de l'absència de la novel·la del panorama literari, en funció d'una estratègia deliberada d'abstenimient:

> «Que la por hi és ["la por a la novel·la"], ens sembla evident; però més aviat la celebraríem, àdhuc la propugnaríem, com un indici d'un benvingut sentit de responsabilitat en els literats catalans. Si aquesta bona por hagués existit per a refredar càndids entusiasmes poètics... avui no fóra compresa, o almenys no podria semblar que ho és, sota tantes condemnacions malhumorades i equívocament generals, conglobada amb els assaigs dels col·laboradors de "Joventut Catalana" i àdhuc amb els xarons refilets del Bloc Manelic.

»Ara, la tal por no és en ella mateixa una causa, sinó un efecte immediatament determinant de l'abstenció.» (314)

No hi sabem veure el famós «crit d'alarma» o «crida» als novel·listes, ni comprenem com tal invectiva s'hagi pogut interpretar en cap altre sentit que el d'una *Apologia de la nostra lírica.* Davant totes les manifestacions d'insatisfacció amb la torre d'ivori del Noucentisme, Riba segueix afirmant la transcendència absoluta de la Poesia:

«Més aviat ens inclinaríem a creure que en la nostra literatura ha predominat, en aquest quart de segle, la lírica, per una ordenació pregona de l'esperit català, tot ell adreçat cap a la seva total reafirmació [...] Hom veu que cal reconstruir molta cosa, amb modèstia i paciència, damunt fonaments pregons i amb material resistent: en primer lloc, la llengua literària [...] únicament els poetes haurien pogut crear el català literari.» (315)

I aquesta asserció dogmàtica és reforçada per un clam gairebé impacient que es faci justícia a les realitzacions del Noucentisme:

«Ha estat, doncs, la presa de possessió més profunda i més eficaç que un poble hauria pogut somiar en la seva renaixença. No reconèixer-ho a la poesia, especialment a la lírica, i més a la lírica postmaragalliana, fóra una injustícia; i és una impaciència, o una manca de fe, de dir-ne mal com d'una nosa per a l'adveniment de la novel·la: és com llançar improperis a la flor, per deler del fruit.» (316)

Quan el poeta declara a continuació que «l'actitud lírica i la novel·lística són, en principi, oposades, per a no dir incompatibles», per *lírica* hem de llegir *noucentista.* Ell mateix ho demostra.

Riba es manté, doncs, en oposició diametral al curs i a les conclusions de la controvèrsia del 1925. S'hi manté àdhuc en els punts de la seva conferència en què para atenció en les pressions específiques que vénen de la banda de la novel·la. Les seves respostes i maniobres repeteixen diverses tàctiques noucentistes ja desplegades per altres en una etapa molt anterior del debat. Conceptua, encara, la novel·la com un element anacrònic que calgué foragitar del cos cultural, tot admetent que no se li ha trobat un substitut:

> «De mica en mica el regionalisme, l'epopeia històrico-fantàstica, el drama romàntic, la narració rural, etc., esdevenen valors esgotats, per bé que no tots siguin substituïts degudament.» (315)

El sarcasme de «l'epopeia històrico-fantàstica» (juxtaposada, fixem-nos-hi bé, a vestigis de la fòbia antiruralista) és prou simptomàtic. Això no obstant, un dels propòsits de Riba és d'incorporar el minso repertori narratiu del Noucentisme en una imatge de normalitat i de continuïtat. La maniobra no té res d'original, i no fa sinó revelar, de nou, el nexe entre la prosa poètica del Noucentisme i la seva avortada novel·la:

> «En l'obra lírica hem aplegat, a Catalunya, un tresor d'experiències del llenguatge i de la sensibilitat utilíssim, si no indispensable, per a la creació novel·lística.» (316)

No és gens sorprenent, doncs, que *Les bonhomies* de Carner rebin la màxima atenció, tot i que Riba ha de reconèixer que «quant a la novel·la, són obra de trànsit» (319).[122] En l'obra de Duran Reynals —«una formidable lliçó indirecta als incauts improvisadors de novel·les»—, C. Soldevila, Martínez Ferrando, Alexandre Plana, Puig i Ferreter, Roig i Raventós, hi volen veure «aspectes diversos en una direcció de conjunt» (316). Tret de Puig i Ferreter —força incongruent en aquesta companyia— i (si volem) de Pla, es tracta d'un autèntic panorama de la prosa noucentista, en què, literalment, no hi ha lloc per a la novel·la. Es veu que hi ha un conflicte bàsic entre les dues parts de l'argumetació de Riba. Tot defensant el Noucentisme en nom de la poesia, malda per proposar-ne l'aportament beneficiós a la novel·la. Els efectes constrenyedors de tal mentalitat ja havien estat provats per l'experiència noucentista, i criticats per l'oposició en el debat sobre la novel·la. Com si s'adonés d'això, Riba intenta la impossible tasca de reconciliació des d'un altre angle:

> «Així, no es pot dir que la novel·la catalana no ha començat, sinó que ha finit un període preparatori d'ella,

el dels narradors —alguns de qualitat genial com Ruyra—, el període dels que *només al·ludeixen,* com ve a definir Ortega y Gasset, i s'ha d'obrir el de la veritable novel·la moderna, el dels creadors i presentadors de realitats psicològiques imaginàries.» (319) [123]

Ben mirat, són castells a l'aire. Les concessions que fa Riba a la causa de la novel·la, si semblaven generoses al primer cop d'ull, en realitat són molt condicionals i fetes a contracor. El seu deler és de preservar la intel·ligència, la sofisticació i la «cultura moral», enfront de la improvisació i enfront de la passió. En un mot, Riba no està disposat a sacrificar res de la interpretació noucentista de la cultura nacional. La seva conclusió n'és una demostració molt precisa. Tot desesperant d'una tradició novel·lística que considera perduda des del segle XV —una omissió històrica enorme—, mira, sense gaire optimisme, les possibilitats de la seva revifalla. Hi ha la possibilitat del geni, però —creu— hom no hi pot confiar.[124] Després d'això, només sap veure, cansadament, un sol recurs possible per tal d'aconseguir una tradició novel·lística autòctona a escala europea:

«Resta, en fi, el recurs del colgat: fer arrelar, en sòl catalanesc, una branca d'una novel·lística estrangera, fins a la seva independència. És el camí més curt, en certa manera l'únic; però amb totes les dificultats d'una creació, si es vol pervenir a una independència viva, fruitosa, nodrida de substàncies realment catalanes. Altrament, no fóra el tracte.» (320)

Podria estar descrivint les realitzacions de Narcís Oller o de diversos novel·listes del Modernisme, que van emprendre precisament tal implantació i naturalització d'influències estrangeres. Que el poeta no se n'adoni, o no se'n vulgui adonar, revela fins a quin punt és deformador el seu punt de vista, com si no comptessin en absolut tota polèmica i totes les reaccions culturals registrades des del 1917. La conferència de Riba, des del títol fins a la conclusió, projecta una imatge exagerada d'una ruptura de la tradició literària, imatge noucentista que ha perdurat cinquanta anys.

Heus aquí, doncs, *Una generació sense novel·la* i la seva posició en el debat. El seu missatge és completament perspicu, sempre que no vulgem demanar peres a l'om. La conferència de Riba és inequívocament una acció defensiva, feta per un noucentista sincer i impenitent que no vol veure les consecucions del moviment —la seva poesia, el seu llenguatge literari i la seva «cultura moral»— sacrificades en un canvi de clima cultural. Enfocar-la així és simplement un acte de justícia envers l'autor.

Com hem anat assenyalant, *Una generació sense novel·la* arriba com una contrarèplica tardana, quan està pràcticament conclosa la part principal del debat sobre la novel·la, quan la pilota ja és el camp dels novel·listes mateixos. Les consideracions de Riba, per tant, no tenen gaire ressonància.[125] Tanmateix hi ha una reacció declarada que procedeix, significativament, de la mateixa font que el terme «antinoucentisme».[126] Una veu dissident argüeix contra Riba, d'una manera que mostra que ha estat comprès el veritable sentit de les seves paraules:

> «"Una generació sense novel·la." Era aquest el títol que esqueia a la vostra conferència, amic Riba; però no era gens el que concordava amb la realitat. El veritable títol hauria estat: "La generació que no ha pogut fer una novel·la." I esbrinar-ne serenament les causes.»[127]

La crítica és encertadíssima, i la proposició que caldria «esbrinar serenament» les causes de la deficiència, encaixa perfectament amb la direcció del debat abans d'*Una generació sense novel·la.* En els primers mesos de 1925, les aportacions de Pi i Sunyer, de Sagarra, d'Estelrich i de Gaziel, prometien ésser les pedres angulars de l'anàlisi objectiva demanada per Domènec. El procés, però, queda aturat o, si més no, desviat després del 1925. El substitueix el mite, al centre del qual és situada *Una generació sense novel·la.* Coneixem ja les implicacions del mite i hem escatit, en aquestes últimes pàgines, l'origen dels seus temes principals. Havent col·locat en la perspectiva correcta les contribucions de Riba i Sagarra, podem procedir a esbrinar les arrels de la confusió tocant als papers d'aquests dos autors i a llur suposada influència en el ressorgiment de la novel·la. Convé examinar-los separadament.

La tergiversació del missatge de Riba i la idea que es tracta d'una convocatòria als novel·listes, s'originen justament en la recepció inicial d'*Una generació sense novel·la.* La textura densa dels arguments i de l'estil de Riba sembla haver desorientat o enlluernat àdhuc els seus antagonistes. Així Màrius Vidal, en la seva crítica severa de la conferència, parla nogensmenys del «procés que va anunciar per arribar a un estat de plenitud en aquest gènere literari».[128] Un comentarista més simpatitzant ho simplifica encara més, tot subratllant la suposició més negativa de Riba: «L'il·lustre professor estudia caires, nous encara, de la possibilitat de crear la novel·la catalana.»[129] Quan, més tard, s'imposa la necessitat d'explicar la represa de la novel·la en 1925 —un esdeveniment misteriós si és considerat fora del context total—, el recurs fàcil o instintiu, per bé que sense fonament objectiu, és de lligar les dues coses en una relació directa de causa i efecte:

> «Fins al moment que vibrà el crit d'alarma de Carles Riba, i sorgiren els exemples de Prudenci Bertrana, de Carles Soldevila, de Puig i Ferreter i dels altres novel·listes incipients que volgueren llançar-se per un camí gens fressat i del qual ja havien oblidat els guies.» [130]

I llavors hi ha una altra versió que inclou la figura de Sagarra:

> «L'any 1925, Carles Riba i Josep Maria de Sagarra, en sengles conferències [!], constataven el fet i donaven l'alarma. Llur avís tenia ressonàncies i ben aviat els novellistes madurs tornaven a aparèixer, i s'insinuaven noves valors entre els més joves.» [131]

En general, el nom de Riba ha tendit a desplaçar el de Sagarra com a protagonista principal, a causa, sens dubte, de la forma més duradora i la difusió més àmplia d'*Una generació sense novel·la.* Tanmateix, l'autor de *Paulina Buxareu* ocupa un lloc central en el mite de 1925, i sovint el seu nom sembla intercanviable amb el de Riba. El primer responsable d'aquesta confusió no és altre que el mateix Sagarra. Incapaç de dissimular el seu esbalaïment davant allò que considera una resposta meravellosa als seus articles d'abril i maig, l'autor proclama solament un mes després:

> «Fa quatre dies que jo mateix em queixava de la manca de novel·la i de l'excés de poesia. Aquell article meu

> ha tingut un èxit de comentaris i de rèpliques que m'enorgulleix i fins em fa tornar vermell. Però l'extraordinari del cas és que en pocs dies també ha començat a sortir prosa a tot arreu. Els nostres literats, igual que uns subtils prestidigitadors, s'han posat a treure prosa de les estilogràfiques com aquell que no fa res. Fins sembla que hi ha crisi de poesia.»[132]

La frase final acumula la ironia inconscient del conjunt. La increïble successió d'esdeveniments que Sagarra es creu, i que vol que el seu públic s'empassi, reclamava una comprovació, un escrutini immediat i minuciós, que —no cal dir-ho— l'hauria rebutjada de seguida. En comptes d'això, ha esdevingut un dels fonaments de la història oficial de la novel·la catalana. Convé posar els punts sobre les is. Als qui han continuat atribuint la recuperació de la novel·la, a partir del 1925, a la intervenció personal de Riba i/o Sagarra, fixant-se potser només en la primera línia d'*Una generació sense novel·la,* els ha calgut compartir la fe de Sagarra en la màgia, preferint la prestidigitació a la història vertadera.

Conclusió

Les novel·les del 1925 vénen a cloure, de manera eficaç, la «reflexió col·lectiva» posada en marxa arran del 1917. Però això, és clar, no vol dir que tots els problemes ja quedin resolts, ni que es deixi de parlar-ne de llavors ençà. Trobem que subsisteixen, naturalment, diversos temes i complexos sorgits en la depressió novel·lística. Els efectes de la crisi marquen pregonament l'obra posterior de Bertrana i Puig i Ferreter. Un autor format a l'escola noucentista, C. A. Jordana, confessant les seves vacil·lacions davant la perspectiva d'emprendre una novel·la, revela fins a quin punt és persistent la síndrome de «la por a la novel·la».[1] A l'esfera de la teoria i de la crítica, continua discutint-se la qüestió de la decadència de la novel·la catalana,[2] preocupació viva encara als anys trenta, quan, segons Triadú, «de tenir o de no tenir novel·la en fèiem un problema nacional».[3]

Del 1925 ençà, però, la situació de la novel·la catalana ha canviat i el destret extrem d'uns quants anys abans és ja sense cap dubte cosa del passat. Significativament, és Josep Carner qui ens en proporciona la indicació més clara. El 1928 acorre a defensar la validesa de la novel·la contra les escomeses d'una escola contrària, capitanejada pel crític francès Paul Souday.[4] Per a reblar la seva argumentació protectora, Carner addueix l'experiència, encara força recent, del Noucentisme: «La nostra literatura es donà vivament compte que no podia aspirar a un veritable to metropolità sense reeixides invencions novel·lístiques.» Es veu que ha estat ben apresa la lliçó de la necessitat de la novel·la. A la seva conclusió Carner al·ludeix a un nou estat de productivitat de la novel·la catalana que confirma aquesta confiança i actitud positiva: «Quantes de toleràncies, quantes de cordialitats, quantes d'enteses no ha d'ensenyar-nos encara la novel·la! I, em penso, tanmateix, que ho comença de complir!» Heus aquí la clau del canvi a què acabem de referir-nos. A partir del 1925, tota discussió sobre la novel·la, com a problema o no, es fa contra el fons d'una producció novel·lística relativament vigorosa i estable. Així, *Vida interior d'un escriptor* de Puig i Ferreter —una enquesta sobre la crisi, plasmada en una forma quasi narrativa— apareix entre *Servitud* (1926) i *El cercle màgic* (1929), dues obres que mostren ja fermament endegada la veritable vocació del novel·lista.

La collita del 1925 significa, doncs, molt més que una rara o passatgera coincidència. Inaugura la que ha estat qualificada com «una de les èpoques més brillants de la novel·lística catalana moderna».[5] La reviscolança inicial —ho hem vist— pertany als autors més vells. Però cap al 1935 ha sorgit un nou equip de talents originals —Llor, Trabal, S. Juan Arbó, Benguerel, Rodoreda, Villalonga—, una onada que s'estén des dels anys immediatament posteriors a la crisi fins als nostres dies. Són escriptors joves que van amb tota naturalitat a la novel·la, que no han sofert els complexos del 1900 al 1925, però que poden beneficiar-se plenament de les experiències d'aquell període. La nova situació produeix fins i tot un cicle de novel·les rurals —*El cercle màgic* i *Terres de l'Ebre*—[6] les quals, però, no tenen pràcticament res a veure amb el ruralisme (blanc o negre) modernista, ni han de témer la fúria anticomarcalista del Noucentisme. Així comencen d'ésser superats els efectes de la crisi. Es pot dir que el panorama de la novel·la catalana esdevé més complet i adquireix unes proporcions més equilibrades i naturals. Un cop restaurada aquesta normalitat, la pèrdua dels ex-novel·listes (Oller, Folch i Torres, Pous i Pagès, Fuentes, Miquel de Palol) pot atribuir-se simplement al pas del temps; Puig i Ferreter, Maseras i Bertrana esdevenen figures venerables amb un historial ple de tràngols; Soldevila, Pla i el jove Espriu, cada un dels quals manté a la seva manera la típica reserva noucentista envers la novel·la, segueixen camins que, ara, sabem que són marginals a la trajectòria central de la nova era de la novel·la catalana. Ja el 1925 una veu anònima havia declarat, profèticament, que «els joves literats catalans han passat molt enllà de l'art carnerià».[7]

Un corol·lari de la renaturalització i la progressiva prosperitat de la novel·la és el retorn de la crítica a una funció més normal. L'expansió de les publicacions periòdiques durant els primers anys de la República dóna ocasió als comentaristes per a registrar i valorar les manifestacions de l'activitat creadora. Encara que hom no pot pas parlar d'una escola de crítica coherent ni molt potent, hi ha senyals evidents d'una correspondència ben saludable i fèrtil entre la producció novel·lística, els gustos del públic i l'acció comunicadora de la crítica. Serrahima i Tasis en són exemples destacats, dos exegetes i defensors de la novel·la catalana, els quals, durant els anys trenta, fan debuts meritoris com a novel·listes.[8] *Una visió de conjunt de la novel·la catalana* (1935) de Tasis és encara la millor introducció i guia a la diversa activitat novel·lística durant la Dictadura i la República. Tanmateix, és un fet irònic que, com hem vist a la nostra Introducció, Tasis i Serrahima tenen una bona part de la culpa d'haver contribuït a la consolidació del mite d'«una generació sense novel·la». Tots dos van subratllar el caràcter provisional de llurs anàlisis inicials,[9] fetes quan els esdeveniments que examinaven eren encara molt actuals (i quan l'autoritat de Riba era fortíssima), però és que, fins quan la perspectiva històrica ho permetia, ni l'un ni l'altre no hi han fet les rectificacions fonamentals degudes. Han fet contribucions importantíssimes a l'estudi de la novel·la catalana moderna, però han deixat en peu el mite. Calia una aproximació nova per tal d'aconseguir una «visió de conjunt» de la novel·la catalana sobre la frontissa històrica del 1925.

Cap aquest any el gènere en català ha superat una pregona crisi de confiança, produïda per causes múltiples i interrelacionades. De totes aquestes, l'expurgació rigorosa que aplicà el Noucentisme als criteris culturals —amb la màxima prioritat concedida a la fixació de la llengua— resultà ésser la prova més dura per a la novel·la, en vista particularment de les posicions extremes a què havia arribat en les aventures precedents. La reconciliació entre el gènere novel·lesc i els agents de la purificació lingüística era una condició indispensable per a la continuació i modernització de tota una branca de la creació literària en català. La interrupció, dolorosa però relativament breu, de l'evolució novel·lística era el preu que les circumstàncies històriques exigien per a l'admissió a la fase cultural que s'estén fins avui. Amb la fermesa guanyada en aquesta experiència prèvia d'adaptació, la novel·la catalana és capaç de sobreviure a una altra solució de continuïtat, més greu i tot, que imposen, entre el 1939 i el 1949, els estralls de la guerra. Després, els novel·listes establerts (Rodoreda, Villalonga, Benguerel) i els debutants (M. A. Capmany, Pedrolo, Ferran de Pol, Sales... tota la promoció dels anys 60 i ara la dels 70) reprenen i rejoveneixen una tradició literària de ferma i provada permanència. «Una generació amb novel·la» ha succeït a «una generació gairebé sense poetes»! [10] Les denominacions són potser una mica efectistes, però assenyalen una veritat indiscutible: el vigor i la constància de la novel·la en la literatura catalana contemporània. No hi ha dubte que la continuïtat hauria estat molt menys segura, sense l'estabilitat d'un estat filològic en què —parafrasegem Sagarra— els novel·listes es troben resoltes les dificultats primàries i secundàries, i en què treballen amb una llengua treballada.

El 1925 veu també la confirmació d'un altre element de permanència, amb el descobriment que la novel·la, ultra ésser un component essencial de la normalitat cultural, és encara el gènere que ofereix més possibilitats mercantils. El debat sobre la novel·la conté el primer plantejament, públic, seriós i sostingut, del tema de la professionalització de la literatura catalana. El resultat de la discussió és un pas endavant en un procés lent i difícil, i encara actual. El reconeixement de la demanda pública, la franca deliberació de qüestions estètiques i econòmiques, preparen el terreny per al llançament de noves i sòlides empreses editorials. Després de la Biblioteca Catalònia i Edicions Diana vénen Edicions Proa, la col·lecció «Univers» i els «Quaderns Literaris» el negoci principal de les quals és la novel·la, mentre l'Editorial Barcino ve a ocupar un altre sector del mercat. La prosperitat novel·lística dels anys trenta és arrelada en un complex editorial que serveix —o explota— la receptivitat i les possibilitats de la cultura nacional, tal com foren concretades pels esforços de les dècades anteriors. Les condicions que aleshores van establir-se, són *mutatis mutandis* les que operen encara. Si, en un sentit, indiquen els límits dintre els quals la literatura catalana està condemnada per ara a moure's, també representen els mitjans més eficaços, en les circumstàncies actuals, d'abastar les necessitats culturals genuïnes d'un poble.

Aquestes darreres observacions ens confirmen que els problemes de la novel·la catalana en el període 1900-1925 no són aliens a la situació actual. Triadú ha analitzat l'equilibri precari de forces en què el novel·lista català contemporani ha de subsistir i treballar.[11] Les constants són òbvies: els problemes econòmics i socials bàsics, la importància dels premis, la manca de condició «oficial», la funció necessària de la traducció, com a font suplementària d'ingressos i com a accés a les invencions i experiments d'altres literatures. El novel·lista català, però, tindrà sempre una relació especialment estreta i sensitiva amb el medi cultural amb què es compromet per elecció conscient: la literatura catalana pressuposa un catalanisme literari,[12] i el llenguatge literari és el primer senyal d'aquest compromís. El novel·lista català actual afronta constantment la tasca de conciliar la llibertat creadora i les exigències de la versemblança, amb la seva responsabilitat envers la integritat lingüística.[13] El futur de la novel·la catalana, no menys que la seva història, és inseparable del destí de la llengua.

Notes

Advertiment: Fem constar el lloc de publicació únicament quan no és Barcelona.

SIGLES USADES EN LES NOTES

EPC	«El poble Català»
Guia	*Guia de literatura catalana contemporània* (a cura de J. Castellanos) 1973
LP	«La Publicitat»
LR	«La Revista»
LV	«La Veu de Catalunya»
OC	*Obres completes* o *Obra completa*
RC	«Revista de Catalunya»
SdO	«Serra d'Or» (segona època)

1. R. WELLEK i A. WARREN, *Theory of Literature*, Harmondsworth, 1968, pàgs. 252-69.
2. C. RIBA, *Una generació sense novel·la*, dins *OC*, vol. II, 1967, pàgs. 314-320. Analitzem el sentit i les ressonàncies d'aquest text en el nostre capítol IV, pàgs. 192-200, on es poden consultar també els detalls bibliogràfics.
3. L'apreciació corrent fins fa poc s'ha basat en J. F. RÀFOLS, *Modernismo y modernistas*, 1949, i en A. CIRICI I PELLICER, *El arte modernista catalán*, 1951. Es troben aproximacions a la literatura modernista en general o en alguns dels seus aspectes a: J. RUIZ i CALONJA, *Història de la literatura catalana*, 1954, pàgs. 512-16; A. MANENT, *Josep Carner i el noucentisme: vida, obra i llegenda*, 1969, pàgs. 35-8; A. TERRY, *La poesia de Joan Maragall*, 1963, pàgs. 37-55; J. M. CAPDEVILA, *Estudis i lectures*, 1965, pàgs. 159-68; R. PLANES, *El modernisme a Sitges*, 1969; G. DÍAZ-PLAJA, *Cataluña y el modernismo español*, dins *Modernismo frente a noventa y ocho*, Madrid, 1951, pàgs. 319-48 (versió catalana, *Notes sobre el modernisme a Catalunya*, dins *De literatura catalana* del mateix autor, 1956, pàgs. 141-93). Per a unes impressions de l'ambient modernista, veg. J. PLA, *Santiago Rusiñol i el seu temps*, 1955, i *Id.*, *Un senyor de Barcelona*, 1953. La imatge que donen aquestes interpretacions no és sempre clara ni consistent. La tesi de llicenciatura de J.-Ll. MARFANY, *«Modernisme» y sociedad: las principales líneas de fuerza del Modernisme, a través de la crítica modernista* (Universitat de Barcelona, 1967), esbossa, amb una metodologia estricta, una perspectiva més coherent sobre el tema. Les últimes aportacions de MARFANY (*Sobre el significat del terme «Modernisme»*, «Recerques», núm. 2 (1972), 73-91, *Reflexions sobre Modernisme i Noucentisme* (a propòsit de *Literatura catalana contemporània* de Joan Fuster), «Els Marges», núm. 1 (1974), 49-71, i *Problemes del Modernisme*, tres treballs que sortiran recopilats en un llibre, *Aspectes del Modernisme*, de pròxima aparició) i d'E. VALENTÍ FIOL (*El primer modernismo literario catalán y sus fundamentos ideológicos*, 1973) elaboren sistemàticament una visió que dissol molta de la confusió dominant en la crítica anterior. També són interessants els articles (de Cirici, Molas, Marfany, Romeu, Bohigas, Castellanos, Fuster i Fàbregas) reunits sota el títol d'*El Modernisme: en entusiasme*, a *SdO*, XII (1970), núm. 135, 37-77; les reflexions de J. FUSTER, dins *Literatura catalana contemporània*, 1972, 33-40; la tesi doctoral inèdita de J. M. MCCARTHY, *Catalan «Modernisme» and English Cultural*

Movements of the Nineteenth Century (Universitat de Cambridge, 1973).

4. *Cataluña y el modernismo español*, de DÍAZ-PLAJA és parcial i poc concret sobre els lligams entre Modernisme i *Modernismo*. Per als problemes de definició del *Modernismo* hispànic, veg. N. J. DAVISON, *The Concept of Modernism in Hispanic Criticism*, Colorado, 1966, i els assaigs recollits per H. CASTILLO en *Estudios críticos sobre el modernismo*, Madrid, 1968. Darrerament, VALENTÍ, *op. cit.*, pàgs. 15-28 i *passim*, ha portat més llum a aquesta qüestió.
5. CIRICI I PELLICER, *El arte modernista catalán*, pàg. 10. Veg. també: MANENT, *Josep Carner*, pàgs. 35-8; J. M. CASTELLET i J. MOLAS, *Poesia catalana del segle XX*, 1963, pàgs. 15-16; VALENTÍ, *op. cit.*, pàgs. 127, 143-4 i *passim*.
6. *Un senyor de Barcelona*, pàg. 169.
7. Aquest serà el procediment dels capítols I i II d'aquest estudi, on intentarem considerar l'heterogeneïtat del fenomen a través dels seus components diversos.
8. J. ALCOVER, *Rusiñol i el modernisme a Espanya* (1902), dins *OC*, 1951, pàg. 214. Per a una documentació crítica d'aquesta característica del Modernisme, veg. MARFANY, *«Modernisme» y sociedad*, pàgs. 18-19, i *Problemes del Modernisme.*
9. Per a variants d'aquesta cronologia, veg. RÁFOLS, *Modernismo y modernistas*, pàgs. 10-23; MANENT, *Josep Carner*, pàgs. 35-6; VALENTÍ, *op. cit.*, pàg. 18.
10. RÁFOLS, *op. cit.*, pàg. 11, parla d'un període de «terrorisme» entre 1893 (la bomba del Liceu) i 1909. Per aquest tema, veg. J. BENET, *Maragall i la Setmana Tràgica*, 1963; E. JARDÍ, *La ciutat de les bombes (el terrorisme anarquista a Barcelona)*, 1964.
11. Veg. J. M. de SAGARRA, *Memòries*, 1954, pàg. 165. Pla remarca que «el final de segle fou un moment acusat que els historiadors de la sensibilitat registren» (*Santigo Rusiñol i el seu temps*, pàg. 229).
12. Veg. J. PLA, *Francesc Cambó: materials per una història d'aquests últims anys*, vol. I, 1928, pàgs. 114 i ss., especialment 118-19, 209 i ss. J. VICENS VIVES al·ludeix al «miracle del 1901» (*Cataluña en el siglo XIX*, Madrid, 1961, pàgs. 304-8).
13. Veg. MARFANY, *«Modernisme» y sociedad*, pàg. 71; RÁFOLS, *Modernismo y modernistas*, pàgs. 7-8; VALENTÍ, *El primer modernismo*, pàgs. 179 i ss.
14. Veg. J. Ll. MARFANY, *«Joventut», revista modernista, SdO*, XII (1970), núm. 135, 53-6. Per a l'evolució de «L'Avenç», veg. VALENTÍ, *op. cit.*
15. Analitzarem en el nostre capítol II (més avall, pàgs. 61-80) aquest desenvolupament de la novel·la.

16. *Ideals nous per a la «Catalonia»*, «Catalonia», 25-II-1898, 8-12.
17. *Catalunya està malalta, EPC*, 22-II-1910. Per a la insistència sobre aquest tema, veg. MARFANY, *«Modernisme» y sociedad*, pàgs. 41-3.
18. *Nostre balans del sigle XIX* (sense signar), *LV*, 31-XII-1900.
19. E. d'ORS, *Amiel a Vic*, dins *Obra catalana completa: Glosari 1906-1910*, 1950, pàgs. 3-4. Des d'ara ens referirem a aquest volum amb les sigles *OCC*.
20. Per a les definicions del Noucentisme: M. SERRAHIMA, *Sobre el Noucentisme, SdO*, VI (1964), núm. 8, 7-9; J. FUSTER, *La deserció d'Eugeni d'Ors*, «Criterion» núm. 5 (*Ortega, D'Ors, Camus*), 1960, 73-100; *Id.*, *Notes per a una introducció a l'estudi de Josep Pla*, en *El quadern gris*, vol. I de l'*Obra completa* de Pla, 1966, pàgs. 11-83; *Id.*, *Literatura catalana contemporània*, pàgs. 142-73 i ss; CASTELLET i MOLAS, *Poesia catalana del segle XX*, pàgs. 15-39; J. M. CAPDEVILA, *Eugeni d'Ors: etapa barcelonina*, 1965, pàgs. 71-80 i *passim*; MANENT, *Josep Carner*, pàgs. 63-82 i *passim*; E. JARDÍ, *Eugeni d'Ors: vida i obra*, 1967, pàgs. 31-142.
21. CAPDEVILA, *op. cit.*, pàgs. 72-3.
22. En el nostre capítol III analitzem els motius i les conseqüències de l'actitud negativa del Noucentisme envers la novel·la.
23. Per a la ideologia política del Noucentisme, veg. J. SOLÉ-TURA, *Catalanisme i revolució burgesa: la síntesi de Prat de la Riba*, 1967. El caràcter polític del moviment és recalcat per Serrahima i per Castellet i Molas en les obres citades més amunt a la nota 20.
24. C. SOLDEVILA, *Del llum de gas al llum elèctric*, en *OC*, 1967, pàg. 1612.
25. Sobre la decisiva funció político-cultural de les *Normes*, veg. J. MIRACLE, *Pompeu Fabra*, 1968, pàgs. 437-526; J. V. FOIX, *Catalans de 1918*, 1965, pàgs. 19-43; els articles de J. COROMINES i altres, en *SdO*, V (1963), núm. 12; FUSTER, *Lit. cat. contemp.*, pàgs. 28-32, 159-60. Per a una explicació hostil, però que referma la importància crucial de la reforma lingüística, veg. M. GARCÍA VENERO, *Historia del nacionalismo catalán*, vol. II, Madrid, 1967, pàgs. 149-66.
26. «Els escriptors d'abans i de després de la reforma semblen formar part de dos mons diferents»: J. PLA, *Tres biografies*, *OC*, vol. X, 1968, pàg. 93.
27. MANENT, *Josep Carner*, pàg. 67.
28. «L'adveniment de la generació noucentista no torç el curs del corrent polític. En Prat ha vingut a demostrar-nos el camí»: ORS, *OCC*, pàg. 186. SOLÉ-TURA, en *Catalanisme i revolució burgesa*, segueix la síntesi pratiana des dels seus

orígens vuitcentistes. Pot esbrinar-se una continuïtat semblant en l'obra dels tres líders culturals del Noucentisme: veg. les biografies de Carner, Fabra i d'Ors ja citades. En tornem a parlar en el nostre capítol II, pàgs. 77-80.

29. Les tensions analitzades per E. JARDÍ en el seu estudi *Maragall i Ors. Dos temperaments. Dues generacions* (*SdO*, VI, [1964], núm. 8, 10-14), representen un conflicte més pregon que s'accentua sobretot al voltant del problema de la novel·la. Cf., però, les reserves de MARFANY (*Reflexions sobre Modernisme i Noucentisme*, 54) sobre la qüestió «generacional», i la discussió que en fem en el nostre capítol III, pàgs. 117-118 i, més avall, pàgs. 128-130.
30. Veg. CASTELLET i MOLAS, *Poesia catalana del segle XX*, págs. 17-35 i 51-2; MANENT, *Josep Carner, passim*; FUSTER, *Lit. cat. contemp.*, pàgs. 149-50.
31. Veg. MANENT, *op. cit.*, pàgs. 38-41 i 65.
32. «1906: veritable cant del cigne del Vuit-cents i, alhora, obertura d'una època radicalment nova» (CASTELLET i MOLAS, *op. cit.*, pàg. 17). Veg. J. FAULÍ, *Notes sobre l'any 1906*, 1973.
33. *Dos llibres, «La nacionalitat catalana» i la generació noucentista, «Enllà» i la generació noucentista, En resum*, publicats a *LV*, 27, 28, 29 & 30-VI-1906: citem aquí segons *OCC*, pàgs. 182-6.
34. La crítica moderna tendeix simptomàticament a datar de 1906 la publicació de *Solitud*: veg., per exemple, J. TRIADÚ, *Antologia de contistes catalans: 1850-1950*, 1950, pàg. 443; R. TASIS i MARCA, *La novel·la catalana*, 1954, pàgs. 39 i 45; MANENT, *Josep Carner*, pàg. 68. De fet, *Solitud*, després de la seva publicació serial a «Joventut» (1904-5), té dues edicions en 1905 i una tercera en 1909: veg. A. PALAU i DULCET, *Manual del librero hispano-americano*, vol. III. Aquesta petita disminució de la simetria cronològica no redueix, però, el valor simbòlic de la novel·la.
35. Veg. BENET, *Maragall i la Setmana Tràgica*, i J. C. ULLMAN, *The Tragic Week*, Harvard, 1968.
36. JARDÍ, *Eugeni d'Ors*, pàg. 130.
37. Sobre el 1917 com a punt crucial, veg. CASTELLET i MOLAS, *Poesia catalana del segle XX*, pàg. 51; MANENT, *Josep Carner*, pàgs. 179-80.
38. Veg. SERRAHIMA, *Sobre el Noucentisme;* CASTELLET i MOLAS, *op. cit.*, pàg. 53.
39. En el nostre capítol IV seguim el desenvolupament d'aquesta reacció, fins a l'aparició de l'*antinoucentisme*.
40. Veg. E. d'ORS, *Signe de Joan Maragall en la història de la cultura*, dins *OC* de Maragall, vol. I, 1960, pàgs. 1.253-5. Veg. també JARDÍ, *Eugeni d'Ors*, pàg. 130; i J. TRIADÚ, *L'art del geni-ficció*, *SdO*, IX (1967), núm. 10, 55-7.

41. En el nostre capítol III considerem detalladament la teoria i la pràctica noucentista de l'«antinovel·la».
42. Examinem la importància de *Jordi Fraginals* en el nostre capítol II, més avall, pàgs. 104-108.
43. En el nostre capítol IV examinem la funció de la novel·la i dels seus problemes com a catalitzadors d'una reacció cultural més àmplia.
44. *Eugeni d'Ors*, pàg. 78. *Cf.* MANENT, *Josep Carner*, pàg. 65.
45. WELLEK i WARREN, *Theory of Literature*, pàgs. 264 i 265.
46. *Ibid.*, pàg. 265.
47. *La novel·la i la narració*, dins *Un segle de vida catalana* (ed. F. SOLDEVILA), vol. II, 1961, pàg. 1.355.
48. *Història de la literatura catalana*, pàgs. 609-11.
49. Intentem, més avall, una aproximació a aquestes qüestions —particularment a la relació entre «prosa» i novel·la— respecte tant al Modernisme com al Noucentisme: veg., pàgs. 52-53, 75-77, 116-117, 120-129 i 163-168.
50. M. SERRAHIMA, *El problema de la novel·la catalana*, dins *Assaigs sobre la novel·la*, 1934, pàgs. 89-99; *Id.*, *Sobre el Noucentisme*, cit., 9; *Id.*, *L'obra completa de Carles Soldevila*, *SdO*, X (1968), núm. 2, 51-2; *Id.*, *La recerca d'una prosa literària*, dins *In memoriam Carles Riba*, 1973, pàgs. 355-61. GAZIEL, *Una època memorable*, pròleg a Narcís Oller, *Memòries literàries: història dels meus llibres*, 1962, especialment les pàgs. XXIV-XXVI. J. MOLAS, *Algunes característiques de la novel·la catalana moderna*, *SdO*, VIII (1966), núm. 3, 55-7; *Id.*, *La prosa narrativa*, dins *De Joan Oliver a Pere Quart*, 1969, pàgs. 73-4. Darrerament hi han contribuït J. FUSTER (*Lit. cat. contemp.* pàgs. 76-9, 165-6, 243-4, 263-4) i M. A. CAPMANY (*Els silencis de Caterina Albert*, epíleg a les *OC* de Víctor Català, 2a. ed., 1972, pàgs. 1.853-69).
51. *A propòsit del centenari de Prudenci Bertrana*, *SdO*, IX (1967), núm. 2, 53-4. Veg. també el pròleg del mateix crític a *Prudenci Bertrana per ell mateix*, 1967, pàgs. 10-14, i, posteriorment, les agudes reflexions de PERE GIMFERRER, *Prudenci Bertrana y la novela modernista*, «Destino», 3-II-1973.
52. *La vida i l'obra de Joaquim Ruyra*, pròleg a les *OC* de Ruyra, 2a. ed., 1964, especialment pàgs. 41-4.
53. Veg. les consideracions de R. TASIS i MARCA, en *La novel·la catalana*, pàgs. 30-70; de MANENT, en *Josep Carner*, pàgs. 225 i 234. Veg. també A. TERRY, *A Literary History of Spain: Catalan Literature*, Londres - Nova York, 1972, pàgs. 106-13, i les altres obres que citem en els nostres capítols I, II i III.
54. *El problema de la novel·la catalana*, pàg. 89.
55. M. SERRAHIMA, *Noventa años de novela*, «Ínsula», núm. 95 (1953), 14.

56. *Una visió de conjunt de la novel·la catalana,* 1935, pàg. 9. Veg., també del mateix autor, *Dificultats de la novel·la catalana,* «Pont Blau», núm. 67 (1958), 161.
57. *La novel·la catalana,* pàg. 50.
58. *Ibid.,* pàg. 52.
59. *Llegir com viure,* 1963, pàg. 28.
60. Pròleg a *Llengua i literatura* de Carles Riba, 1965, pàg. 11.
61. *Josep Carner,* pàg. 234. Cf. del mateix autor, *Carles Riba,* 1963, pàg. 43, on fa referència a un *article* de Riba i una *conferència* de Sagarra.
62. *Josep Carner,* pàg. 225. En *Record de Rafael Tasis: el crític literari, SdO,* IX (1967), núm. 1, 48, Manent insisteix en la «crida d'alarma» de Riba.
63. Veg., per exemple, O. CARDONA, *Han mort tres novel·listes,* «Plançó» (Zuric), V (1967), núms. 1-2, 2-4, on hi ha dues al·lusions a la influència de la «crida» de Riba a estimular els novel·listes a l'acció.
64. *La novel·la catalana,* pàg. 46. TRIADÚ (*loc. cit.*) no s'aparta aquí tampoc de les implicacions de Tasis. Una suposició semblant influí potser en les interpretacions de Fuster i de Ruiz i Calonja, els quals ometen o evadeixen, tots dos, de posar data a l'inici de l'«esterilitat» de la novel·la (veg. més amunt, pàgs. 17-18.
65. Si MANENT, en *Josep Carner,* rectifica la seva equivocació anterior (veg. més amunt, notes 61 i 62), Serrahima i Fuster, en canvi, semblen confondre més i més els detalls. Això es pot comprovar comparant les dues versions de Serrahima citades a les notes 54 i 55, i, també, mirant com Fuster, després de la seva justificada reserva sobre la influència de Riba i Sagarra (pàgs. 17-18), recau en els tòpics en una altra secció d'*Un segle de vida catalana,* vol. II, pàg. 1.370, i llavors, més recentment, en *Lit. cat. contemp.,* pàg. 244. Arthur TERRY, en *Catalan Literature,* pàgs. 102 i 119-20, esclareix els detalls, i, en certa manera, s'anticipa a algunes de les nostres conclusions.
66. El nostre capítol IV conté una examinació detallada d'*Una generació sense novel·la* i una explicació dels orígens i desenrotllaments de la seva influència falsificadora.

CAPITOL I: Les novel·les de la crisi (1)

1. Veg. MARAGALL, *Joan Sardà* (1899), *Oc,* vol. I, pàg. 876. A França la reacció contra el naturalisme zolesc és aparent des de 1891, data de l'*enquesta* d'Huret: veg. M. RAIMOND, *La crise du roman (Des lendemains du Naturalisme aux années vingt),* París, 1968, pàg. 36.
2. Ho subratlla S. BESER en el pròleg a N. Oller, *La societat catalana i la Restauració,* 1965, pàg. 7. Veg. també el recent

estudi «*Pilar Prim*» *de Narcís Oller* per M. SERRAHIMA, dins *Guia*, pàgs. 101-6.

3. «L'alba del segle XX m'atrapà en un estat de depressió moral terrible...»: OLLER, *Memòries literàries*, pàg. 337 (Citarem tot el passatge més avall, pàg. 30). Les *Memòries* testimonien la influència decisiva d'Yxart i Sardà en la vocació literària d'Oller, i llur relació no és gaire exagerada per Gaziel quan escriu que «sense Yxart i Sardà és probable que no hauria escrit gran cosa i ho haguera fet en castellà» (*Ibid.*, pàg. XIII).
4. Veg. S. BESER, *Leopoldo Alas, crítico literario*, Madrid, 1968, caps. I i IV.
5. «Decadentismo», en *Escritos* de J. SOLER i MIQUEL, 1898, pàg. 4.
6. «Plan de un prefacio para este tomo», *ibid.*, pàg. 231.
7. J. YXART, «Narciso Oller, *Vilaniu*», *El año pasado*, vol II, 1887, pàg. 259.
8. Veg. «*Paris*», *d'Émile Zola*, «Catalonia», 10-IV-1898, 57-62, Per als antecedents d'aquest moviment, veg. VALENTÍ, *El primer modernismo*, pàgs. 179-88.
9. Carta del 10-II-1904 a Víctor Català, en *OC* de Maragall, vol. I, pàg. 948.
10. *Sobre novelas* (1903), *OC*, vol. II, 1961, pàgs. 205-6.
11. Veg., per exemple, el pròleg de MARAGALL a *Contes d'un filòsof* (1908) de Diego Ruiz, *OC*, vol. I, pàgs. 836-7; el seu exagerat elogi d'Enric de Fuentes en la correspondència (*ibid.*, pàgs. 981-93) i en la ressenya d'*Estudis* (*OC*, vol. II, pàgs. 105-6); l'encoratjament ofert a Plàcid Vidal, segons les memòries d'aquest, *L'assaig de la vida*, 1934, pàgs. 265-6.
12. En *Sobre novelas*, Maragall parla de «*la novela propiamente dicha... la contemplación artística de la vida que contiene en sí, por sí sola, la mejor filosofía y la mejor moral y la mejor sociología*».
13. *EPC*, 4-XI-1907.
14. Veg. més avall en el nostre capítol II, pàgs. 81-90.
15. Veg. el pròleg de J.-Ll. MARFANY a Jaume Brossa, *Regeneracionisme i modernisme*, 1969, pàgs. 8-9; i J. PLA, *Cambó*, vol. I, pàgs 114 i ss, 209 i ss.
16. El document clau per als orígens del feminisme a Catalunya és, significativament, l'obra d'una novel·lista: D. de MONSERDÀ, *El feminisme a Catalunya*, 1907. Al mateix any «Ilustració Catalana» estrena el seu suplement per a dones, «Feminal», que és un bon indici de com s'estenia el feminisme «de bon to». Veurem més avall en aquest capítol com alguns novel·listes registren aquest fet moral i social.
17. *El porvenir de la novela*, *OC*, vol. V, Madrid, 1958, pàg 836.
18. He intentat aprofundir aquest tema en *Enric de Fuentes: novel·lista modernista*, «Recerques», núm. 1 (1970), 183-

97. En aquest capítol veurem en *Romàntics d'ara* un exemple de novel·la rosa «seriosa». Per a un desenvolupament similar en la novel·la castellana, veg. les introduccions de J. de ENTRAMBASAGUAS a *Las mejores novelas contemporáneas*, vols. IV-VI, 1959-60; i E. G. de NORA, *La novela española contemporánea*, vol. I, Madrid, 1958, pàgs. 383-8 i 426-8.

19. Hom constata, uns quants anys abans, un canvi semblant en la situació de la novel·la francesa: veg. RAIMOND, *La crise du roman*, pàgs. 106-14.

20. *Memòries literàries*, pàgs. 9-10. «Ilustració Catalana» de F. Matheu, fundada en 1902, és la primera temptativa comercial d'explotar el mercat del llibre català: veg. TASIS i MARCA, *Les edicions*, en *Un segle de vida catalana*, vol. II, pàg. 1.189.

21. «*La novela es un género destinado a un público, y cuando ese público no existe, no hay novela... porque entre el creador y su público ha de existir siempre un intermediario —impresor, editor— que sólo surge cuando posibilidades de lucro lo acucian... Sin la consideración atenta a este triángulo: autor, editor, público, es imposible hacer una historia de la novela en cualquier país de Europa o del mundo*»: J. F. MONTESINOS, *Introducción a una historia de la novela en España, en el siglo XIX*, València, 1955, pàg. 10.

22. Falten, que jo sàpiga, xifres dels tiratges d'aquestes empreses. La disponibilitat actual, en llibreries de vell etc., d'aquestes col·leccions, ensems amb referències documentades dels tiratges posteriors de l'Editorial Catalana (veg., més avall, pàg. 180), suggereixen edicions normals de prop de 2.000 exemplars. Comparant això amb l'esment fet per Oller d'edicions d'uns quants centenars d'exemplars, i amb els 4.000 o 5.000 d'alguns títols de l'Editorial Catalana, tenim alguna idea de la creixença del públic lector català entre el 1900 i el 1920.

23. El concurs de novel·les de la Biblioteca Popular de «L'Avenç», celebrat el 1904, adjudicà premis a (1) J. M. Folch i Torres, *Lària*, (2) E. de Fuentes, *Tristors* i (3) A. Calvet, *Sentiment*. Per a detalls, veg. «Joventut», núm. 216 (1904), 215. El primer concurs d'«El Poble Català» fou convocat el 1906 i adjudicat l'any següent, amb aquest resultat: (1) P. Bertrana, *Nàufrecs*, (2) J. M. Folch i Torres, *Aigua avall*, (3) A. Maseras, *Edmon*, (4) V. Oliva, *Eros-Christ* —veg. *EPC*, 30-IX i 24-X-1906, 12-IV-1907. *EPC*, 10-II-1908, anuncia un segon concurs: el núm. del 1-XI-1908 conté una llista de novel·les presentades al jurat, entre les quals figuren *Joan Endal* de Folch i Torres i *Camí de llum* de M. de Palol, ambdues publicades l'any següent a la Biblioteca d'«El Poble Català». No he trobat, emperò, cap notícia de l'adjudicació dels premis. El llibre de J. MIRACLE, *Josep*

Maria Folch i Torres, Tàrrega, 1971, que documenta les activitats de l'editorial, no esmenta aquest segon concurs. És una circumstància misteriosa que sembla confirmar que la fi del *boom* novel·lístic era ja visible al 1908.

24. Sobre aquesta degeneració i «bizantinisme» de la novel·la convencional, veg. R.-M. ALBÉRÈS, *Histoire du roman moderne*, París, 1962, pàgs. 54-6, 80-3 i 103-7.
25. *Memòries literàries*, pàgs. 337, 338-9.
26. M. SERRAHIMA, en *El món de Narcís Oller* (epíleg a les *OC* d'Oller, 1948), pàg. 1.486, veu en *Pilar Prim* un canvi «no pas en el procediment... sinó en l'objecte», però cf. el comentari del mateix crític, *«Pilar Prim» de Narcís Oller*, dins *Guia*, pàgs. 101-6, on se subratlla com en aquesta novel·la Oller trenca amb molts dels seus procediments anteriors. És molt significatiu que a *Pilar Prim* Oller abandoni el sistema que uneix les seves novel·les «naturalistes», el de la reaparició dels personatges: veg. S. BESER, *La novel·la d'un personatge sense novel·la: el Josep Rodon de Narcís Oller*, *SdO*, IX (1967), núm. 3, 53-8.
27. Sobre aquest *talent attendri* —les reserves de Zola respecte al naturalisme d'Oller— veg. M. de MONTOLIU, *L'obra de Narcís Oller*, pròleg a les *OC* d'Oller, pàgs. XVII-XX.
28. Sobre la llarga i dificultosa elaboració de *Pilar Prim*, que durà «quatre o cinc estius», veg. *Memòries literàries*, caps. XIII, XIV i XV. *LV*, 29-I-1899, informa sobre una lectura dels primers tres capítols de la novel·la.
29. OLLER, *OC*, pàgs. 691 i 636.
30. Veg., per exemple, la visita de Pilar al despatx d'en Deberga narrada en el cap. XIV, i cf. l'«immoralisme» d'aquestes pàgines amb la reticència d'Oller en els elements eròtics de *La papallona*.
31. *Ibid.*, pàg. 620.
32. Veg. SERRAHIMA, «*Pilar Prim*», pàgs. 104-5.
33. Examinem en el nostre capítol III, pàgs. 138-143 els factors culturals més amplis de la retirada d'Oller, i la importància de les seves reaccions.
34. *OC*, 1965, pàg. 9. Citem a continuació per aquesta edició.
35. Veg. el pròleg de BERTRANA a *Tieta Claudina*, *OC*, pàg. 72. Aquesta novel·la, titulada de primer *Ernestina*, escrita el 1909 i de to molt semblant a *Nàufrags*, es publicà en una traducció castellana en 1910, però no tingué cap edició catalana fins el 1929 (veg. nota editorial i bibliografia, *OC*, pàg. XII). La seva sort és representativa de la crisi de la novel·la catalana entre aquests anys. Considerarem en els nostres capítols III i IV, pàgs. 130-134 i 186-191 les reaccions de Bertrana davant la crisi.
36. MARAGALL va veure en ell «*un místico del amor humano*»: «*Estudis*», *de Enrique de Fuentes*, *OC* de Maragall, vol. II,

pàg. 105. Veg. el meu article esmentat més amunt en la nota 18.

37. L'única edició de *Romàntics d'ara* és del 1906, de la Biblioteca «Joventut» on figura al costat de Verdaguer, Maragall, Víctor Català i Ruyra, detall que assenyala el seu prestigi coetani.

38. *Romántichs d'ara*, 1906, pàg. 512.

39. RÀFOLS, *Modernismo y modernistas*, pàg. 198. Tornarem a mirar el cas de Fuentes en el nostre capítol III, pàgs. 137-138.

40. Els 7 primers capítols de *Desil·lusió* foren publicats a la segona època de «Catalonia» (núms. 1-11, 6-I-1900 - 17-III-1900), fet que lliga la novel·la encara més directament a l'evolució ideològica del Modernisme. La cronologia descarta la possibilitat d'una influència de *Sang nova* en la novel·la de Massó, malgrat unes semblances prou clares entre les dues obres.

41. *Desil·lusió* (2 vols.), 1904, vol. I, pàgs. 35, 37 i 176. A continuació citarem dins el text per aquesta edició.

42. Ballester —«un home model» (I: 166), «combinació feliç d'excursionista i d'home d'estudi» (I: 119— és una autoidealització transparent del mateix Massó i Torrents.

43. Sobre la funció del tradicionalisme rural en el nacionalisme conservador de Prat, veg. SOLÉ-TURA, *Catalanisme i revolució burgesa*, pàgs. 83-121 i 220-4.

44. S'imprimeix a la portada de *Desil·lusió* una llista molt suggestiva de títols: *El castellanista, El fabricant, L'artista, Ideal. EPC*, 1-V-1906, anuncia que *El castellanista* serà un dels primers quatre volums que estrenaran la seva Biblioteca, però es tracta un altre cop, com apunta J. MIRACLE (*Josep Maria Folch i Torres*, pàg. 213), d'una llista bastida damunt de promeses i de bona voluntat. Deixant a part el caràcter terminatiu de *Desil·lusió*, es veu que el projecte era massa ambiciós per al talent narratiu i imaginatiu mediocre que mostra Massó a la seva primera i única novel·la. Es troba més còmode en el camp íntim dels seus *Croquis pirinencs* (1896 i 1903).

45. TASIS i MARCA, *Una visió de conjunt*, pàg. 34; veg. també, del mateix autor, *La novel·la catalana*, pàgs. 56-8.

46. Ambdues foren presentades als concursos d'«El Poble Català» i van sortir en la seva Biblioteca: veg. més amunt, nota 23. MIRACLE, *op. cit.*, pàgs. 212-48, considera ensems les dues novel·les i en dóna una visió que complementa la nostra. El llibre de Miracle aporta dades biogràfiques de gran interès.

47. *Joan Endal*, 1909, pàg. 15; *Aigua avall*, 1907, pàg. 48. Les citacions del nostre text pertanyen respectivament a aquestes edicions.

48. Pròleg a *Joan Endal*, tercera edició, 1964, pàg. 12.

49. A *Aigua avall*, pàgs. 151-3, Folch introdueix explícitament el tema del feminisme, i s'hi permet alguns comentaris personals sobre el moviment.
50. Més tard, l'«odi» d'Agustí és associat directament amb el terrorisme anarquista, i el protagonista parla «d'acabar ab tot y ab tothom», pàgs. 211-3.
51. TASIS i MARCA, *Una visió de conjunt*, pàg. 35.
52. Després de l'explicació simplista que ofereix MIRACLE en el seu pròleg a *Antologia de «Pàgines viscudes»*, 1963, pàgs. 8-12, ha tornat a la qüestió, en la bibliografia citada més amunt, pàgs. 248-70, amb una perspectiva que comença a esbrinar la complexitat dels veritables motius de Folch i Torres. Tanmateix, ni MIRACLE ni SALES, *op. cit.*, pàgs. 17-20, no relacionen el cas de Folch i Torres amb tota la problemàtica de la novel·la catalana d'aquests anys.
53. Veg. MIRACLE, *Josep Maria Folch i Torres*, pàgs. 254-6, on es comenta la resposta del novel·lista a un article clau de Josep CARNER, *Amb motiu d'una novel·la*, *LV*, 4-VII-1908, en la significació del qual ens haurem de detenir més avall pàgs. 112-114.
54. Veg. A. COMAS, «Las otras *Pàgines viscudes* de Folch i Torres», dins *Ensayos sobre literatura catalana*, 1968, pàgs. 229-35.
55. No cal subratllar fins a quin punt aquesta comesa eclipsa l'obra novel·lística de Folch: veg. TASIS i MARCA, *Una visió de conjunt*, pàg. 34, i *id.*, *La novel·la catalana*, pàg. 58. Veg. també J. VILLALON, *J. M. Folch i Torres, l'escriptor que més ha fet llegir en català*, «Vida Nova», núm. 54 (1972), 37-42.
56. MIRACLE, *op. cit.*, pàg. 248, declara que «la no progressió de l'escriptor en la literatura obrerista o socialista no ve del fet que "l'experiència de *Joan Endal* li havia fet veure que els llibres catalans no tenien prou lectors" [l'argument de Sales], sinó de la sensació que els seus llibres havien caigut en el buit i que no havien despertat cap eco».
57. MIRACLE, *ibid.*, pàgs. 260-70, examina la posició de Folch i les seves reaccions davant els esdeveniments tràgics.
58. Veg. J. BENET, *Maragall i la Setmana Tràgica*. La reacció de la majoria dels intel·lectuals modernistes és un silenci esbalaït, i els llibres de Benet i Miracle ajuden a explicar-ho.
59. Els rumors que Folch tornaria a la novel·la pròpiament dita no s'havien de substanciar: veg. MIRACLE, pròleg citat, pàgs. 5-6, i *Josep Maria Folch i Torres*, pàgs. 302-6. Folch no participà a la represa novel·lística general després del 1925 per diverses raons —l'èxit d'«En Patufet», el temor al «pecat d'escàndol» (veg. MIRACLE, *loc. cit.*), i, més tard, la mala salut, la desil·lusió i l'ambient d'«antifolquitorrisme» dels primers anys trenta. Sobre aquest darrer fenomen, veg. SALES, *op. cit.*, pàg. 18; TASIS i MARCA, *Una*

visió de conjunt, pàg. 34; R. FOLCH i CAMARASA, *Bon dia, pare*, 1968, pàgs. 37-113; MIRACLE, *op. cit.*, caps. VIII i IX.

60. Emprem aquí el terme «antinovel·la» per a denominar una qualitat paradoxal de les ficcions de Rusiñol, de la novel·la modernista, i, ben mirat, de la tradició de la novel·la europea des de *Don Quixot*. La sentència de KERMODE (en *The Sense of an Ending*, Nova York, 1967, pàg. 131) «la història de la novel·la és una història d'antinovel·les» resumeix el sentit en què l'evolució del gènere es presenta com una sèrie de reaccions contra els tipus precedents de ficció, una busca constant de formes de mimesi més intenses i originals. Parteixen de tal concepte les reflexions pertinents de B. BERGONZI («The Novel No Longer Novel», dins *The Situation of the Novel*, Harmondsworth, 1972) i d'A. RODWAY («Modernism and Form in the Esthetic Novel», dins *The Truths of Fiction*, Londres, 1970) que mostren com les mutacions es precipiten en el segle XX. Veg. també J. STURROCK, *The French New Novel*, Londres, 1969, pàgs. 5-8. En el nostre capítol III, trobem l'«antinovel·la» en el seu caire més extrem, com una mentalitat literària que actua contra la producció i la continuïtat novel·lístiques.

61. NORA (*La novela española contemporánea*, vol. I, pàgs. 343-7) registra un fenomen semblant en la novel·la castellana coetània.

62. Veg. RÀFOLS, *Modernismo y modernistas*, pàgs. 65, 74, 154-5, i especialment 50-1 on es parla de «*otro modernismo, nostálgico, matizado, tremente, vagoroso, dulcemente quedo, amasado con el aire de París y con la tristeza de la vida bohemia y con la tristeza de la vida puramente terrenal*». Veg. també Josep PLA, *Santiago Rusiñol i el seu temps*, pàgs. 36, 103, 130, sobre aquesta tendència i sobre la popularitat persistent de l'humor costumista de Llanas i d'Aulés.

63. Veg. J. M. LÓPEZ-PICÓ, *Moralitats i pretextos: Barcelonisme*, *LR*, XI (1925), núm. 235, 195. RÀFOLS, *op. cit.*, pàg. 328, atesta la identificació de Josep Carner amb aquest aspecte del Modernisme i el seu deute a Vilanova: ho referma MANENT, en *Josep Carner*, pàgs. 108, 129, 160-1, 187, 199. A més de l'obra de Carner, el barcelonisme vestit ara de ciutadanisme és exemplificat en les *Sàtires* de Guerau de Liost, en *Història gris* de M. Llor i en *A l'ombra de Santa Maria del Mar* d'A. Plana.

64. Desenrotllem aquests temes en el nostre capítol II, pàgines 64-65 i 87-88.

65. C. SOLDEVILA (al pròleg a les *OC* de Rusiñol, 2a. ed., 1956, pàg. 18) considera que aquest escriptor pertany només «parcialíssimament» al Modernisme, però la majoria dels comentaristes li atribueixen un paper més central i més subs-

tancial. Veg. J. PLA, *op. cit.*, pàgs. 13-14, 96, 147, 155, 179; A. MANENT, *op. cit.*, pàgs. 37-8; R. PLANES, *El modernisme a Sitges*, pàg. 39; J. FUSTER, *Literatura catalana contemporània*, pàg. 99; E. VALENTÍ, *El primer modernismo*, pàgs. 302-18.

66. L'actitud de Rusiñol s'adiu curiosament amb la clàssica definició d'antinovel·la exposada per J. P. SARTRE (al prefaci a *Portrait d'un inconnu* de N. Sarraute, segona ed., París, 1956, pàg. 7): «*Il s'agit de contester le roman par lui-même, de le détruire sous nos yeux dans le temps qu'on semble l'édifier... Ces ouvrages étranges et difficilement classifiables ne témoignent pas de la faiblesse du genre romanesque, elles marquent seulement que nous vivons à une époque de réflexion et que le roman est en train de réfléchir sur lui-même.*»

67. Veg. RÁFOLS, *op. cit.*, pàg. 65; PLA, *op. cit.*, pàgs. 36, 83-5, 103, 130; SOLDEVILA, *op. cit.*, pàg. 14; E. JARDÍ, *Història de Els Quatre Gats*, 1972.

68. L'esperit que inspirà les *Festes modernistes* i l'extrem idealisme romàntic d'una obra com *L'alegria que passa* prenen un caire diferent a partir del canvi de segle, quan el Rusiñol humorista comença a capgirar i a parodiar actituds que abans semblaven conviccions. Afirmar que això significa la fi del Modernisme, com ho fa PLANES (*op. cit.*, pàg. 16 i ss.), és una exageració de la representativitat de Rusiñol.

69. F. FORMOSA, «*L'auca del senyor Esteve*», *de Santiago Russinyol, Guia*, pàg. 183. Veg. també SOLDEVILA, *op. cit.*, pàg. 26; PLA, *op. cit.*, pàgs. 275-88; J. M. POBLET, *Vida i obra literària de Santiago Rusiñol*, 1966, pàgs. 36 i 93; R. LLORENS, *Com han estat i com som els catalans*, 1968, pàgs. 159-66; FUSTER, *Lit. cat. contemp.*, pàgs. 101-2.

70. Crítica anònima en «Ilustració Catalana». 16-VI-1907. RAIMOND, *La crise du roman*, pàgs. 53-4, relaciona exemples d'un fenomen semblant amb la crisi de la novel·la francesa en la dècada dels 1890. En el nostre capítol II, pàgs. 74-75, trobarem més exemples de novel·les més o menys innovadores, que rebutgen l'etiqueta «novel·la».

71. Veg., en general, MARFANY, «*Modernisme*» *y sociedad*, pàgs. 72 i 80-4, i, sobre aquest aspecte de *L'auca*, FUSTER, *loc. cit.*

72. RUSIÑOL, *OC*, pàg. 517.

73. *Santiago Rusiñol i el seu temps*, pàg. 255.

74. Veg. CIRICI I PELLICER, *El arte modernista catalán*, pàgs. 58-9, per a una discussió de la ubiqüitat i la significació del pallasso, el gitano, el pobre i l'emigrant en la pintura modernista. El tractament de la vida bohèmia en les novel·les de Rusiñol és com una desmitificació de l'entusiasme i la convicció idealista d'obres seves anteriors (*L'alegria que passa, Els caminants de la terra*, per ex.).

75. Veg. DÍAZ-PLAJA, *Cataluña y el modernismo español*, pàgs. 325-6, i *Id.*, *El poema en prosa en España*, 1956, pàgs. 45-9; VALENTÍ, *El primer modernismo*, pàgs. 303 i 306; FUSTER, *Lit. cat. contemp.*, pàg. 99.
76. PLA, *op. cit.*, pàg. 201.

CAPÍTOL II: Les novel·les de la crisi (2)

1. Veg. MARAGALL, *Joan Sardà*, *OC*, vol. I, pàgs. 875-9; SOLER i MIQUEL, «Nuevo misticismo», dins *Escritos*, pàgs. 229-30. Recordem les quatre *gloses* influents de Xènius citades en la nota 33 de la nostra Introducció. Veg. també, A. TERRY, *La poesia de Joan Maragall*, pàg. 38; MANENT, *Josep Carner*, pàgs. 35-8.
2. Veg. J. FOLGUERA, *Les noves valors de la poesia catalana*, 1919, pàg. 21; MARFANY, *«Modernisme» y sociedad*, pàg. 18.
3. *The Romantic Agony*, publicada per primera vegada el 1933. Emprem ací la tercera impressió de l'editorial Fontana, Londres-Glasgow, 1966. El nostre deute al treball de PRAZ és tan gran com indiquen referències concretes subsegüents i la nostra apropiació del seu títol per a denominar un tret marcat del Modernisme.
4. Sobre la «sensibilitat apocalíptica» i els conceptes de Decadència i Renovació, veg. F. KERMODE, *The Sense of an Ending*, Nova York-O.U.P., 1967, pàgs. 3-31, i, *id.*, «The Modern», dins *Continuities*, Londres, 1968, pàgs. 1-32.
5. *The Romantic Agony*, pàg. 415: traduïm de l'anglès.
6. Sobre els escrúpols posteriors de Folch respecte a la «immoralitat» de les seves novel·les realistes, veg. el pròleg de MIRACLE a *Antologia de «Pàgines viscudes»*, pàg. 8.
7. G. HOUGH, *The Last Romantics*, Londres-Nova York, 1961, pàg. 53: traduïm de l'anglès.
8. *Gabriel D'Annunzio*, «Catalonia», 30-VI-1898, 145-51; 15/31-VII-1898, 171-80; 15/31-VIII-1898, 189-200; 15/30-IX-1898, 222-8. RÀFOLS (*Modernismo y modernistas*, pàg. 186), que parla de la influència artística i moral de D'Annunzio, esmenta sense precisions aquests articles importants.
9. Article del 30-VI-1898, 145.
10. *Ibid.*, 15/31-VII-1898.
11. Això es palesa, per exemple, en les modificacions introduïdes per Oller en el desenllaç de *La papallona*: veg. W. H. SHOEMAKER, *Una amistad literaria: la correspondencia epistolar entre Galdós y Narciso Oller*, *BRABLB*, XXX (1964), 267-8. Joaquim RUYRA, inventor d'una teoria del realisme «moral» basada en la seva aversió al naturalisme, compendia i prolonga tal mentalitat: veg. més avall, en aquest capítol, pàg. 101.

12. *«Els sots feréstecs», de Raimon Casellas, Guia*, pàgs. 62-74; *Reflexions sobre Modernisme i Noucentisme*, 65.
13. *Mes haines* (1866), citat per PRAZ, *The Romantic Agony*, pàg. 344.
14. *El arte modernista catalán*, pàg. 57. Sobre aquesta conciliació de la sensibilitat «exquisida» i el realisme, veg. també KERMODE, «The Modern», pàgs. 1-2.
15. PRAZ, *op. cit.*, pàg. 341. Veg. també HOUGH, *The Last Romantics*, pàgs. 23-32.
16. *Nàufrags* fou escrita, en part, abans de *Josafat*: veg. el pròleg d'Aurora BERTRANA a les *OC* de Bertrana, pàg. XXVII. Salta a la vista que *Josafat* és una obra més madura, tècnicament i estilística.
17. P. BERTRANA, *Josafat*, dins *OC*, pàg. 718: citem a continuació per aquesta edició. La recent edició de *Josafat*, publicada a «Antologia Catalana» a cura d'E. Sullà, és precedida d'un estudi crític, les conclusions del qual no tenen pràcticament res a veure amb la nostra interpretació de l'obra.
18. M. de PALOL, *Camí de llum*, 1909, pàg. 146: continuem citant per aquesta edició.
19. L'aprensió de Maragall davant el tema incestuós de la novel·la és bastant reveladora: veg. *Cartes de Maragall i Costa i Llobera a Miquel de Palol, SdO*, XI (1969), núm. 115, 56-8. F. Rodon, el director d'«El Poble Català», en una carta datada el 27-XII-1908, demanà que «es retoqués un petit fragment eròtic» de la novel·la. (Agraïm als hereus de Miquel de Palol llur gentilesa a facilitar-nos la consulta d'aquest i altres documents inèdits.)
20. *Camí de llum*, pàgs. 84-91. L'episodi és molt semblant al tema de la narració «Sacrifici», publicada a *Llegendes d'amor y de tortura*, Palafrugell, 1909.
21. Puig i Ferreter escriu a Palol en una carta (inèdita) del juny de 1909: «Se us deu felicitar, no pas per l'obra en si, al meu pobre entendre, sinó per la gran bellesa de molts dels trossos.»
22. Veg. la nota 23 del nostre capítol I. És molt simptomàtic que *Camí de llum* ni s'esmenta a *Literatura catalana contemporània* de Joan Fuster. Actualment n'estem preparant una edició per a «Antologia Catalana», la qual esperem que contribuirà una mica a rectificar omissions d'aquestes.
23. A. MASERAS, *Edmon*, 1908, pàg. 163.
24. Veg. TASIS i MARCA, *Una visió de conjunt...*, pàg. 58.
25. Sobre «Bizanci» i la mentalitat d'apocalipsi traduïda a un escenari històric decadent, veg., *The Romantic Agony*, pàgs. 416-20. Maseras és, que sapiguem, l'únic a conrear aquest tipus de novel·la històrica: el seu *Ildaribal* (1915) repeteix la fórmula de *L'adolescent* canviant en mediterrani l'escenari. TASIS i MARCA (*loc. cit.*, i *La novel·la catalana*, pàg. 59) hi esbrina les influències exòtiques de Sienkiewicz i

Pierre Louys. La novel·la històrica llarga, per decadentista que sigui, no s'avé gaire amb les darreres evolucions de l'estètica modernista. Altres autors (Casellas, Fuentes, Gener, Palol, Vinyes i Víctor Català) escriuen «llegendes» històriques curtes, simbolistes o pre-rafaelites (veg. el pròleg de J. Castellanos a R. CASELLAS, *«La damisel·la santa» i altres narracions,* 1974). És una faceta interessant de la prosa modernista, i al·ludim més avall en aquest capítol a la seva relació amb l'evolució de la novel·la.

26. V. OLIVA, *Eros-Christ,* 1908, pàg. 225.

27. *Les promeses amigues* (1910); *La cançó dels herois* (1914); *Infinit* (2 vols., 1917). El mateix VIDAL (*L'assaig de la vida,* pàg. 248) ens diu que la trilogia ja era acabada en 1908, i conta a continuació les dificultats que tingué a trobar un editor per a aquests llibres.

28. Maragall va veure en *Les promeses amigues* «una novel·la sentimental, un somni de poeta... més que no pas obra d'un novel·lista» (*L'assaig de la vida,* pàg. 266), mentre que el títol que posà Vidal a la trilogia enclou la característica resposta de l'«antinovel·la» a tal crítica (molt semblant a l'explicació que Unamuno farà a *Niebla* del concepte original de la seva *nivola*). D'altra banda, però, l'autor del *Romanç* s'afanya per recalcar el «realisme» de la seva obra: reconeix que la seva no és pas «una novel·la de costums o de les que s'avenen en tot exactament a les regles de la vida pràctica», però insisteix que «no ha creat cap personatge que no tingui totes les probabilitats d'existir en el món de la realitat, i que tots els episodis que constitueixen el present romanç se desenrotllen dins els límits de lo possible». —*Infinit,* vol. II, pàg. 198. Hem de concloure que el bon senyor anava força despistat.

29. *Infinit,* vol. I, pàg. 74. Veg. el comentari de M. de MONTOLIU a *La cançó dels herois* («La Vanguardia», 4-XI-1915): «*El poeta no es el que crea una obra contemplando la vida, sino el que vuelve a crear la vida* viviéndola *en toda su intensidad.*»

30. *The Last Romantics,* pàg. 113.

31. Veg. RAIMOND, *La crise du roman,* pàgs. 65-8, i cf. W. C. BOOTH, *The Rhetoric of Fiction,* Chicago, 1961, pàgs. 62-3.

32. RUIZ i CALONJA (*Història de la literatura catalana,* pàg. 610) subratlla la necessitat de revaloritzar aquest aspecte del Modernisme, i RÀFOLS (*Modernismo y modernistas, passim*) esmenta molts noms i fa unes quantes observacions soltes. Un estudi seriós de la prosa literària modernista hauria de furetejar en les revistes principals de l'època (veg. MARFANY, *«Joventut», revista modernista*), a més de posar esment en reculls com *L'ardenta cavalcada* (1909) de Ramon Vinyes, *Llibre del dolor* (1903) de Jacinto Capella, *Contes d'un filosoph* (1908) de Diego Ruiz, etc.

33. Així J. TRIADÚ (*Antologia de contistes catalans*, pàg. XI) veu «una gran literatura en marxa» a partir de l'època modernista.
34. Jaume BROSSA, citat per Josep PLA, a *Santiago Rusiñol i el seu temps*, pàg. 157: citat també per CIRICI I PELLICER (*El arte modernista catalán*, pàg. 51) el qual sembla sobreestimar la importància de la *paraula viva* en aquesta qüestió. Sobre la consciència dels modernistes dels problemes lingüístics, veg. MARFANY, *«Modernisme» y sociedad*, pàgs. 52-4, i *Reflexions sobre Modernisme i Noucentisme*, 56.
35. CIRICI I PELLICER, *loc. cit.*
36. Veg. MANENT, *Josep Carner*, pàgs. 41-5.
37. *Ibid.*, pàg. 130. Aquesta obra era considerada com una mena de novel·la pel mateix Carner i per altres; veg. VIDAL, *L'assaig de la vida*, pàg. 364.
38. MANENT, *loc. cit.*; veg. també M. SERRAHIMA, *La prosa de Josep Carner*, *OC* de Carner, 1968, pàg. 817.
39. Prosseguim en els nostres capítols III i IV l'evolució de l'actitud carneriana envers la novel·la.
40. *La fi de l'Isidro Nonell*, publicat a «Pèl i Ploma», vol. III (1902), núm. 84, 248-53. Sobre els començaments literaris d'Ors com a modernista i sobre altres obres de la mateixa vena, veg. JARDÍ, *Eugeni d'Ors*, pàgs. 31-46. Sobre l'Ors novel·lista modernista, veg. DÍAZ-PLAJA, *Cataluña y el modernismo español*, pàgs. 331-4; sobre la influència de D'Annuncio, veg. CAPDEVILA, *Eugeni d'Ors*, pàgs. 29-30.
41. Veg. CAPDEVILA, *op. cit.*, págs. 26-7; JARDÍ, *op. cit.*, pàgs. 124-6.
42. «Llibre romàntic, l'angúnia pànica l'habita; revers de la medalla que ostenta, al dret, l'efígie arquetípica, angèlica, a força de classicisme, de Teresa, la Ben Plantada.» —pròleg (1935) a *Gualba, la de mil veus*, 1946, pàg. 11. Veg CAPDEVILA, *op. cit.*, pàgs. 33-7.
43. Veg. PRAZ, *The Romantic Agony*, pàg. 347.
44. Pròleg a *Gualba*, pàgs. 9-11.
45. *Ibid.*, pàg. 11.
46. Veg. TASIS i MARCA, *Una visió de conjunt...*, pàgs. 9-10 i 111, i *id.*, *La novel·la catalana*, pàg. 41; GAZIEL, pròleg a *Memòries literàries* d'Oller, pàgs. X-XI; FUSTER, *La novel·la i la narració* dins *Un segle de vida catalana*, vol. II, pàgs. 912-9; A. ESCLASANS, *Del paisatge com a element literari*, *LR*, XI (1925), núm. 234, 180-1; O. SALTOR, *Les idees literàries en la Renaixença catalana*, 1934, pàgs. 131-5; FUSTER, *Lit. cat. contemp.*, pàgs. 80-1 i ss. Els citats treballs de Marfany serveixen de contrapès a la visió «monolítica» més o menys prevalent a la crítica anterior.
47. Es tracta, evidentment, de la reacció del Noucentisme, la qual examinem més avall en el nostre capítol III.
48. Incloem un parell d'obres representatives anteriors al 1900

perquè, segons veurem, les qüestions de continuïtat són molt importants en el fenomen de la novel·la rural. La terminació al 1911-12 no és pas artificial. Una obra com la trilogia d'E. GIRBAL JAUME, *L'agre de la terra* (*Oratjol de la serra*, 1919; *La estrella ab cua*, 1919; *La tragedia de ca'l Pere Llarch*, 1923) és l'excepció que confirma la regla, tot fent veure el ruralisme modernista com un anacronisme fora del seu propi àmbit cultural. La llista comprèn els exemples més importants de narracions curtes, etc. rurals, ja que hem de considerar com es concentra, en la literatura ruralista, l'acció recíproca entre novel·la i formes curtes. Es constata coetàniament a les Balears un creixement de literatura costumista rural que reflecteix algunes de les tendències més primitives de la narració ruralista peninsular: veg. J. M. LLOMPART, *La literatura moderna a les Balears*, Mallorca, 1964, pàgs. 61-7, 103-29.

49. MARAGALL identifica una «*escuela ampurdanesa*» que descriu així: «*Se caracteriza esta escuela, en cuanto a su espíritu, por su naturalismo algo violento y propenso a lo trágico; en cuanto a asuntos, por su ruralismo; y en cuanto a estilo, por su claridad y energía plástica.*» («*Per la vida*», *de J. Pous y Pagés, OC* de Maragall, vol. II, pàgs. 252-3). Per a la teoria emergent del ruralisme, veg. M. de MONTOLIU, *Sobre ruralisme, EPC*, 3-VIII-1907; A. BUSQUETS i PUNSET, *Impressions literarias*, «Joventut», núm. 11 (1900), 170 —números 135 i 146 (1902), 606-7 i 764-5; J. POUS i PAGÈS, pròleg a *Empordaneses*, 1905, pàgs. I-VI. El document clau, però, és el pròleg de VÍCTOR CATALÀ a *Caires vius*, que examinarem més avall en aquest capítol.

50. Eugeni d'ORS, *OCC*, pàgs. 973-5 (publicada primer a *LV*, 5-III-1909).

51. Mentre no disposem d'un estudi especialitzat del tema, ens han de semblar *prima facie* vàlides per a la història de la novel·la catalana les interpretacions de J. F. MONTESINOS exposades a *Costumbrismo y novela* (València, 1960) i als seus treballs sobre Pereda i Fernán Caballero.

52. A propòsit de *Sang nova* de Vayreda (*LV*, 17-V-1900), J. MORATÓ declara que «l'art no és altra cosa que aqueixa vida y aqueixa naturalesa vistas a través d'un temperament», manllevant la definició de Zola, però emprant el mot «naturalesa» amb un implícit exclusivisme rural. L'associació queda ben explícita en aquesta sentència d'un crític anònim de la «Ilustració Catalana» (31-I-1904): «Els nostres bons prosadors se distingexen per sentir vivament la naturalesa, complaventse en descríurela ab una fidelitat que sembla filla d'una vera adoració... enamorats de l'impressió directe de la vida del camp y de sos espectacles naturals.» Carles Riba, anys després, puntualitza: «El naturalisme ha tingut entre nosaltres —potser no per gaire cosa

més que per l'equívoc del mot— les seves manifestacions més agudes en el ruralisme i en el marinisme» (*Escolis i altres articles, OC*, vol. II, pàg. 146).

53. Així mateix trobem, al voltant del 1906, moltes reedicions d'obres d'autors renaixentistes, com Genís i Aguilar, Pin i Soler i, naturalment, Verdaguer. Veg. l'article de PIN i SOLER sobre Víctor Català, a «Joventut», núm. 144 (1902), 737.
54. MARFANY, *«Joventut», revista modernista*, 54. Veg. també *id.*, *«Modernisme» y sociedad*, pàgs. 62-3; SOLÉ-TURA, *Catalanisme i revolució burgesa*, pàgs. 83-121, 213-24; FUSTER, *La novel·la i la narració*, pàg. 913.
55. *Entenem-nos, OC* de MARAGALL, vol. I, pàg. 764. Veg. també les cartes de Maragall a Corominas (29-X-1902) i a Víctor Català (11-III-1903): *ibid.*, pàgs. 958 i 941.
56. SOLÉ-TURA, *loc. cit.*
57. M. SANTS OLIVER, *Víctor Català: «Solitut»*, «Ilustració Catalana», 4-VI-1905; publicat també dins *Obres catalanes*, vol. IV, s. d., pàgs. 68-74.
58. A. BUSQUETS i PUNSET, *Impressions literarias*, «Joventut», núm. 149 (1902), 827-8. Veg. MARFANY, *«Joventut», revista modernista.*
59. A «Joventut», núm. 146 (1902), BUSQUETS declara que *Lo beneyt y la porqueyrola* «pot presentarse com a model de novelas rurals, y ademés com a model de ben dir». La seva avaluació de *Sang nova* (*ibid.*, núm. 11, 1900) es limita gairebé exclusivament a consideracions sobre la qualitat de la prosa.
60. Veg. més amunt, pàg. 30. Veg. també les consideracions de J.-Ll. MARFANY sobre l'estil «mascle», a *«Els sots feréstecs» de Raimon Casellas, Guia*, pàgs. 65-6.
61. BUSQUETS i PUNSET, *Impressions literarias*, «Joventut», núm. 135 (1902).
62. Els novel·listes rurals sovint semblen ésser els agents del corol·lari ètic de la *paraula viva*: «Apreneu a parlar del poble... Apreneu dels pastors i dels mariners.» (*Elogi de la paraula, OC* de Maragall, vol. II, pàg. 665). Això explica la importància general atorgada al diàleg i al dialecte en la novel·la rural. Ens deturarem en un exemple concret i força significatiu de *Solitud*, més avall en aquest capítol, págs. 97-99.
63. Prenem la definició de MARAGALL, de l'article *«Per la vida» de J. Pous i Pagès*, citat més amunt a la nota 49. Encara està per fer, que sapiguem, un estudi ponderat de l'aportació dels ruralistes al llenguatge literari modern. La figura de Ruyra, de moment, tendeix a eclipsar les molt positives contribucions de Vayreda, Casellas, Víctor Català i Bertrana.
64. Veg. les *Notes bibliogràfiques* de «Joventut», núms. 233 i 243 (1904), 483-4 i 664; núms. 257 i 271 (1905), 35-6 i 260. Una

crítica sense signar d'*Empordaneses* i *La nonada* a *LV* 16-VII-1905, remarca que «s'ha iniciat entre certs intelectuals el despreci a la literatura forana». Contra el que diu MARFANY (*«Joventut», revista literària*, 56), creiem que és impossible separar els dos moviments. Considerarem els orígens i el desenvolupament de la reacció noucentista més avall, en el nostre capítol III, pàgs. 109-113.

65. TASIS i MARCA, *La novel·la catalana*, pàg. 46.
66. Citem per la primera edició de *Cayres vius*, publicada per la Biblioteca «Joventut», 1907. (Aquest pròleg, omès de la primera edició «incompleta» de les *OC* de Víctor Català, 1951, es pot consultar, ara, a la segona edició, 1972, pàgs. 595-607.) L'escriptora es refereix (pàg. IX) a «la naixent campanya contra'l ruralisme», és a dir, al complex moviment de reacció que esmentem més amunt, a la nota 64 i al lloc corresponent del text.
67. M. SERRAHIMA, pròleg a R. Casellas, *Les multituds*, 1953, pàg. 22; MONTOLIU, pròleg a les *OC* de Víctor Català, 1951, pàgs. XXXI i XXXIX (publicat també a la segona edició de les *OC* i dins *Guia*, pàgs. 75-83 [fragment]); *id.*, pròleg a les *OC* de J. Ruyra, pàgs. 42-3; FUSTER, *La novel·la i la narració*, pàg. 915.
68. Després de l'èxit de *Drames rurals* (1902), Víctor Català seguí emprant el terme com a subtítol genèric, fins a *Vida mòlta* (1949). El fem servir aquí, genèricament, per a referir-nos als tres primers reculls de *drames rurals* que pertanyen al període del nostre estudi: *Drames rurals*, *Ombrívoles* (1904) i *Caires vius* (1907).
69. MARFANY, *Reflexions sobre Modernisme i Noucentisme*, 65.
70. *OC*, 1951, pàg. 416.
71. «Tot aquell semblant de realisme es tant sols un romanticisme a l'inrevés, influensat per la tònica de *drama rural* que molts han pres com a pauta artística.» (Joan d'AVINYÓ, *«Fantasies»: Carles de Fortuny*, EPC, 20-I-1902).
72. Per a la rebuda feta per la crítica de l'època a *Drames rurals*, veg., per exemple, l'article de G. ZANNÉ a «Joventut», núm. 143 (1902), 720-1, i la ressenya de J. MORATÓ, *LV*, 15-XI-1902. *Cf.* les reserves de MARAGALL expressades en les seves cartes a l'autora del 20 i 29-XII-1902, 2-II-1903, 11-III-1903, 17-IV-1903, dins *OC* de Maragall, vol. I, pàgs. 938-42.
73. Pròleg a *Solitud*, *OC*, pàg. 27.
74. *Cf.* l'observació de MONTESINOS (*Costumbrismo y novela*, pàg. 14): «*Sucedáneo de novela, el cuadro de costumbres aspira a ser una narración "dramática"*.»
75. N'he parlat a *«Solitud» i els drames rurals*, *SdO*, XI (1969), núm. 120, 54-6, on també són esbossades altres interpretacions que desenvolupem a continuació.
76. FUSTER (*La novel·la i la narració*, pàg. 913) parla d'aquesta «rectificació estètica» en l'obra de Vayreda.

77. *Cf.* FUSTER (*ibid.*, pàg. 915) que descarta la comparació de les dues novel·les. El mateix crític (*Lit. cat. contemp.*, pàg. 23) creu que l'obra de Víctor Català «té escassa relació amb el Modernisme», i VALENTÍ (*El primer modernismo*, pàg. 297) afirma el mateix de l'obra narrativa de Casellas. El nostre punt de vista és diametralment oposat, i coincidim bàsicament amb la interpretació proposada per MARFANY a «*Els sots feréstecs*».

78. Els lligams entre la pintura i la literatura modernistes s'afermen en l'«escola» ruralista, activament en els casos dels germans Vayreda, Bertrana i Víctor Català, teòricament en el cas de Casellas. Sobre la confluència de conceptes pictòrics i literaris en l'estètica de Casellas, veg. CASTELLANOS, pròleg a «*La damisel·la santa*» *i altres narracions*, i *id.*, *Carles Bosch de la Trinxeria i Raimon Casellas. Una polèmica sobre novel·la al final del segle XIX*, «Recerques», núm. 3 (1974), 225-50.

79. Una visita, traumàtica (?), a la muntanya de Santa Caterina (Torroella de Montgrí) sembla haver inspirat la concepció de *Solitud.* Veg. T. GARCÉS, *Conversa amb Víctor Català*, *RC*, vol. V (1926), núm. 26, 129; J. OLLER i RABASSA, *Biografia de Víctor Català*, 1967, pàgs. 71-2. Anys més tard, l'autora adoptà una actitud curiosament enigmàtica sobre aquest detall: veg. B. PORCEL, *Víctor Català a contrallum*, *SdO*, VII, núm. 10 (1965), 69. Una entrevista personal amb la novel·lista no em fou pas més útil. Quant a Casellas, veg. *La mort del bosc* (dins *La damisel·la santa...*, pàgs. 85-90) que evoca una visita al Montmany (els «sots feréstecs») feta per l'autor quan tenia quinze anys.

80. GARCÉS, *art. cit.*, 129. Veg. la citació que transcrivim més amunt, al lloc corresponent a la nota 73.

81. «L'Avenç», 2a. època, III (1891), núm. 12, 368-72. Veg. CASTELLANOS, *Carles Bosch de la Trinxeria i Raimon Casellas.*

82. Citat per CASTELLANOS, *art. cit.*, 233.

83. Pròleg a *Llibre d'històries*, 1919, pàgs. 7-8. A. OPISSO («La Vanguardia», 4-V-1906) diu, a propòsit de *Les multituds*, que Casellas ha sabut «*fundir la pintura mural con la miniatura, sin sacrificar el carácter de ninguna de las dos*».

84. Veg. TASIS i MARCA, *La novel·la catalana*, pàg. 41, i MONTOLIU, pròleg a les *OC* de Víctor Català, pàgs. XXXII-XXXIII: tots dos parlen de la unitat estètica dels capítols d'ambdues novel·les, però sense relacionar aquesta qualitat amb les circumstàncies de la primera publicació. *Solitud* va aparèixer en el suplement de «Joventut», en 46 «entregues» i amb alguna interrupció, entre els núms. 223 (1904) i 273 (1905). Ja se n'havia fet dues edicions en volum abans del final del 1905: veg. «Joventut», núm. 297 (1905). Sobre les circumstàncies difícils en què fou escrita i lliurada la novel·la, veg. OLLER i RABASSA, *Biografia de Víctor Català*,

pàgs. 64-7. *Els sots feréstecs* veié la llum originàriament en 20 parts, publicades, sota el títol *Pels sots feréstechs*, a *LV* entre 20-III-1899 i 3-II-1901. Veg. VIDAL, *L'assaig de la vida*, pàg. 98.

85. *Op. cit.*, pàgs. XLII-XLIII.

86. El fragment es troba afegit al capítol IV de *Solitud* en l'edició de les *OC*, pàgs. 79-84. Sobre això i els capítols perduts, veg. les remarques de l'autora (*ibid.*, pàgs. 28-9), i OLLER i RABASSA, *op. cit.*, pàg. 68.

87. Veg. *LV*, 5-V-1899. Casellas féu dues petites modificacions per tal de facilitar la transposició: afegeix una referència al nou rector (*Els sots feréstecs*, 1912, pàg. 66) i dues planes (*ibid.*, pàgs. 69-71) que narren un exemple concret de la dolenteria i el cinisme dels pagesos, amplificant la descripció d'aquests feta en les pàgines anteriors del capítol. Només la primera d'aquestes modificacions és dictada per necessitats estructurals.

88. El tema principal de la novel·la —el drama de mossèn Llàtzar— neix, diguéssim, d'una referència aïllada a l'església abandonada que Casellas introdueix a la primera «entrega» (capítol I; *ibid.*, pàg. 17). La tercera (capítol II) explica la història de l'església tancada i la marxa del vell rector. No s'aferra la trama fins les darreres ratlles d'aquesta lliurança («Rector nou!»: *ibid.*, pàg. 27) i l'aparició de la quarta (capítol III —«Rector nou») que introdueix la figura de mossèn Llàtzar. Això podria ésser una exposició lenta, típica de la narració realista, però creiem que es tracta, més aviat, de la gestació mateixa de la trama que encara no havia pres forma quan Casellas es posà a escriure «L'Aleix de les tòfones». Tal hipòtesi explicaria per què es va editar el primer tros sense el títol general *Pels sots feréstechs*, el qual no apareix fins el segon, a *LV*, 5-V-1899. Entre aquests dos, Casellas donà a llum dues narracions independents —*Dia de rams* i *L'autor del drama*, *LV*, 27-III i 7-IV-1899— recollides després a *Llibre d'històries*.

89. MONTOLIU, *op. cit.*, pàg. XXXVIII.

90. MONTOLIU (*ibid.*, pàgs. XXIII-XXIV) parla d'un «quart personatge de *Solitud*... l'alta muntanya». Veg. també TASIS i MARCA, *Una visió de conjunt...*, pàg. 111.

91. Es repeteix insistentment el tema de la degeneració hereditària en el capítol X, «Mala nissaga!», pàgs. 87-97 de l'edició de 1912, d'on citem a continuació.

92. *Solitud*, dins *OC* de Víctor Català, 1951, pàgs. 94. Seguim citant per aquesta edició.

93. Remetem a l'estudi de J.-Ll MARFANY, *«Els sots feréstecs» de Raimon Casellas*, i l'article de J. CASTELLANOS, *«Els sots feréstecs»: una necesaria reivindicación* («Tele/eXprés», 20-XII-1972), per a una exposició més completa d'aquesta qüestió.

94. Veg. SERRAHIMA, pròleg a *Les multituds*, pàgs. 19-22, i MARFANY, *op. cit.* Un bon nombre de les narracions de *Les multituds* i *Llibre d'històries* plantegen explícitament el problema de la consciència artística i de l'artista en (o *versus*) la societat.

95. Sobre la complexa personalitat de Casellas i les circumstàncies del seu suïcidi, veg. J. PLA, *Un senyor de Barcelona*, pàgs. 169-73. Veg. també J. MOLAS, *El Modernisme i les seves tensions, SdO*, XII (1970), núm. 135, 49.

96. MONTOLIU (*op. cit.*, pàgs. XXXV-XXXVIII, XXXIX-XL) hi veu una «gran i absoluta tragèdia» i «un gran poema en prosa». Veg. també J. H. WILSON, *«Solitud»: una apreciació crítica*, «Vida Nova», núm. 6 (1956), 8-14.

97. *Op. cit.*, pàg. XXV.

98. *Ibid.*, XX-XXII. Creiem, tanmateix, que MARFANY (*Reflexions sobre Modernisme i Noucentisme*, 65), veient en el Pastor «una encarnació literària dels anhels de l'artista per superar la contradicció entre el món i la consciència individual», porta massa lluny la interpretació simbòlica i perilla d'exagerar el paper d'aquest personatge dins la novel·la.

99. MONTOLIU (*op. cit.*, pàgs. XLI-XLII) al·ludeix al dialecte híbrid de Gaietà, però no el relaciona amb la ideologia ruralista, ni amb les implicacions ètiques de la *paraula viva*, tema que examina en una altra secció del seu pròleg (*ibid.*, pàgs. XXI-XXII).

100. Veg. MONTOLIU (*loc. cit.*). Després d'aquesta exposició «teòrica» de la *paraula viva*, una altra escena de la novel·la sembla pensada per tal de demostrar-ne la pràctica. Gaietà i la Mila albiren el mar des del cim de la muntanya: «El pastor ho digué amb una paraula sola, amb una paraula màgica: —La mar! La Mila va tombar-se com fiblada...» (pàg. 199). *Cf. Elogi de la paraula* (*OC* de Maragall, vol. I pàg. 665), on el poeta empra uns detalls molt semblants per a il·lustrar la seva teoria. Aquest és un dels deutes que Víctor Català reconeix quan es declara deixebla de Maragall: veg. GARCÉS, *Conversa amb Víctor Català*, 131. La simpatia, personal i artística, entre els dos és documentada a les cartes de Maragall a la novel·lista, recopilades en *OC* de Maragall vol. I, pàgs. 938-54.

101. MARFANY, *loc. cit.* La seva anàlisi ens sembla més aplicable a la Mila que no pas al pastor: veg. més amunt, nota 98.

102. Pròleg a Guerau de LIOST, *La montanya d'amethystes*, 1908, pàgs. V-VI.

103. Veg. J. M. CAPDEVILA, *Estudis i lectures*, pàgs. 138-95; MONTOLIU, pròleg a *OC* de Ruyra, pàgs. 41-4; FUSTER, *Lit. cat. contemp.*, pàgs. 90-6.

104. Veg. CAPDEVILA, *op. cit.*, pàgs. 142-3 i 159-68, i també MARFANY, *art. cit.*, 60-1.
105. Citat a la nota 10 del nostre capítol I. RUYRA elabora el seu concepte personalíssim de l'«objectivitat» en *Art i moral, OC*, pàgs. 754-83.
106. «*Mala llavor*», *d'En Miquel Roger i Crosa* (1914), *OC*, pàg. 628. L'autor no es va cansar mai de repetir coses semblants: veg. els assaigs i discursos (1904-1933) recollits a les *OC*, pàgs. 669-806: veg. també, T. GARCÉS, *Conversa amb Joaquim Ruyra, RC*, vol. IV (1926), núm. 22, 353-63.
107. Biblioteca «Joventut», 1903: fou reeditat el 1920, ampliat amb *L'idil·li d'en Temme*, per a formar els dos volums de *Pinya de rosa* de la «Biblioteca Catalana».
108. Es publicaren els tres primers capítols a «Catalunya», març-maig, 1904. Hom els pot consultar, ensems amb set capítols més, sense revisar, i el pla de Ruyra per a l'obra, a *OC*, pàgs. 465-556. Veg. GARCÉS, *art cit.* Tasis i Marca, el 1935, estava esperant encara, amb interès i paciència optimista, la publicació definitiva de la novel·la: veg. *Una visió de conjunt...*, pàgs. 84-5.
109. «Les seves narracions principals, en realitat, no són altra cosa que cants esparsos d'un sol i grandiós poema èpic, d'un multiforme *epos* del mar i de la gent marinera que no ha trobat un motlle formal per a fixar-ne la definitiva estructura»: MONTOLIU, *op. cit.*, pàg. 48.
110. Veg. els articles de RUYRA sobre llenguatge i temes filològics recollits a *OC*, pàgs. 809-908. La seva preocupació central és la relació entre idioma popular i llenguatge literari: veg. GARCÉS, *art. cit.*, 357-8.
111. Veg. més avall, pàgs. 127-129.
112. Per a Bertrana, *Proses bàrbares* era «el resum de la seva felicitat»: citat per TASIS i MARCA, *La novel·la catalana*, pàg. 49. Veg. també D. GUANSÉ, *L'obra de Prudenci Bertrana, SdO*, VII (1965), núm. 8, 39-40. Seguirem les vicissituds de la carrera de Bertrana en el nostre capítol III, més avall, pàgs. 130-134.
113. GUANSÉ, *art. cit.*, 40.
114. J. TRIADÚ, «*La vida i la mort d'En Jordi Fraginals*» *o la novel·la rural del noucentisme, SdO*, V (1963), núm. 6, 33.
115. *Sobre la literatura catalana, OC*, vol. V, Madrid, 1958, pàg. 672.
116. Veg. més amunt, pàgs. 29-30.
117. Veg. TASIS I MARCA, *La novel·la catalana*, pàgs. 47-8; *id.*, *Biografia de J. Pous i Pagès*, «Vida Nova», núm. 40 (1967), 12-29, núm. 41 (1967), 27-35, núm. 42 (1968), 13-25; J. TRIADÚ, pròleg a *Pere Coromines i el seu temps* de Pous i Pagès, pàgs. 5-12.
118. *La vida y la mort d'en Jordi Fraginals*, 1912, pàg. 327. Totes les nostres citacions corresponen a aquesta edició.

119. *Loc. cit.*
120. MOLAS, *El Modernisme i les seves tensions,* 49.
121. Veg. més amunt, pàgs. 30-50. Tornarem a esmentar el cas de Pous i Pagès quan examinarem les activitats dels ex-novel·listes durant el Noucentisme: veg. més avall, en el nostre capítol III, pàg. 140.
122. *Op. cit.*, pàg. 671 (el subratllat és meu).
123. Pròleg a *Pere Coromines i el seu temps,* pàg. 11, i *art. cit.*

CAPÍTOL III: El Noucentisme i l'escomesa contra la novel·la

1. *Ruralitat, EPC,* 9-IX-1905. Veg. també *De poetització,* recopilat a *El futurisme i altres assaigs* de G. ALOMAR, a cura d'A.-Ll. Ferrer, 1970. Sobre la influència d'Alomar, en la fase formativa del Noucentisme i sobre les relacions ideològiques entre ell i Ors, veg. CAPDEVILA, *Eugeni d'Ors,* pàg. 8 i nota; JARDÍ, *Eugeni d'Ors,* pàgs. 43, 54, 71 i 75. Per a una idea directa d'aquestes relacions: E. d'ORS, *Pera epílech a uns articles d'en Gabriel Alomar,* «Catalunya», núm. 7 (1903), 309-10.
2. N'hem discutit alguns dels efectes, més amunt en el nostre capítol II, pàg. 81 i nota 47.
3. *Sobre la novel·la, LV,* 23-VI-1906, i en *OCC,* pàgs. 178-9. Citem segons aquesta versió.
4. Al prefaci del 1946 a *Oceanografia del tedi* (1948, pàg. 11), ORS afirma: «...jo no sabria narrar... No és el continu el centre d'atracció del meu pensament, sinó el discontinu, la realitat portada a la forma que, no sense raó, anomenen els matemàtics *discreta.*»
5. Veg. CAPDEVILA, *op. cit.*, pàgs. 18-21. Són interessants les reflexions de MONTESINOS (*Introducción a una historia de la novela en España,* pàg. 5) sobre la influència negativa del classicisme francès del XVIII contra l'evolució del realisme en la novel·la.
6. Veg., per exemple, la *Gazeta bibliogràfica* de *LV,* 16-VII-1905; l'intent de MORATÓ (*LV,* 24-VI-1905) de provar que Pin i Soler és un novel·lista ciutadà; les *Notes bibliogràfiques* de «Joventut», núm. 243 (1904), 664, i núm. 257 (1905), 35-6; M. de MONTOLIU, *«Revolta» d'en Pous y Pagès, EPC,* 17-XII-1906, que argüeix que aquesta novel·la és «una pedra ben ferma aportada als fonaments de la nostra Ciutat».
7. J. V. FOIX, *Catalans de 1918,* pàg. 23. Veg. també PLA, *El quadern gris,* pàg. 104. Parlarem més avall dels aspectes noucentistes de la ficció orsiana, veg. pàgs. 120-123 d'aquest capítol.
8. Veg. «*L'ile des pingouins*» (*LV,* 19-XII-1908, i *OCC,* pàg. 898), on Xènius diu que prefereix els «contes filosòfics» del XVIII a aquestes llargues novel·les modernes.

9. L'apologia de FOLCH i TORRES *De novela ciutadana* (*LV*, 11-VII-1908) i la conferència de C. de FORTUNY (registrada a *LV*, 10-IV-1910, i publicada el 1912 amb el títol *La novela catalana*) no són sinó ecos de les crides anteriors que hem esmentat a la nota 6 més amunt.
10. *Ab motiu d'una novela, LV*, 4-VII-1908. Carner està comentant la novel·la *Daltabaix* de C. de Fortuny. La feblesa de la rèplica de Folch i Torres (citada a la nota anterior) posa en relleu l'absència d'una oposició coherent a la tesi carneriana. Per a més detalls, veg. MIRACLE, *Josep Maria Folch i Torres*, pàgs. 254-6.
11. Veg. les *gloses* dedicades a aquests «bateigs», aplegades sota el títol de *Galeria de noucentistes* i publicades amb *La Ben Plantada*, desena ed., 1958.
12. Sobre la importància d'aquesta «pontificació» pels líders del Noucentisme, veg. MANENT, *Josep Carner*, pàgs. 64-5. MARFANY (*Reflexions sobre Modernisme i Noucentisme*, 57) parla, amb raó, de «*dirigisme cultural*».
13. *Una opinió inèdita de n'Olaguer Recó*, «Catalunya», núm. 46 (1905), 5.
14. *Oceanografia del tedi*, pàg. 76.
15. Veg. la nota 25 de la nostra Introducció.
16. Veg. CASTELLET i MOLAS, *Poesia catalana del segle XX*, p. 38.
17. Veg. CASTELLET i MOLAS, *loc. cit.*; FUSTER, *Lit. cat. contemp.*, pàg. 165; MARFANY, *art. cit.*, 64.
18. *Orientacions literàries: any 1908, LV*, 16-I-1909.
19. CASTELLET i MOLAS, *loc. cit.*
20. J. FUSTER, «Notes per a una introducció a l'estudi de Josep Pla», pàg. 33. *Literatura catalana contemporània* de Fuster amplifica aquesta interpretació.
21. Veg. MARFANY, *art. cit.*, 54 i 56-7.
22. Veg. SOLÉ-TURA, *Catalanisme i revolució burgesa*, pàgs. 77-81 i 186-95.
23. VIDAL (*L'assaig de la vida*, pàg. 411) anota una observació de Ll. MILLÀ que demostra quina fama tenia «Ilustració Catalana»: «—A mi em fa l'efecte que Francesc Matheu se'n va pels cementiris cridant: "¡Escriptors catalans, escriptors catalans, alceu-vos! ¿Que teniu alguna cosa per a publicar?"» Sobre les activitats editorials de Matheu, veg. J. TORRENTS i R. TASIS, *Història de la premsa catalana*, vol. I, 1966, pàgs. 377-81 i 501-2.
24. Veg. el capítol «La norma i l'antinorma» dins J. MIRACLE, *Pompeu Fabra*, pàgs. 437-504.
25. R. MIQUEL y PLANAS (amb ortografia seva), *La novela d'un bibliòfil*, 1918; *Les confidències d'en Joan Bonhome*, 1919; *Purgatori d'un bibliòfil*, 1921. Veg. MANENT, *Josep Carner*, pàgs. 195-6.
26. Veg. JARDÍ, *Eugeni d'Ors*, pàgs. 57-9; CAPDEVILA, *Eugeni d'Ors*, pàgs. 45-65; FOLGUERA, *Les noves valors de la poesia*

catalana, pàgs. 47-8; FUSTER, *Lit. cat. contemp.*, pàgs. 151-8.
27. TASIS i MARCA, *La novel·la catalana*, pàg. 56; JARDÍ, *op. cit.*, pàg. 122; NORA, *La novela española contemporánea*, vol. II, pàgs. 58-60. *La Ben Plantada* va ésser eliminada del Premi Fastenrath de 1912, perquè el jurat no la considerava una novel·la.
28. *La Ben Plantada*, desena ed., 1958, pàg. 127. Citem a continuació segons aquesta edició. Veg. A. PORQUERAS MAYO, «*La Ben Plantada*» *de D'Ors, una meditación de catalanidad*, «Atlántida», vol. II (1964), 549-56.
29. *Sobre la literatura catalana*, pàg. 629.
30. Per als detalls de la primera publicació, veg. JARDÍ, *op. cit.*, pàg. 122 i nota 47. Veg. també J. L. L. ARANGUREN, «Sentit ètic de les ficcions novel·lesques orsianes», dins *Religiositat intel·lectual*, 1966, pàg. 85.
31. Veg. els pròlegs de XÈNIUS a *La montanya d'amethystes*, pàg. VI, i a *Gualba, la de mil veus*, pàg. 12. FUSTER (*La novel·la i la narració*, pàgs. 914-5) esmenta aquesta relació, i l'aprofundeix l'article de J. CASTELLANOS, *Raimon Casellas entre el Modernisme i el Noucentisme, SdO*, XII (1970), núm. 135, 63-6.
32. M. SERRAHIMA, *La crisi de la ficció*, 1965, pàg. 211, on es comenta també la influència del classicisme del XVIII en l'estètica orsiana.
33. Citat més amunt, a la nota 4 d'aquest capítol.
34. Per als detalls de la publicació, veg. JARDÍ, *op. cit.*, pàgs. 149, 157, 163 i les notes corresponents. Es veu que Xènius considerava aquestes obres com diversions d'estiuejant.
35. *Ibid.*, pàg. 157. Veg. també ARANGUREN, *op. cit.*, pàgs. 86-9, i NORA, *op. cit.*, pàgs. 61-3.
36. Així TASIS i MARCA (*La novel·la catalana*, pàg. 56) declara: «En conjunt, era l'anti-novel·la i el seu exemple havia d'ésser funest per als escriptors catalans, encara que només fos per allunyar-los de la ficció literària.» És significatiu que, quan torna a discutir-se la possibilitat de la novel·la noucentista, cap al 1918, Xènius no hi intervé gens: veg. més avall, en el nostre capítol IV, pàgs. 154-164.
37. Veg. MANENT, *Josep Carner*, pàgs. 68-70 i 135-8.
38. *Els contes de Josep Carner*, dins *L'obra de Josep Carner (Volum d'homenatge a cura de setanta-dos autors)*, 1959, pàgs. 158-62, treball incorporat, amb lleugeres modificacions, a l'estudi més llarg del mateix autor, «La prosa de Josep Carner», *OC* de Carner, pàgs. 807-25.
39. *Els contes...*, pàgs. 160-1. Veg. el prefaci d'A. PLANA a la primera edició de *Les bonhomies*, 1925, pàgs. VII-XV. RIBA, en *Una generació sense novel·la* (*OC*, vol. II, pàg. 315), afirma que «*Les bonhomies* de Josep Carner seran sempre explicables... partint de la seva lírica, però no és gaire imaginable la inversa».

40. *La prosa...*, pàgs. 824-5, que expressa més netament la interpretació exposada a *Els contes...*, pàgs. 161-2.
41. *Els contes...*, pàg. 158; *La prosa...*, pàg. 823.
42. *Op. cit.*, pàg. XIII.
43. MANENT, *Josep Carner*, pàgs. 161-4.
44. Veg., a més dels treballs de SERRAHIMA ja citats, MANENT, *op. cit.*, pàgs. 186-9, 225-6 i 232-3, i el pròleg de J. FUSTER a *Les bonhomies*, segona ed., 1964, pàgs. 7-15.
45. SERRAHIMA (*La prosa...*, pàg. 813) ha fet recentment la comparació, prenent com a punts de contrast els novel·listes Oller, Víctor Català, Bertrana i Casellas. Això recorda l'observació de Josep PLA que hem citat a la nota 26 de la nostra Introducció.
46. Desenvolupem aquest tema en el nostre capítol IV, pàgs. 156-160 i ss.
47. FUSTER (*La novel·la i la narració*, pàg. 1.355) hi veu una compensació per la manca simultània de novel·les, sense indagar una connexió més fonamental entre els dos fets. La introducció de J. TRIADÚ a la seva valuosa *Antologia de contistes catalans* no porta gaire llum al nostre assumpte.
48. Així, per exemple, *Les aventures d'En Perot Marrasquí* és considerada la més «novel·lesca» (!) de les narracions de Carles Riba. Veg. la introducció d'A. TERRY a les *OC* de Riba, vol. I, 1965, pàgs. 37-9. Veg. també M. SERRAHIMA, *La recerca d'una prosa literària*, dins *In memoriam Carles Riba*, 1973, pàgs. 355-61.
49. *Lit. cat. contemp.*, pàg. 165.
50. Veg. la descripció que dóna J. M. de SAGARRA (pròleg a *Proses completes* d'E. Duran Reynals, 1952, pàgs. 23-4) del procediment meticulosíssim d'aquest escriptor. La seva mort prematura, el 1917, no és pas, doncs, l'única explicació de l'escassetat de la seva obra, però sí és una explicació del seu exagerat renom pòstum. El pròleg citat de Sagarra, escrit el 1920, n'és una expressió: veg. també l'al·lusió admirativa de RIBA, en *Escolis i altres articles*, *OC*, vol. II, pàg. 137. El tòpic de comparar Duran Reynals amb Flaubert val només, és clar, per a l'obsessió estilística.
51. «Aleshores ja treballava en les seves proses i en la recerca d'un estil. Recordo que un dia em digué: "He provat una pila de vegades escriure la descripció de l'*Auriga de Delfos* fins a arribar a una forma precisa amb les menys paraules possibles."» SAGARRA, *op. cit.*, pàg. 23.
52. *Josep Carner*, pàg. 234.
53. «Tots l'estimem i respectem com a predecessor, l'admirem com a artista pur»: *Glosari, MCMXIV*, 1915, citat per CAPDEVILA, a *Estudis i lectures*, pàg. 167. Veg. també D. GUANSÉ, *Abans d'ara*, 1966, pàg. 23. La «postdata» de Carner a la seva traducció castellana (1909) de *Jacobé* continua una

amistat literária que començà a l'època de «Catalunya» i que es consuma amb *La parada.*

54. RUYRA, *OC*, pàgs. 299-301, d'on prenem les dues citacions que segueixen.
55. Veg. Carles RIBA, *Memòria de Joaquim Ruyra*, a les *OC* de Riba, vol. II, pàgs. 696-701, i més amunt, pàgs. 101-103 del nostre capítol II.
56. Veg. MANENT, *Josep Carner*, pàgs. 70-8; FUSTER, *Lit. cat. contemp.*, pàgs. 60-72; MARFANY, «Reflexions sobre Modernisme i Noucentisme», 60-2.
57. MANENT, *op. cit.*, pàgs. 160-1, parla de l'admiració de Carner per Rusiñol, tot puntualitzant unes reserves importants.
58. Per exemple, els «atacs brutals i insinuacions grollerament injurioses contra Víctor Català» que imprimí «Catalunya» i que ha comentat MARFANY, *art. cit.*, 56.
59. Veg. CAPDEVILA, *Eugeni d'Ors*, pàgs. 16-18, i *cf* JARDÍ, *Eugeni d'Ors*, que minimitza aquest aspecte de l'actuació orsiana. MARFANY (*art. cit.*, 56) parla d'un Xènius que «es féu un fart de repartir llenya, amb un aire condescendent, però ple de mala bava».
60. *El quadern gris*, pàg. 822.
61. *Op. cit.*, pàg. 70. Veiem, però, l'altra cara de Carner en una carta inèdita (del 9-XI-1909) de P. Prat Caballí a Miquel de Palol: «A "La Veu" no he vist rè [sobre *Llegendes d'amor i de tortura* de Palol]. Si no n parlen serà segurament obeint a un mandat den Carner, ofès al conèixer la nostra amistat.»
62. Cal remarcar que Carner desestima específicament la novel·la catalana. El fet que sigui un lector àvid i traductor assidu de novel·les estrangeres indueix MANENT (*op. cit.*, pàg. 234) a veure'l com un constant afavoridor del gènere en català. Hem de veure com l'actitud de Carner canvia d'acord amb una cadena de reaccions culturals complexes.
63. *L'assaig de la vida*, pàgs. 349-50, 403, 427-31, 456-7.
64. *L'impenitent*, dins *OC* de BERTRANA, pàg. 540. Veg. J.-Ll. MARFANY, *«Entre la terra i els núvols» de Prudenci Bertrana*, dins *Guia*, pàgs. 317-29, per a una discussió molt penetrant de l'obra i la carrera de Bertrana.
65. Veg. la nota 35 del nostre capítol I.
66. Veg. D. GUANSÉ, *La vida i l'obra de Prudenci Bertrana*, *RC*, V (1926), núm. 29, 476.
67. Veg. el pròleg a *Proses bàrbares*, *OC* de BERTRANA, pàg. 807, i el capítol XV de la primera part de *L'impenitent*.
68. Veg. el capítol XIX de la primera part de *L'impenitent*, i el comentari de MARFANY (*op. cit.*, pàgs. 322 i ss.) a aquest passatge. Tornarem a parlar de l'Editorial Catalana en el nostre capítol IV, més avall, pàgs. 155-156.
69. Sobre aquesta etapa decisiva de la vida de Bertrana, veg.

els treballs de GUANSÉ i MARFANY ja citats, i el pròleg de J. TRIADÚ a *Prudenci Bertrana per ell mateix*, pàgs. 10-14.

70. *Algunes característiques de la novel·la catalana moderna*, *SdO*, VIII (1966), núm. 3, 55-7. MOLAS resumeix així els impediments: «Instint, autodidactisme, producció escassa i irregular, falta d'imaginació, autobiografia, obsessió per la llengua i l'estil.» Creiem que alguns d'aquests trets són causes i d'altres són efectes del problema que és l'objecte del nostre estudi.

71. *De l'ergàstula*, vol. I, 1909, pàgs. 9-10.

72. *La novel·la i la narració*, pàg. 1.355.

73. El cas de Corominas és especial, però no contradiu pas la nostra anàlisi. La seva trajectòria literària va de l'autobiografia directa (*Les presons imaginàries*, 1899) cap a la ficció autobiogràfica de les novel·les d'en Tomàs de Bajalta (*Silèn*, 1925, etc.). En aquesta fase central es troba a mig camí amb aquells novel·listes modernistes que van de la ficció cap a l'autobiografia, Oller, Maseras, Bertrana, Vidal. Per a un resum de la carrera literària de Corominas, veg. FUSTER, *Lit. cat. contemp.*, pàgs. 87-8.

74. P. COROMINAS, *Cartes d'un visionari*, 1921, pàg. 71. Les citacions que segueixen corresponen a aquesta edició. FUSTER (*op. cit.*, pàgs. 120-1) passa per alt l'armadura novel·lesca d'aquesta obra.

75. *A la deriva*, 1921, pàg. 5. Citem a continuació per aquesta edició. En una carta del 26-V-1912 (conservada a l'Institut Municipal d'Història de Barcelona) Maseras escriví a Narcís Oller: «La nostra joventut és tant irrespectuosa, tant fàtua i malevolent... sóc una de les primeres víctimes.»

76. Veg. la nota 39 del nostre capítol I, i el lloc corresponent del text.

77. Veg. TORRENT i TASIS, *Història de la premsa catalana*, vol. I, pàgs. 377-81; VIDAL, *L'assaig de la vida*, pàg. 411; MIRACLE, *Pompeu Fabra*, pàg. 482. Publicada en 21 vols., 364 núms., entre el 1913 i el 1918, «Lectura Popular» és ara una font utilíssima de documentació sobre figures menors de la literatura de l'època.

78. E. de FUENTES, *La forastera*, «Lectura Popular», vol. IV [1914], núm. 56, pàg. 66.

79. OLLER, *OC*, pàg. 1.031.

80. *Memòries literàries*, pàg. 342.

81. Veg. la llarga dedicatòria d'OLLER, *ibid.*, pàg. LI. Veg. també OLLER i RABASSA, *Biografia de Victor Català*, pàgs. 100-2. L'Institut Municipal d'Història de Barcelona conserva les cartes de Víctor Català a Oller (*Mss.* N. O. I. 20-115), datades entre 1903 i 1924, que documenten llur amistat literària i la gènesi de les *Memòries*.

82. La primera edició de *Caires vius* porta un anunci de tres

novel·les: *Calzer d'amargor, Retorn* i *Vegetar.* Veg. OLLER i RABASSA, *op. cit.*, pàg. 77 i nota.

83. Publicada el 1926, en tres volums de la «Biblioteca Literària» de l'Editorial Catalana, amb el títol *Un film (3.000 metres).* Veg. OLLER i RABASSA, *op. cit.*, pàgs. 77-8. Exclosa de la primera edició de les *OC* de Víctor Català, aquesta novel·la és incorporada a la segona edició (1972) juntament amb el fragment *Pròleg de la novel·la «Tragèdia de Dama Nisa»* (1917), aparegut primer a *RC*, vol. V (1926), núm. 27, 238-40. L'epíleg de M. A. CAPMANY, *Els silencis de Caterina Albert,* escrit per a la nova edició de les *OC*, emprèn una justificació molt intel·ligent d'*Un film* i planteja de bell nou la problemàtica d'«una generació sense novel·la».

84. Per a una repercussió posterior de la reacció noucentista, veg. la recensió de D. GUANSÉ de l'edició de 1926, a *RC*, V (1926), núm. 30, 856: «*Un film,* més que una novel·la, és un conglomerat de novel·les que es fan malbé les unes a les altres... Tot el treball de depuració de la llengua, del noucents ençà, ha estat treball perdut per a aquest escriptor.»

85. Sobre els èxits econòmics de Folch i Torres, veg. J. M. de SAGARRA, *La por a la novel·la, LP,* 26-IV-1925, i R. FOLCH i CAMARASA, *Bon dia, pare,* 1968, pàgs. 101-9. Tornarem a ocupar-nos-en al nostre capítol IV, més avall, pàg. 178.

86. Ja hem vist que la depressió d'Oller comença més aviat, al voltant del canvi de segle, que és quan comença per a ell la crisi de la novel·la: veg. més amunt, pàg. 30 del nostre capítol I. La paràbola de la carrera d'Oller en el segle XX presenta moltes semblances amb la de l'altre «patriarca», Guimerà: veg. els capítols III i IV de X. FÀBREGAS, *Àngel Guimerà: les dimensions d'un mite,* 1971.

87. OLLER, *OC*, pàg. 1.031.

88. *Memòries literàries,* pàg. 25. Veg. el pròleg de GAZIEL, pàgs. XXIV-XXVII.

89. *Op. cit.*, pág. 311, on es refereixen alguns detalls d'aquest episodi.

90. *Ibid.*, pàg. 284. Per a una versió diferent de la història, veg. MIRACLE, *Pompeu Fabra,* pàgs. 320-2.

91. Probablement perquè és considerat com una «relíquia» del XIX, Oller pateix encara més que els novel·listes modernistes i la seva reputació és la darrera que es refà dels efectes de la crítica noucentista. Arran de la publicació (que comença el 1928) de les seves obres completes amb ortografia corregida, hi ha encara qui es plany de les imperfeccions estilístiques: veg. D. GUANSÉ, *Cròniques catalanes, RC,* IX (1928), núm. 51, 325; A. ROVIRA i VIRGILI, *Siluetes de catalans, RC,* XII (1929), núm. 55, 20-2.

92. *Memòries literàries,* pàg. 108. La rivalitat amb els «refor-

madors» es remunta a l'època de «L'Avenç»: veg. *ibid.*, pàg. 284.

93. *Ibid.*, pàg. 34.
94. *Ibid.*, pàg. 88. A *L'assaig de la vida* de VIDAL, pàgs. 426-7, sentim la mateixa queixa per boca del fill d'Oller.
95. MOLAS, «Algunes característiques de la novel·la catalana moderna», i MARFANY, «*Entre la terra i els núvols...*», pàg. 317 i ss.
96. MOLAS, *art. cit.*, centra la seva anàlisi en l'obra de Puig i Ferreter i especialment en *Vida interior d'un escriptor*. El pròleg de G.-J. GRAELLS a la nova edició (1973) d'aquesta novel·la referma la nostra interpretació.
97. *Vida interior d'un escriptor*, 1928, pàg. 46. Totes les citacions que segueixen pertanyen a aquesta edició. Sobre la gènesi de l'obra, veg. el pròleg de J. AGUADÉ i MIRÓ, pàgs. 7-14, on es palesa que per a les confessions del seu protagonista Puig i Ferreter va utilitzar un diari íntim escrit durant els anys de la seva pròpia depressió.
98. Aquestes qüestions són tractades a la segona part, «L'apassionat», on Puig planteja l'anguniós dilema d'abandonar o no el català (i, conseqüentment, escriure en castellà). És un fet molt significatiu que (llevat del cas molt especial de Xènius) cap novel·lista català de l'època que estudiem no agafi aquesta sortida. Caldria examinar un dia les bases i els motius d'aquesta «fidelitat».

CAPÍTOL IV: El debat sobre la novel·la (1917-1925)

1. Veg. MANENT, *Josep Carner*, pàg. 152.
2. Veg. *L'impenitent* de BERTRANA, capítol XVIII de la segona part, i FÀBREGAS, *Àngel Guimerà*, pàgs. 119-20.
3. *L'assaig de la vida*, pàgs. 316-7.
4. SOLÉ-TURA, *Catalanisme i revolució burgesa*, pàgs. 77-81, 186-95 i *passim*.
5. Veg. F. VALLVERDÚ, *Dues llengües: dues funcions?*, 1970, pàgs. 66-7. Respecte a la novel·la, SERRAHIMA (*El problema de la novel·la catalana*, pàgs. 95-7) identifica el problema que, en termes molt diferents, analitza J. M. CASTELLET, *La hora del lector*, 1957, pàgs. 67-85. Per al plantejament del tema en el període que estem estudiant, veg. J. ARÚS, *Evolució de la poesia catalana*, 1922, pàgs. 93-4 i ss., i els articles citats a les notes 98-101 més avall en aquest capítol.
6. VIDAL, *op. cit.*, pàgs. 386-7.
7. Es copsen rumors de l'oposició expressats abans del 1917 per la crítica no influent, relegada a la premsa de segona i tercera fila. A «El Pla de Bages», 31-III-1916, A. BUSQUETS i PUNSET defensa Narcís Oller contra els atacs dels noucentistes, i declara que aquests, per llur pedanteria i precio-

sisme excessius, «han escamat al públic i estroncat la corrent favorable que s'havia overt en la llibreria catalana». El 1912 es publica la conferència de C. de Fortuny, *La novela catalana* (veg. la nota 9 al nostre capítol III), que pertany a l'etapa anterior de la història de la novel·la.

8. *La novel·la, LR,* III (1917), núm. 34, 101-2; *La novel·la, ibid.*, núm. 45, 288-9. Ens hi referirem respectivament a *La novel·la (1)* i *La novel·la (2)*.
9. *La novel·la (1)*, 101.
10. *Loc. cit.* Noteu l'al·lusió de Plana a la freqüència de la queixa que ell està registrant. L'article comença així: «Abans d'ara, i per més d'un, s'ha remarcat el cas estrany de la nostra novel·la.» Es refereix, evidentment, als greuges dels marginats. Plana és el primer dels noucentistes, que sapiguem, a fer cas de l'oposició.
11. *La novel·la (2)*, 289. És una repetició del tòpic de l'«endarreriment» de la novel·la, expressat abans per Alomar i Ors: veg. més amunt en el nostre capítol III, pàgs. 110-111.
12. La seva *Antologia de poetes catalans moderns* (1914), fita important del Noucentisme, no deixa de trair per la selecció eclèctica una perspectiva crítica independent. Escriu, en canvi, proses típicament noucentistes, *A l'ombra de Santa Maria del Mar* (1923) i *El mirall imaginari* (1925). Veg. el retrat de Plana que fa Josep PLA, a *El quadern gris*, pàgs. 505-7 i 816-20.
13. *Poesia catalana del segle XX*, pàgs. 51-61. Veg. també MARFANY, *Reflexions sobre Modernisme i Noucentisme*, 70-1.
14. Anomenada «La Novela Nova» fins el núm. 35, vol. III (1918): veg. TORRENT i TASIS, *Història de la premsa catalana*, vol. I, pàg. 513. És inspirada en l'èxit d'«El Cuento Semanal» i modelada segons el format i la presentació de «La Novela Corta»: per a una explicació d'aquestes empreses en la situació castellana, veg. F. C. SAINZ de ROBLES, «*El Cuento Semanal...*», dins *La novela española en el siglo XX*, Madrid, 1957, pàgs. 107-81.
15. «La Novela Nova», vol. I, núm. 1 (1917), 2.
16. Veg. SAINZ DE ROBLES, *op. cit.*
17. Per exemple, *L'Atlàntida i Canigó* de Verdaguer (vol. IX, núms. 181-92, 1920), *El coronel d'Anjou* de F. P. Briz (vol. V, núms. 70-4, 1918), *L'orfaneta de Menargues* (vol. VII, núms. 101-11, 1919), i obres de V. Balaguer, E. Vilanova i Robert Robert. Hi apareixen també molts escriptors menors i aficionats de tercera o quarta categoria: veg. els comentaris de VIDAL, a *L'assaig de la vida*, pàgs. 387-97.
18. La més important de les successores és «La Novel·la d'Ara» (1923-27): tornarem a parlar-ne. Per a detalls d'aquesta i d'altres publicacions coetànies semblants, veg. TORRENT i TASIS, *op. cit.*, pàgs. 513-9.
19. *Cf.* FÀBREGAS, *Àngel Guimerà*, pàg. 120.

20. Veg. JARDÍ, *Eugeni d'Ors*, pàg. 176, i PLA, *El quadern gris*, pàg. 427.
21. *Dostoievsky, LV*, 12-IV-1918. Cf. *Flaubert, LV*, 12-VI-1918.
22. Veg. MANENT, *Josep Carner*, pàgs. 183-6. *Cf.* les reflexions sardòniques de BERTRANA a *L'impenitent* (*OC* de Bertrana, pàgs. 561-2): «Era molt possible que aquella editorial tingués com a única finalitat pràctica la de significar als freturosos de la ploma que no se'n refiessin pas, si tractaven de viure'n exclusivament. Serviria, en tot cas, per a aprofitar algunes *capacitats* d'un ordre, dèria llavors iniciada per un il·lustre patrici a fi de dotar Catalunya d'una perfecta burocràcia.»
23. Veg. l'anunci publicat a *LV*, 26-XII-1918.
24. Examinarem *Paulina Buxareu* més avall en aquest capítol, pàgs. 162-163.
25. *Op. cit.*, pàg. 184. Cal recordar, però, que aquesta era també una fita major del Modernisme. És interessant de comparar el catàleg de traduccions de la «Biblioteca Literària» amb el de la Biblioteca Popular de «L'Avenç».
26. Sobre el paper de Carner com a traductor professional, veg. MANENT, *op. cit.*, pàgs. 184-6. Cf. MARFANY, «*Entre la terra i els núvols*» *de Prudenci Bertrana*, pàgs. 322-3.
27. MANENT, *op. cit.*, pàg. 321, nota 24, proporciona aquestes xifres.
28. MANENT (*ibid.*, pàgs. 234-5) situa la discussió de «la possibilitat d'un Carner novel·lista» en 1925, relacionant-la amb l'activitat d'aquell any. De fet, però, el tema venia de molt abans. Plàcid VIDAL (*L'assaig de la vida*, pàg. 364) refereix que hom en parlava en 1914. L'article anònim, *Novel·la catalana* (*LV*, 14-II-1918), esmenta una novel·la «més o menys imminent» de Carner (amb referència, potser, als dos títols, *La darrera conquesta* i *Primeries*, anunciats en alguns dels primers volums de la «Biblioteca Catalana»). J. ESTELRICH torna a al·ludir-hi en *Per la novel·la nostra* (*LV*, 2-V-1925), però les seves paraules indiquen clarament que es tracta d'un rumor vell i ben escampat: «¿No és hora, micer Josep Carner, que destil·leu en 250 pàgines, seguides, admirables sempre, aquella obra que heu pensat mil vegades i mil vegades ens heu contat diversa?»
29. C. SOLDEVILA, *L'abrandament*, 1918, pàg. 7: citem a continuació per aquesta edició. El pròleg de Carner es pot consultar també a les *OC* de Soldevila, pàgs. 3-5. Manent no parla d'aquest document importantíssim, que tampoc no figura a la bibliografia carneriana annexat al seu estudi.
30. Veg. més amunt en el nostre capítol III, pàgs. 112-114. Són molt reveladores les reflexions posteriors de Carner sobre el canvi general d'actitud envers la novel·la, en *Una escomesa contra la novel·la, LV*, 17-IV-1928.
31. El mateix Carner ho reconeix (pàg. 15) sense adonar-se de

A 122. 16

la contradicció: «Encara que, ben mirat, potser *L'Abrandament* no és sinó un conte que ha anat dilatant-se.»

32. Veg. més amunt en el nostre capítol III, pàgs. 110-112.
33. *Escolis i altres articles*, en *OC* de Riba, vol. II, pàg. 146. *Escolis*... (1921) és un recull de peces crítiques publicades a *LV* entre el 1918 i el 1920, quan la influència noucentista sobre Riba és molt directa.
34. *Ibid.*, pàg. 137.
35. *Ibid.*, pàg. 137.
36. *Novel·la catalana, LV*, 14-II-1918.
37. *Els llibres, LR*, V (1919), núm. 80, 26-7. Riba (*op. cit.*, pàg. 105) insisteix, en canvi, que no és sinó un conte allargassat.
38. *Els llibres, LR*, V (1919), núm. 94, 244-5.
39. *La crise du roman*, pàg. 15.
40. Veg., a més de les *Memòries* (1954) de Sagarra, J. Carbonell, *L'obra dramàtica de Josep Maria de Sagarra*, epíleg a *OC* de Sagarra, vol. IV, 1964, pàgs. 1.345-1.406; Castellet i Molas, *Poesia catalana del segle XX*, pàg. 39; Fuster, *Lit. cat. contemp.*, pàg. 217.
41. *Escolis i altres articles*, pàgs. 94-6. L'article de López-Picó és citat a la nota 18 del nostre capítol III.
42. *Les noves valors de la poesia catalana*, pàg. 24.
43. *LV*, 9-IX-1920. Veg. també Riba, *op. cit.*, pàgs. 144-5, i els dos articles anònims a *LV*, 21-VIII-1919. L'aparició de *La parada* (que hem comentat en el nostre capítol III) estimula aquesta onada de publicitat.
44. [A. Rovira i Virgili], *La prosa catalana, LP*, 16-IV-1924. Veg. també López-Picó, *Moralitats i pretextos, LR*, X (1924), núms. 199-204, 7.
45. *Prosa literària, LR*, X (1924), núms. 211-2. Hom hi introdueix una secció, que dura fins al 1925, dedicada a publicar narracions curtes i fragments de prosa de diversos autors. Mostra una concessió feta pel Noucentisme, característicament limitada, davant les pressions generales en el debat sobre la novel·la. La situació recorda, curiosament, la controvèrsia de *Cantem massa i parlem poc* de més de mig segle abans: veg. «Lo Gay Saber», I (1868), núm. 3.
46. *Vers i prosa, RC*, I (1924), núm. 1, 43-6; reimprès a les *OC* de Soldevila, pàgs. 1.257-9.
47. *Cròniques catalanes, RC*, I (1924), núm. 5, 514.
48. *Cròniques catalanes, RC*, I (1924), núm. 3, 311.
49. *Les proses de M. Ferrando, LP*, 9-XI-1924.
50. *Ibid.*; l'estratagema ja havia esdevingut un lloc comú, i Sagarra no fa sinó repetir el judici de *Ship Boy* (T. Garcés) expressat a *Carnet de les lletres, LP*, 7-IV-1923: «Els contes d'Ernest Martínez Ferrando són breus capítols de novel·la, esqueixos palpitants.»

51. *«A l'ombra de Santa Maria del Mar», d'Alexandre Plana, LP,* 12-IV-1924.
52. A *Notes per a una introducció a l'estudi de Josep Pla*, pàg. 28, FUSTER remarca que «Pla no és "un fill del Glosari", però també en reconeix l'ascendent». És interessant de comparar *El quadern gris* (veg. especialment pàgs. 692-5) amb les reflexions més madures de Pla sobre el Noucentisme, a «Eugeni d'Ors», *Homenots (primera sèrie)*, 1958, pàgs. 121-48, i a «Salvador Espriu», *Homenots (cinquena sèrie)*, 1960, pàgs. 9-49.
53. *El quadern gris*, pàg. 678. Veg., sobre aquesta qüestió, A. MANENT, *Carles Riba i Josep Pla, SdO*, II (1960), núm. 5, 8-10, i el lúcid estudi recent de J. M. CASTELLET, *«La vida amarga» de Josep Pla*, dins *Guia*, pàgs. 419-22.
54. Veg. *El quadern gris*, pàgs. 814-21.
55. *Pàgina literària, LV*, 20-IX-1922.
56. *Per la novel·la nostra, LV*, 2-V-1925.
57. Veg. la «Pàgina literària» de *LV*, de 23-VII-1923.
58. Veg. el comentari de T. GARCÉS, a *Cròniques catalanes, RC*, I (1924), núm. 3, 307-12.
59. *El novel·lista català, Alfons Maseras.* Domènec participa directament en la reacció contra el Noucentisme: veg. el seu article, *Entorn del classicisme, LR*, X (1924), núms. 214-20, 155-6. Per a la seva intervenció en el debat sobre la novel·la, veg. més avall en aquest capítol, pàgs. 191 i 198.
60. Així, per exemple, DOMÈNEC pot escriure (pàg. 12): «La generació del 80 al 90, a la que pertany Maseras, com Xènius i Carner, fou la generació que se'n diria *internacional.*»
61. «Els llibres», *LR*, VIII (1922), núms. 151-2, 25-6. L'autor és probablement Lleonart o Plana.
62. *Ship Boy* [T. GARCÉS], «Carnet de les lletres», *LP*, 3-X-1922.
63. «Carnet de les lletres», *LP*, 30-III-1924.
64. Veg. JARDÍ, *Eugeni d'Ors*, pàgs. 188-204; FUSTER, *La deserció d'Eugeni d'Ors*; MANENT, *Josep Carner*, pàgs. 211-8.
65. FUSTER (*Notes per a una introducció a l'estudi de Josep Pla*, pàg. 29) parla de «les rancúnies subreptícies o descarades que destil·laren, després del 1920, els ex-acòlits del Glosador». Per a un bon exemple d'això, veg. G. DÍAZ-PLAJA, *La defenestració de Xènius*, Andorra, 1967, pàgs. 148-71.
66. Veg., per exemple, els índexs dels dos primers volums del *Breviari crític* de M. de MONTOLIU, 1926 i 1929, corresponents als anys 1923-26. Sota l'encapçalament de «Novel·la» hi figuren contes, assaigs, reportatges, traduccions i rondalles.
67. *Art. cit.*, en la nota 47 més amunt.
68. *Novel·la catalana, LP*, 11-V-1924. Aquest article important de Sagarra ha d'ésser considerat junt amb les seves intervencions més famoses del 1925, que discutirem més avall en aquest capítol, pàgs. 177-179.

69. *L'ermità Maurici* (1923) i *Flama vivent* (1924) de J. ROIG i RAVENTÓS i *El camí errat* (1923) de J. LLEONART no fan cap soroll. La veritable revifalla no s'esdevé fins al 1925. Això no obstant, havia naturalment de tenir una preparació, i aquesta la podem situar al 1924 o més aviat. *L'home que tenia més d'una vida* de PUIG i FERRETER, premiada en un concurs de novel·les convocat per «La Novel·la d'Ara» el 1924, és publicada pel gener del 1925. *Jo!* de Bertrana, un fragment de la qual surt a «La Revista» per l'abril del 1925, estava en gestació força més abans, com testifica GUANSÉ, a *La vida i l'obra de Prudenci Bertrana*, 479. Veg. més avall en aquest capítol, pàgs. 175-176, 185-189 i ss.
70. C. A. JORDANA, *Excursió de plaer pels camins de la prosa, LR*, XI (1925), núm. 224, 19-26. La sèrie «Balanç d'un quart de segle», iniciada pel gener de 1925, és anunciada així a *LR*, X (1924), núms. 219-20, 166: «"La Revista" té el propòsit de demanar a les persones que han intervingut en la formació de la Cultura Catalana durant el quart de segle que termina l'any vinent, llur opinió sobre el conjunt de realitzacions aconseguides durant aquell temps. Això vindrà a ser una mena de balanç de tota una generació...» Un tret destacat de la sèrie és la revalorització seriosa del Modernisme: veg., especialment, Ll. VIA, *Lo que fou «Joventut», LR*, XI (1925), núm. 233; i J. ESTELRICH, *La generació anàrquica, ibid.*, núms. 235-40.
71. «Hom veu clarament que una composició que no es pugui anomenar amb un nom més concret que el de *prosa*, no pot arribar a ésser bella; a tot estirar, s'haurà d'acontentar d'ésser bonica. Tenim molts de contistes; però molt pocs que sàpiguen contar. I els novel·listes es pot dir que no hi són.»
72. *Amb motiu d'una novel·la, LP*, 6-III-1925. ¿Recorda a gratcient el títol de l'article de CARNER a *LV* de 4-VII-1908?
73. *Un plany curiós, LP*, 10-III-1925.
74. *Les publicacions populars i la crítica*, «La Novel·la d'Ara», III (1925), núm. 92. Es tracta d'una carta oberta tramesa a «La Publicitat» que els del diari es negaren a publicar.
75. J. M. de SAGARRA, *La por a la novel·la* i *La utilitat de la novel·la, LP*, 26-IV i 10-V-1925. Per a una síntesi de la inexactitud i confusió entorn de la intervenció de Sagarra, veg. pàgs. 17-22 de la nostra Introducció. MANENT (a *Josep Carner*, pàg. 234), l'únic crític que ha tornat a les fonts documentals, cita el primer d'aquests articles però no pas el segon.
76. *La por a la novel·la.*
77. «I per què els nostres literats no escriuen novel·les?... ¿És per impotència, per mandra o per por? Potser per una mica de les tres coses, però principalment per l'última. Escriure una novel·la fa una certa por. Tot literat que tingui una

mica de consciència, al proposar-se un treball així, haurà de pensar fatalment en totes les altres novel·les de les literatures forasteres, haurà de pensar en el molt i bo que s'ha escrit, haurà de pensar en el moment d'ara que és un moment de cansament i de depressió literària a tot el món, i haurà de pensar fatalment que aquí encara ho tenim tot per fer, i que escriure una novel·la catalana amb pretensions de cosa seriosa, comporta una responsabilitat; no sabrà, en una paraula, per on començar, tindrà una por instintiva del fracàs, i aquesta por, en definitiva, és la que el perd.» Sagarra, és clar, està parlant per ell mateix, però les seves preocupacions devien ésser compartides. Aquesta «por a la novel·la» no és la mateixa que tenien els noucentistes estrictes: *cf.* més amunt en el nostre capítol III, pàgs. 113-116, 126-127.

78. «L'obra novel·lística d'aquest senyor és un veritable negoci editorial... Si el senyor Folch i Torres escrivís poesies o assaigs morals, ben segur que vendria una misèria, però el senyor Folch i Torres escriu novel·les...» Sobre aquest tema, veg. Folch i Camarasa, *Bon dia, pare,* pàgs. 101-9 i 141-2.

79. *LP,* 30-IV-1925. És una resposta tan sobtada que, sense una referència encoberta a Sagarra en l'eco d'«empassar-se-les com bresques», hom suposaria que havia estat escrita tot espontàniament. En tot cas, el projecte editorial que anuncia Pla degué estar preparat des de bastant temps abans.

80. El fundador n'era A. López-Llausàs, fill de l'editor de «L'Esquella de la Torratxa», que llançà, també el 1925, la Llibreria Catalònia, l'ascendent —amb la incorporació de l'Editorial Catalana— de l'actual Casa del Libre.

81. *Per la novel·la nostra, LV,* 2-V-1925. Una nota de peu de pàgina indica que Estelrich va escriure l'article sense fer referències al de Pla, contra el qual, tanmateix, apunta una crítica doble: «El nostre cordial amic omet absolutament el factor econòmic... Anuncia la publicació d'un recull de proses, que no és, però, l'obra que els seus lectors li exigiríem.» Veg. la rèplica indirecta de Pla (a C. Soldevila, *Conversa París-Barcelona,* «D'Ací, D'Allà», juny 1925, 184-5) on confessa el seu poc interès per la novel·la.

82. Heus aquí Estelrich en el seu paper de «paladí de l'antinoucentisme», que remarca Pla a *Homenots (tercera sèrie),* 1958, pàgs. 89-90.

83. Esmenta la manca d'èxit de les traduccions de novel·les estrangeres publicades per l'Editorial Catalana. L'ordre de preferència del públic ha estat: 1) traduccions clàssiques (l'*Eneida,* l'*Odissea*), 2) prosa i contes catalans, 3) poesia catalana, preferida àdhuc a les novel·les estrangeres.

84. Veg. el passatge que citem a la nota 28 d'aquest capítol.

85. *Un arte laborioso,* «La Vanguardia», 15-V-1925. «Gaziel»,

Agustí CALVET, com a ex-novel·lista en català (*Sentiment*, 1905) i com a «víctima» del Noucentisme, tenia una competència especial per a parlar en el debat. Són molt interessants les seves cartes a Oller, del 1920 al 1927, conservades a l'Institut Municipal d'Història de Barcelona (N. O. I 317-42). Ja al 1923, Gaziel suscità una polèmica sobre el fracàs de la generació noucentista: sobre això i sobre el seu paper de marginat, veg. JARDÍ, *Tres diguem-ne desarrelats*, 1966, pàgs. 9-10, 17, i 129-68.

86. *Concretem i potser ens entendrem, LP*, 16-V-1925.
87. *La generació anàrquica, LV*, 16-V-1925. Amplificarà el tema a l'article que hem citat més amunt a la nota 70.
88. *Per la novel·la nostra*, II, *LV*, 17-V-1925.
89. A més de donar la benvinguda a l'Editorial Diana i a la Llibreria Catalònia, afirma que la «Biblioteca Literària» pot publicar vuit novel·les cada any, «si reuneixen les condicions de mèrit literari amb les *limitacions de caràcter moral* que la col·lecció exigeix»: són molt reveladors els mots que subratllem, ja que indiquen un altre caire de la «por» noucentista a la novel·la.
90. La qüestió es concep si fa no fa en aquests mateixos termes, a *Almanac: Editors de novel·les, LR*, XI (1925), núm. 227, 78, i a A. ESCLASANS, *L'editor fantàstic*, *ibid.*, núm. 233, 167-9. En *Una generació sense novel·la*, RIBA afirma que «Nosaltres som dels que creiem la gallina anterior als ous».
91. *En busca de las gallinas*, «La Vanguardia», 22-V-1925.
92. Torna al tema, quaranta anys després, al seu pròleg a les *Memòries literàries* d'OLLER, pàg. XXIII.
93. Diversos participants al·ludeixen a l'animació de la fase final del debat. GAZIEL (a *En busca de las gallinas*) empra jocosament la imatge, prou encertada, d'un escenari atapeït de gent amb «*algunos pisotones involuntarios entre los comediantes*».
94. Veg. R. SCHOLES i R. KELLOGG, *The Nature of Narrative*, Nova York, 1966, pàg. 5 i arreu, i SERRAHIMA, *La crisi de la ficció*.
95. A les dues primeres parts (pàgs. 9-175) de *La crise du roman*.
96. *RC*, I (1924), núm. 2, 206-7. L'article apareix a una secció dedicada a ressenyar la premsa estrangera: la signa J. C. [Josep Carner?]
97. *Per la novel·la nostra*: veg. la nota 69 d'aquest capítol.
98. M. VIDAL, *L'antinoucentisme*, «Justícia Social», III (1925), núm. 94: és el primer ús del terme que coneixem. La campanya, però, havia començat abans: veg., del mateix autor, *Exclusivisme literari*, «Justícia Social», II (1924), núm. 22. És molt significatiu que el moviment sigui endegat al final per l'oposició socialista.
99. Veg. la nota 72, més amunt en aquest capítol, i el lloc

corresponent del text. L'article degué fer un impacte molt fort: en trobem trossos llargs reproduïts a «La Revista» (XI, núm. 230) de l'abril de 1925.

100. Veg., per exemple, MARFANY, *Reflexions sobre Modernisme i Noucentisme,* 70-1.
101. ESTELRICH, *Per la novel·la nostra.*
102. SAGARRA, *Novel·la catalana,* citat a la nota 68 d'aquest capítol.
103. Veg., a més de les nostres consideracions més amunt en aquest capítol, TASIS i MARCA, *La novel·la catalana,* 70-1.
104. Veg. GUANSÉ, *Cròniques catalanes, RC,* III (1925), núm. 13, 96, i l'article de fons, *Publicacions catalanes, LP,* 20-X-1925.
105. *Un plany curiós.*
106. TASIS i MARCA, *Una visió de conjunt...,* pàg. 86. Veg. també C. SOLDEVILA, *Estil i llenguatge, RC,* IV (1926), núm. 21, 241-5; reimprès a *OC* de Soldevila, pàgs. 1.275-8.
107. BERTRANA, *OC,* pàg. 148: veg. també el pròleg d'Aurora BERTRANA, pàgs. XXVIII-XXIX.
108. Pròleg a *Silèn,* 1925, pàg. VII. Continua: «Vull dir... quan hagi acabat les altres dues parts que l'obra ha de tenir, el rebost d'experiències de la meva vida haurà estat exhaurit.»
109. Sobre l'evolució i la significació de l'obra de Puig i Ferrater, veg. R. SUMOY, *«Els tres al·lucinats», SdO,* VIII (1966), núm. 10, 67-9, i G.-J. GRAELLS, *Nota sobre «Servitud» i la narrativa puigferreteriana,* epíleg a *Servitud,* 1973, pàgs. 201-11.
110. *Op. cit.,* pàg. VII.
111. Per a la recepció d'aquesta novel·la, veg. GUANSÉ, «Cròniques catalanes», *RC,* III (1925), núm. 18, 614-5, i J. FARRAN i MAYORAL, *A propòsit de «Jo!» de P. Bertrana, RC,* IV (1926), núm. 19, 1-9.
112. C. de DOMÈNEC, *Una novel·la, «Història gris», per M. Llor,* «Justícia Social», III (1925), núm. 95, parla d'«una veritable novel·la, deguda a un autor quasi de la generació sense novel·la».
113. GARCÉS, *Conversa amb Víctor Català,* 133-4.
114. Veg., per exemple, MONTOLIU, *Breviari crític,* vol. II, 1929, pàgs. 160-1, i D. GUANSÉ, *Abans d'ara,* pàg. 38.
115. La nostra Conclusió examinarà breument alguns trets de la situació de la novel·la catalana posterior al 1925.
116. *Una generació sense novel·la: Apologia de la nostra lírica* i *Una generació sense novel·la: En justificació de la por, LV,* 7 i 17-VI-1925. Veg. també l'anunci de la conferència, a *LV,* 3-VI-1925. *Una generació sense novel·la* ha estat editada posteriorment, sense modificacions en el contingut, a *Els marges* de Riba, 1927, pàgs. 211-24; a *Llengua i literatura* (a cura de J. MOLAS), 1965, pàgs. 40-50; i a les *OC* de RIBA, vol. II,

1967, pàgs. 314-20. Les citacions que fem a continuació corresponen a aquesta darrera edició.

117. Veg. MANENT, *Carles Riba,* pàgs. 20-1, i FUSTER, *Lit. cat. contemp.*, pàgs. 199-201 i ss.

118. *Entre dos diletantismes* (1923), *a* OC de RIBA, vol. II, pàgs. 302-6: veg. també la introducció de G. E. SANSONE a aquest volum, pàg. 17. Riba parla (pàg. 306) d'«un llarg treball de revisió que la generació a què pertanyem hauria de resignar-se a considerar com el que li és destinat». La seva interpretació d'aquesta tasca quedarà exposada a *Una generació sense novel·la.*

119. Veg. MANENT, *op. cit.*, pàgs. 13-16.

120. Veg. més amunt en aquest capítol, pàgs. 173-174 i nota 70. L'ús del concepte de «generacions», una derivació de la nova ciència sociològica aplicada a la història cultural, ja era corrent a l'època del Modernisme: veg. MARFANY, *«Modernisme» y sociedad,* pàg. 31 i ss. Els noucentistes el reprenen i l'apliquen en un sentit perjudicialment sever, com hem vist en el nostre capítol III (veg. especialment pàgs. 117-118, 128-130, més amunt). Riba no és cap excepció. Per a l'evolució posterior i més científica del «mètode generacional», cf. Yves RENOUARD, *La notion de génération en l'histoire,* «Revue Historique», CCIX (1953), 1-23.

121. Aquesta és la importància de la pacient labor desmitificadora però tan constructiva de J.-Ll. Marfany. Les nostres conclusions concorden bàsicament amb la seva interpretació del sentit històric del Modernisme i del Noucentisme.

122. Riba expressa tres cops (pàgs. 315, 316 i 319) la seva admiració per *Les bonhomies,* recentment publicada. Sobre la seva avaluació de la prosa de Carner, veg. la nota 39 del nostre capítol III, i més amunt en aquest capítol, pàgs. 163-164.

123. La segona part de la conferencia de Riba s'allunya del problema concret d'«una generació sense novel·la», i, per tant, no ens detenim a analitzar-la aquí. Es tracta, com apunta SANSONE (*loc. cit.*), d'un assaig de provar que «la crisi novel·lística és deguda a l'escàs interès per l'home com a fruit d'una situació moral i sòcio-cultural específica». La seva meditació abstracta i intel·lectualment refinada discorda força amb la tonalitat pràctica i urgent del veritable debat. De més a més, els seus arguments han estat convincentment refutats per SERRAHIMA, *El problema de la novel·la catalana,* pàgs. 90-9, i, darrerament, per MARFANY, *Reflexions sobre Modernisme i Noucentisme,* 63-4 i ss.

124. Aquí, com en el passatge adés citat, Riba al·ludeix a les *Ideas sobre la novela* d'ORTEGA Y GASSET, el qual considerava la possibilitat que un talent genial pogués revifar un gènere literari en decadència: veg. *Ideas...*, 5a. ed., Madrid, 1958, pàgs. 142-3. Sembla que Riba, ocupant-se d'un tema

que no era del seu *métier*, cerqués l'ajut de l'obra, recentment publicada, d'un esperit —en aquest punt— afí. Veg. la crítica que fan ENTRAMBASAGUAS (Introducció a *Las mejores novelas contemporáneas*, vol. VI, pàgs. XII-XVII) i J. I. FERRERAS (*Tendencias de la novela española actual: 1931-1969*, París, 1970, pàgs. 41-2) contra les idees i la influència d'Ortega en la novel·lística castellana.

125. Cf. MANENT, *Carles Riba*, pàgs. 43-4, que considera que les paraules de Riba degueren fer sensació però que el seu prestigi en aquella època degué emmudir totalment els crítics. La veritat, però, és que la discussió principal havia acabat abans del juny, i això explica l'escassesa de rèpliques a *Una generació sense novel·la*.
126. L'article de M. VIDAL, *L'antinoucentisme* (citat a la nota 98 més amunt), fou provocat per *Una generació sense novel·la*.
127. C. de DOMÈNEC, *Una novel·la: «Història gris», per M. Llor.*
128. *L'antinoucentisme.*
129. D. GUANSÉ, *Cròniques catalanes, RC*, III (1925), núm. 13, 96.
130. TASIS i MARCA, *Una visió de conjunt...*, pàg. 9.
131. RUIZ i CALONJA, *Història de la literatura catalana*, pàg. 611.
132. *Alexandre Plana, LP*, 28-VI-1925. L'esbalaïment de Sagarra encara no havia minvat vuit anys després: veg. *L'aperitiu: olor de novel·la*, «Mirador», núm. 170, 5-V-1932.

CONCLUSIÓ

1. *Les aventures d'un escriptor a través d'una novel·la, RC*, III (1925), núm. 14, 121-6.
2. Ll. VIA, *Està en decadència la nostra novel·la*, «La Nova Revista», III (1927), núm. 9, 74-7.
3. *Llegir com viure*, pàg. 80.
4. J. CARNER, *Una escomesa contra la novel·la, LV*, 17-IV-1928. Sobre la polèmica a França i la intervenció de Souday, veg. RAIMOND, *La crise du roman*, pàg. 115 i ss. Carner ja havia fet una altra declaració del seu interès per la novel·la: veg. T. GARCÉS, *Conversa amb Josep Carner, RC*, VII (1927), núm. 38, 143-4.
5. J. MOLAS, pròleg a Carles Riba, *Llengua i literatura*, pàg. 11.
6. De Puig i Ferreter i S. Juan Arbó, respectivament. Tot i que TASIS i MARCA («Barcelona i la novel·la», a *Una visió de conjunt...*, pàgs. 109-23) continua propugnant la «novel·la ciutadana», ja són molt llunyans els ecos de la campanya antiruralista del Noucentisme. Veg. D. GUANSÉ, *El ruralisme en la literatura, RC*, XII (1929), núm. 59, 366, i els treballs d'Esclasans i Saltor citats a la nota 46 del nostre capítol II.
7. *Almanac, LR*, XI (1925), núm. 233, 174.

8. *Vint anys* de TASIS és del 1931, i *El principi de Felip Lafont* de SERRAHIMA, del 1934. Un fenomen semblant es dóna també en els casos de D. Guansé, C. A. Jordana i C. Soldevila. Sobre la «narrativa neonoucentista», veg. FUSTER, *Lit. cat. contemp.*, pàgs. 263-71.
9. Veg. TASIS i MARCA, *Una visió de conjunt...*, pàgs. 10-11, i SERRAHIMA, «El problema de la novel·la catalana», pàgs. 89-90 i nota.
10. FUSTER (*op. cit.*, pàg. 335) qualifica de «gairebé sense poetes» la promoció d'escriptors nascuts entre el 1901 i el 1910, és a dir, els escriptors «madurs» de la primera postguerra. J. TRIADÚ parla d'«una generació amb novel·la» —els contemporanis— a *SdO*, XIV (1972), núm. 165, 43-6.
11. Veg. *La literatura catalana i el poble*, 1961, pàgs. 9-19, 48-76, i *Llegir com viure*, pàgs. 20-3, 79-89 i ss. TRIADÚ continua el seu comentari intel·ligent sobre la novel·la catalana actual, a *Panorama de novel·la catalana, SdO,* diversos núms. a partir del 1970. Veg. també J. MARCO, *Sobre literatura catalana*, 1968, pàgs. 134-83, i A. MANENT, *Literatura catalana en debat*, 1969, pàgs. 81-149.
12. Narcís OLLER comença les seves *Memòries* parlant de «la meva iniciació a les lletres i conversió al catalanisme literari». La nostra interpretació de la novel·la catalana en el període que hem estudiat, concorda si fa no fa exactament amb les investigacions sòcio-lingüístiques de F. VALLVERDÚ, a *Dues llengües, dues funcions?*, i també a *L'escriptor català i el problema de la llengua*, 1968, especialment, pàgs. 17-24 i 121-58.
13. Sobre aquest tema crucial, veg. les reflexions molt assenyades de Joan SALES, en el seu pròleg a *Lleures i converses d'un filòleg* de J. Coromines, 1971, pàgs. 7-20, i l'excel·lent estudi de J. M. SOBRÉ, *L'artifici de «Plaça del Diamant», un estudi lingüístic, In memoriam Carles Riba,* 1973, 363-75.

Bibliografia consultada

(Fem constar el lloc de publicació únicament quan no és Barcelona)

I. *Documents per a la història de la novel·la catalana en el període 1900-1925*

(De les fonts citades a les notes, en consignem aquí únicament les que hem considerat més essencials.)

ALCOVER, Joan, *Rusiñol i el modernisme a Espanya,* dins *Obres completes,* 1951, pàgs. 212-6.

ALOMAR, Gabriel, *Ruralitat,* «El Poble Català», 9-IX-1905.

——, «De poetització» dins *El futurisme i altres assaigs* (a cura d'A. Ll. Ferrer), 1970.

ANÒNIM, *Novel·la catalana,* «La Veu de Catalunya», 14-II-1918.

——, Pròleg a E. de Fuentes, *La forastera,* «Lectura Popular», IV, núm. 56.

——, *Els llibres,* «La Revista», VIII (1922), núms. 151-2, 25-6.

——, *Prosa literària,* «La Revista», X (1924), núms. 211-2, 71.

——, *Almanac: Editors de novel·les,* «La Revista», XI (1925), núm. 227, 78.

——, *Publicacions catalanes,* «La Publicitat», 20-X-1925.

ARÚS, Joan, *Evolució de la poesia catalana,* 1922.

BERTRANA, Prudenci, *L'impenitent,* dins *Obres completes,* 1965.

BUSQUETS I PUNSET, A., *Impressions literarias,* «Joventut», núm. 11 (1900); núms. 135, 146 i 149 (1902).

——, Pàgina literària, «El Pla de Bages», 16-III-1916.

J. C., *La mort de la novel·la,* «Revista de Catalunya», I (1924), núm. 2, 206-7.

CARDÓ, Carles, *Envers la prosa definitiva,* «La Veu de Catalunya» 9-IX-1920.

CARNER, Josep, *Una opinió inèdita de n'Olaguer Recó,* «Catalunya», núm. 46 (1905), 5.

——, *Ab motiu d'una novel·la,* «La Veu de Catalunya», 4-VII-1908.

——, Postdata a la seva traducció castellana de *Jacobé,* 1909, pàgs. 239-48.

——, Pròleg a C. Soldevila, *L'abrandament,* 1918, pàgs. 7-16;

reimprès dins les *Obres completes* de Soldevila, 1967, pàgs. 3-5.
——, *Una escomesa contra la novel·la,* «La Veu de Catalunya», 17-IV-1928.
CATALÀ, Víctor, Portich a *Cayres vius,* 1907, pàgs. VII-XXVI; reimprès dins les *Obres completes,* 2a. ed., 1972, 595-607.
——, *Pròleg de la novel·la «Tragèdia de Dama Nisa»,* «Revista de Catalunya», V (1926), núm. 27, 238-40; també reimprès a *OC,* pàgs. 1.296-8.
CORTADA, Alexandre, *«París», d'Émile Zola,* «Catalonia», 10-IV-1898, 57-62.
DOMÈNEC, Cristòfor de, *El novel·lista català, Alfons Maseras,* 1922.
——, *Entorn del classicisme,* «La Revista», X (1924), núms. 214-20, 155-6.
——, *Una novel·la: «Història gris», per M. Llor,* «Justícia Social», III (1925), núm. 95.
ESCLASANS, Agustí, *L'editor fantàstic,* «La Revista», XI (1925), núm. 233, 167-9.
——, *Del paisatge com a element literari,* «La Revista», XI (1925), núm. 234, 180-1.
ESTELRICH, Joan, *Per la novel·la nostra,* «La Veu de Catalunya, 2-V-1925.
——, *La generació anàrquica,* «La Veu de Catalunya», 16-V-1925.
——, *Per la novel·la nostra II,* «La Veu de Catalunya», 17-V-1925.
——, *La generació anàrquica,* «La Revista», XI (1925), núms. 235-40, 211-3.
FARRAN I MAYORAL, J., *A propòsit de «Jo!» de P. Bertrana,* «Revista de Catalunya», IV (1926), núm. 19, 1-9.
FOLCH I TORRES, J. M., *De novela ciutadana,* «La Veu de Catalunya», 11-VII-1908.
FOLQUERA, Joaquim, *Les noves valors de la poesia catalana,* 1919.
FORTUNY, Carles de, *La novela catalana,* 1912.
GARCÉS, Tomàs, *Carnet de les lletres,* «La Publicitat», 3-X-1922, 7-IV-1923, 30-III-1924.
——, *Cròniques catalanes,* «Revista de Catalunya», I (1924), núm. 3, 307-12.
——, *Conversa amb Joaquim Ruyra,* «Revista de Catalunya», IV (1926), núm. 22, 353-63.
——, *Conversa amb Víctor Català,* «Revista de Catalunya», V (1926), núm. 26, 126-34.
——, *Conversa amb Josep Carner,* «Revista de Catalunya», VII (1927), núm. 38, 141-6.
GAZIEL, *Un arte laborioso,* «La Vanguardia», 15-V-1925.
——, *En busca de las gallinas,* «La Vanguardia», 22-V-1925.

GUANSÉ, Domènec, *Cròniques catalanes*, «Revista de Catalunya», I (1924), núm. 5, 512-5; III (1925), núm. 13, 96, i núm. 18, 614-8; V (1926), núm. 30, 854-6; IX (1928), núm. 51, 325.
——, *La vida i l'obra de Prudenci Bertrana*, «Revista de Catalunya, V (1926), núm. 29, 472-81.
——, *El ruralisme en literatura*, «Revista de Catalunya», XII (1929), núm. 59, 366.
HORTA, J. i altres, *Almanach dels noucentistes*, 1911.
JORDANA, C. A., *Excursió de plaer pels camins de la prosa*, «La Revista», XI (1925), núm. 224, 19-26.
——, *Les aventures d'un escriptor a través d'una novel·la*, «Revista de Catalunya», III (1925), núm. 14, 121-6.
LLEONART, Josep. *Els llibres*, «La Revista», V (1919), núm. 94, 244-5.
LÓPEZ-PICÓ, J. M., *Orientacions literàries: any 1908*, «La Veu de Catalunya», 16-I-1909.
——, *Moralitats i pretextos*, «La Revista», X (1924), núms. 199-204, 7; XI (1925), núm. 235, 195.
MARAGALL, Joan, *Joan Sardà, Obres completes*, vol. I, 1960, pàgs. 875-9.
——, *Elogi de la paraula, ibid.*, pàgs. 663-8.
——, *Entenem-nos, ibid.*, pàgs. 762-4.
——, Cartes a Víctor Català, Pere Corominas i Enric de Fuentes, *ibid.*, pàgs. 938-54, 957-64, 981-93.
——, *«Estudis», de Enrique de Fuentes, Obres completes*, vol. II, 1961, pàgs. 105-6.
——, *Sobre novelas, ibid.*, pàgs. 205-6.
——, *«Per la vida» de J. Pous y Pagès, ibid.*, pàgs. 252-3.
——, *Cartes de Maragall i Costa i Llobera a Miquel de Palol*, «Serra d'Or», XI (1969), núm. 115, 56-8.
MONSERDÀ, Dolors de, *El feminisme a Catalunya*, 1907.
MONTOLIU, Manuel de, *«Revolta», d'en Pous y Pagès*, «El Poble Català», 17-XII-1906.
——, *Sobre ruralisme*, «El Poble Català», 3-VIII-1907.
——, *Esbós* (*de l'Història de la novela catalana moderna*), «El Poble Català», 4-XI-1907.
——, *Breviari crític*, vols. I i II, 1926-29.
MORATÓ, Josep, *Sanch nova*, «La Veu de Catalunya», 17-V-1900.
OLLER, Narcís, *Memòries literàries: història dels meus llibres*, 1962.
——, Prefaci a *Al llapis i a la ploma* (1918), dins *Obres completes*, 1948, pàg. 1031.
——, Col·lecció *Narcís Oller* de l'Institut Municipal d'Història de Barcelona.
ORS, Eugeni d', *Amiel a Vic, Obra catalana completa: Glossari 1906-1910*, 1950, pàgs. 3-17.

——, *Sobre la novel·la,* «La Veu de Catalunya», 23-VI-1906 (*OCC,* pàgs. 178-9).
——, *Dos llibres,* «La Veu de Catalunya», 27-VI-1906 (*OCC,* pàgs. 182-3).
——, *«La nacionalitat catalana» i la generació noucentista,* «La Veu de Catalunya», 28-VI-1906 (*OCC,* pàgs. 183-4).
——, *«Enllà» i la generació noucentista,* «La Veu de Catalunya», 29-VI-1906 (*OCC,* pàgs. 184-6).
——, *En resum,* «La Veu de Catalunya», 30-VI-1906 (*OCC,* pàg. 186).
——, *«L'île des pingouins»,* «La Veu de Catalunya», 19-XII-1908 (*OCC,* pàg. 898).
——, *El Bosc,* «La Veu de Catalunya», 5-III-1909 (*OCC,* pàgs. 973-5).
——, Pròleg a Guerau de Liost, *La montanya d'amethystes,* 1908, pàgs. V-XI.
——, *Dostoievsky,* «La Veu de Catalunya», 12-IV-1918.
——, *Signe de Joan Maragall en la història de la cultura,* dins *Obres completes* de Maragall, vol. I, 1960, pàgs. 1253-61.
——, Pròleg a *Gualba, la de mil veus,* 1946, pàgs. 9-15.
——, Pròleg a *Oceanografia del tedi,* 1948, pàgs. 11-13.
PÉREZ JORBA, J., *Gabriel d'Annunzio,* «Catalonia», juny-agost 1898, 145-51, 171-80, 190-220 222-8.
PI I SUNYER, C., *Amb motiu d'una novel·la,* «La Publicitat», 6-III-1925; fragments reproduïts a «La Revista», XI (1925), núm. 230, 216-7.
PLA, Josep, *«A l'ombra de Santa Maria del Mar», d'Alexandre Plana,* «La Publicitat», 12-VI-1924.
——, *Per una editorial independent,* «La Publicitat», 30-IV-1925.
PLANA, Alexandre, *Antologia de poetes catalans moderns,* 1914.
——, *La novel·la,* «La Revista», III (1917), núm. 34, 101-2.
——, *La novel·la,* «La Revista», III (1917), núm. 45, 288-9.
——, *Els llibres,* «La Revista», V (1919), núm. 80, 26-7.
——, Prefaci a Josep Carner, *Les bonhomies,* 1925, pàgs. VII-XV.
POAL-AREGALL, M., *Les publicacions populars i la crítica, La Novel·la d'Ara,* III (1925), núm. 92.
POUS I PAGÈS, J., Introducció a *De l'ergàstula,* vol. I, 1909, pàgs. 7-11.
PUIG I FERRETER, Joan, *Vida interior d'un escriptor,* 1928.
RIBA, Carles, *Escolis i altres articles,* dins *Obres completes,* vol. II, 1967, pàgs. 41-205.
——, *Entre dos diletantismes, Obres completes,* vol. II, pàgs. 302-6.
——, *Una generació sense novel·la: Apologia de la nostra lí-*

rica, «La Veu de Catalunya», 7-VI-1925 (*OC,* vol. II, pàgs. 314-6).
——, *Una generació sense novel·la: En justificació de la por,* «La Veu de Catalunya», 17-VI-1925 (*OC,* vol. II, pàgs. 316-20).
——, *Memòria de Joaquim Ruyra, OC,* vol. II. pàgs. 696-701.
ROVIRA I VIRGILI, A., *La prosa catalana,* «La Publicitat», 16-IV-1924.
——, *Siluetes de catalans,* «Revista de Catalunya», XII (1929), núm. 55, 20-2.
RUYRA, Joaquim, *Art i Moral, Obres completes,* 2a ed., 1964, pàgs. 754-83.
——, *«Mala llavor», d'En Miquel Roger i Crosa, Obres completes,* pàgs. 627-9.
SAGARRA, Josep Maria de, *Novel·la catalana,* «La Publicitat», 11-V-1924.
——, *Les proses de M. Ferrando,* «La Publicitat», 9-XI-1924.
——, *La por a la novel·la,* «La Publicitat», 26-IV-1925.
——, *La utilitat de la novel·la,* «La Publicitat», 10-V-1925.
——, *Alexandre Plana,* «La Publicitat», 28-VI-1925.
——, *L'aperitiu: olor de novel·la,* «Mirador», 5-V-1932.
——, Pròleg a E. Duran Reynals, *Proses completes,* 1952, pàgs. 13-33.
SANTS OLIVER, M., *Víctor Català: «Solitut»,* «Ilustració Catalana», 4-VI-1905; reimprès a *Obres catalanes,* vol. IV, s.d., pàgs. 68-74.
SOLDEVILA, Carles, *Vers i prosa,* «Revista de Catalunya», I (1924), núm. 1, 43-6; reimprès a *Obres completes,* 1967, pàgs. 1257-9.
——, *Un plany curiós,* «La Publicitat», 10-III-1925.
——, *Concretem i potser ens entendrem,* «La Publicitat», 16-V-1925.
——, *Conversa París-Barcelona,* «D'Ací, D'Allà», juny 1925, 184-5.
——, *Estil i llenguatge,* «Revista de Catalunya», IV (1926), núm. 21, 241-5 (*OC,* pàgs. 1275-8).
SOLER Y MIQUEL, José, *Escritos,* 1898.
VIA, Lluís, *Lo que fou «Joventut»,* «La Revista», XI (1925), núm. 233, 12-13.
——, *Està en decadència la nostra novel·la?,* «La Nova Revista», III (1927), núm. 9, 74-7.
VIDAL, Marius, *Exclusivisme literari,* «Justícia Social», II (1924), núm. 22.
——, *L'antinoucentisme,* «Justícia Social», III (1925), núm. 94.
VIDAL, Plàcid, *L'assaig de la vida,* 1934.
XÈNIUS, Veg. ORS, Eugeni d'——.

II. *Estudis crítics i històrics sobre la novel·la catalana i temes afins en el període 1900-1925*

L. ARANGUREN, J. L., «Sentit ètic de les ficcions novel·lesques orsianes», dins *Religiositat intel·lectual,* 1966, pàgs. 83-91.

BENET, Josep, *Maragall i la Setmana Tràgica,* 1963.

BERTRANA, Aurora, *Prudenci Bertrana i la seva obra,* pròleg a les *Obres completes* de P. Bertrana, 1965, pàgs. XIX-XL.

BESER, Sergi, Pròleg a Narcís Oller, *La societat catalana de la Restauració,* 1965, pàgs. 5-9.

——, *La novel·la d'un personatge sense novel·la: el Josep Rodon de Narcís Oller,* «Serra d'Or», IX (1967), núm. 3, 53-8.

CAPDEVILA, Josep Maria, *Estudis i lectures,* 1965.

——, *Eugeni d'Ors: etapa barcelonina,* 1965.

CARBONELL, Jordi, *L'obra dramàtica de Josep Maria de Sagarra,* epíleg a les *Obres completes: teatre* de Sagarra, vol. IV, 1964, pàgs. 1345-1406.

CARDONA, Osvald, *Han mort tres novel·listes,* «Plançó» (Zuric), V (1967), núms. 1-2, 2-4.

CASTELLET, J. M. i MOLAS, J., *Poesia catalana del segle XX,* 1963.

CIRICI I PELLICER, Alexandre, *El arte modernista catalán,* 1951.

COMAS, Antoni, «Las otras *Pàgines viscudes* de Folch i Torres», dins *Ensayos sobre literatura catalana,* 1968, pàgs. 229-35.

COROMINES, J. i altres, *Pompeu Fabra. En el cinquantenari de les Normes ortogràfiques,* «Serra d'Or», V (1963), núm. 12, 34-61.

DÍAZ-PLAJA, G., «Cataluña y el modernismo español», dins *Modernismo frente a noventa y ocho,* Madrid, 1951, pàgs. 319-48, versió catalana (abreujada), «Notes sobre el modernisme a Catalunya», dins *De literatura catalana,* 1956, págs. 141-93.

——, *El poema en prosa en España,* 1956.

——, *La defenestració de Xènius,* Andorra, 1967.

FOIX, J. V., *Catalans de 1918,* 1965.

FOLCH I CAMARASA, Ramon, *Bon dia, pare,* 1968.

FUSTER, Joan, *La deserció d'Eugeni d'Ors,* «Criterion», núm. 5 (1960), pàgs. 73-100.

——, *La novel·la i la narració,* dins *Un segle de vida catalana* (ed. F. Soldevila), vol. II, 1961, pàgs. 907-19, 1355-8, 1370-4.

——, Pròleg a J. Carner, *Les bonhomies,* 2a ed., 1964, pàgs. 7-15.

——, *Notes per a una introducció a l'estudi de Josep Pla,*

introducció a *El quadern gris*, vol. I de l'*Obra completa* de Pla, 1966, pàgs. 11-83.
GARCÍA VENERO, M., *Historia del nacionalismo catalán*, 2a ed., 2 vols., Madrid, 1967.
GAZIEL, *Una època memorable*, pròleg a les *Memòries literàries* de Narcís Oller, 1962, pàgs. IX-XLVIII.
GUANSÉ, Domènec, *L'obra de Prudenci Bertrana*, «Serra d'Or», VII (1965), núm. 8, 39-40.
——, *Abans d'ara (retrats literaris)*, 1966.
JARDÍ, Enric, *La ciutat de les bombes (el terrorisme anarquista a Barcelona)*, 1964.
——, *Maragall i Ors. Dos temperaments. Dues generacions*, «Serra d'Or», VI (1964), núm. 8, 10-14.
——, *Tres diguem-ne desarrelats*, 1966.
——, *Eugeni d'Ors: vida i obra*, 1967.
LLOMPART, Josep Maria, *La literatura moderna a les Balears*, Mallorca, 1964.
MANENT, Albert, *Carles Riba i Josep Pla*, «Serra d'Or», II (1960), núm. 5, 8-10; reproduït a *Literatura catalana en debat*, 1969, págs. 57-65.
——, *Carles Riba*, 1963.
——, *Record de Rafael Tasis: el crític literari*, «Serra d'Or», IX (1967), núm. 1, 47-8.
——, *Josep Carner i el noucentisme: vida, obra i llegenda*, 1969.
MARFANY, Joan-Lluís, *«Modernisme» y sociedad: las principales líneas de fuerza del Modernisme, a través de la crítica modernista*, tesi de llicenciatura, Universitat de Barcelona, 1967.
——, Pròleg a Jaume Brossa, *Regeneracionisme i modernisme*, 1969, pàgs. 5-12.
MIRACLE, Josep, Pròleg a *Antologia de «Pàgines viscudes»* de J. M. Folch i Torres, 1963, pàgs. 5-12.
——, *Pompeu Fabra*, 1968.
MOLAS, Joaquim, Pròleg a Carles Riba, *Llengua i literatura*, 1965, pàgs. 5-11.
——, *Algunes característiques de la novel·la catalana moderna*, «Serra d'Or», VIII (1966), núm. 3, 55-7.
MONTOLIU, Manuel de, *L'obra de Narcís Oller*, pròleg a les *Obres completes* d'Oller, 1948, pàgs. XIII-XXXIII.
——, *L'obra de Víctor Català*, pròleg a les *Obres completes* de Víctor Català, 1951, pàgs. XIII-LXXIX.
——, *La vida i l'obra de Joaquim Ruyra*, pròleg a les *Obres completes* de Ruyra, 2a ed., 1964, pàgs. 11-125.
OLLER I RABASSA, Joan, *Biografia de Víctor Català*, 1967.
PLA, Josep, *Francesc Cambó: materials per una història d'aquests últims anys*, 3 vols., 1928-30.
——, *Un senyor de Barcelona*, 1953.
——, *Santiago Rusiñol i el seu temps*, 1955.

——, *Homenots*, primera i tercera sèrie, 1958; cinquena sèrie, 1960.
——, *El quadern gris: un dietari, Obra completa*, vol. I, 1966.
——, *Tres biografies, Obra completa*, vol. X, 1968.
PLANES, Ramon, *El modernisme a Sitges*, 1969.
POBLET, Josep Maria, *Vida i obra literària de Santiago Rusiñol*, 1966.
PORCEL, Baltasar, *Víctor Català a contrallum*, «Serra d'Or», VII (1965), núm. 10, 65-9.
PORQUERAS MAYO, Alberto, *«La Ben Plantada» de D'Ors, una meditación de catalanidad*, «Atlántida», II (1964), 549-56.
RÁFOLS, J. F., *Modernismo y modernistas*, 1949.
RUIZ I CALONJA, Joan, *Història de la literatura catalana*, 1954.
SAGARRA, Josep Maria de, *Memòries*, 1954.
SALES, Joan, Pròleg a J. M. Folch i Torres, *Joan Endal*, 3a ed, 1964, pàgs. 9-23.
SALTOR, Octavi, *Les idees literàries en la Renaixença catalana*, 1934.
SANSONE, Giuseppe E., *L'obra crítica de Carles Riba*, introducció a les *Obres completes* de Riba, vol. II, 1967, pàgs. 7-32.
SERRAHIMA, Maurici, «El problema de la novel·la catalana», dins *Assaigs sobre novel·la*, 1934, pàgs. 89-99.
——, *El món de Narcís Oller*, epíleg a les *Obres completes* d'Oller, 1948, pàgs. 1455-87.
——, Pròleg a R. Casellas, *Les multituds*, 1953, pàgs. 15-27.
——, *Noventa años de novela*, «Insula», núm. 95 (1953), 14.
——, *Els contes de Josep Carner*, dins *L'obra de Josep Carner* (*Volum d'homenatge a cura de setanta-dos autors*), 1959, pàgs. 158-62.
——, *Sobre el noucentisme*, «Serra d'Or», VI (1964), núm. 8, 7-9.
——, *La crisi de la ficció*, 1965.
——, *La prosa de Josep Carner*, pròleg a les *Obres completes* de Carner, 1968, pàgs. 807-25.
——, *L'obra completa de Carles Soldevila*, «Serra d'Or», X (1968), núm. 2, 51-2.
SOLDEVILA, Carles, Pròleg a les *Obres completes* de Santiago Rusiñol, 2a ed., 1956, pàgs. 13-27.
——, *Del llum de gas al llum elèctric*, dins *Obres completes*, 1967, pàgs. 1531-1627.
SOLDEVILA, Ferran i altres (eds.), *Un segle de vida catalana: 1814-1930*, 2 vols., 1961.
SOLÉ-TURA, Jordi, *Catalanisme i revolució burgesa: la síntesi de Prat de la Riba*, 1967.
SUMOY, R., *«Els tres al·lucinats»*, «Serra d'Or», VIII (1966), núm. 10, 67-9.

TASIS I MARCA, Rafael, *Una visió de conjunt de la novel·la catalana*, 1935.
——, *La novel·la catalana*, 1954.
——, *Dificultats de la novel·la catalana*, «Pont Blau» (Mèxic), núm. 67 (1958), 159-63.
——, *Les edicions*, dins *Un segle de vida catalana*, vol. II, pàg. 1189-94.
——, *Biografia de J. Pous i Pagès*, «Vida Nova», núms. 40-2 (1967-8).
TERRY, Arthur, *La poesia de Joan Maragall*, 1963.
——, *La poesia i les narracions de Carles Riba*, introducció a les *Obres completes* de Riba vol. I 1965, pàgs. 7-39.
TRIADÚ, Joan, *Antologia de contistes catalans: 1850-1950*, 1950.
——, *Llegir com viure*, 1963.
——, «*La vida i la mort d'En Jordi Fraginals*» *o la novel·la rural del noucentisme*, «Serra d'Or», V (1963) núm. 6, 33.
——, Pròleg a *Prudenci Bertrana per ell mateix*, 1967, pàgs. 5-15.
——, Pròleg a *Pere Coromines i el seu temps*, 1969, pàgs. 5-12.
——, *A propòsit del centenari de Prudenci Bertrana*, «Serra d'Or», IX (1967), núm. 2, 53-4.
——, *L'art del geni-ficció*, «Serra d'Or», IX (1967), núm. 10, 55-7.
UNAMUNO, Miguel de, *Sobre la literatura catalana*, a *Obras completas*, vol. V, Madrid, 1958, pàgs. 583-703.
VALLVERDÚ, Francesc, *Dues llengües: dues funcions?*, 1970.
WILSON, J. H., «*Solitud*»: *una apreciació crítica*, «Vida Nova», núm. 6 (1956), 8-14.
YATES, Alan, «*Solitud*» *i els drames rurals*, «Serra d'Or», XI (1969), núm. 120. 54-6.
——, *Enric de Fuentes: novel·lista modernista*, «Recerques», núm. 1 (1970), 183-97.

IIa. *Bibliografia complementària*

CAPMANY, Maria Aurèlia, *Els silencis de Caterina Albert*, epíleg a les *Obres completes* de Víctor Català, 2a ed., 1972, pàgs. 1853-69.
CASTELLANOS I VILA, Jordi, *Raimon Casellas entre el Modernisme i el Noucentisme*, «Serra d'Or», XII (1970), núm. 135, 63-6.
——, Pròleg a R. Casellas, «*La damisel·la santa*» *i altres narracions*, 1974, pàgs. 5-18.
——, *Carles Bosch de la Trinxeria i Raimon Casellas. Una polèmica sobre novel·la al final del segle XIX*, «Recerques», núm. 3 (1974), 225-50.

——, *«Els sots feréstecs»: una necesaria reivindicación,* «Tele/eXprés», 20-XII-1972.

CASTELLET, J. M., *«La vida amarga» de Josep Pla,* dins *Guia de literatura catalana contemporània* (a cura de J. Castellanos), 1973, pàgs. 419-22.

FÀBREGAS, Xavier, *Àngel Guimerà: les dimensions d'un mite,* 1971.

FAULÍ, Josep, *Notes sobre l'any 1906,* 1973.

FORMOSA, Feliu, *«L'auca del senyor Esteve» de Santiago Russinyol,* dins *Guia de literatura catalana contemporània,* pàgs. 177-83.

FUSTER, Joan, *Literatura catalana contemporània,* 1971.

GIMFERRER, Pere, *Prudenci Bertrana y la novela modernista,* «Destino», 3-II-1973.

GRAELLS, Guillem-Jordi, *Teoria literària i marginació,* pròleg a J. Puig i Ferreter, *Vida interior d'un escriptor,* 2a ed., 1973, pàgs. 7-15.

——, *Nota sobre «Servitud» i la narrativa puigiferreteriana,* epíleg a Puig i Ferreter, *Servitud,* 2a ed., 1973, pàgs. 201-11.

JARDÍ, Enric *Història de «Els Quatre Gats»,* 1972.

MARFANY, Joan-Lluís, *«Joventut»: revista modernista,* «Serra d'Or», XII (1970), núm. 135, 53-6.

——, *«Els sots feréstecs» de Raimon Casellas,* dins *Guia de literatura catalana contemporània,* pàgs. 63-74.

——, *«Entre la terra i els núvols» de Prudenci Bertrana,* dins *Guia de literatura catalana contemporània,* pàgs. 317-29.

——, *Sobre el significat del terme «Modernisme»,* «Recerques», núm. 2 (1972), 73-91.

——, *Reflexions sobre Modernisme i Noucentisme (a propòsit de «Literatura catalana contemporània» de Joan Fuster),* «Els Marges», núm. 1 (1974), 49-71.

——, «Problemes del Modernisme», comunicació al III Col·loqui Internacional de Llengua i Literatura Catalanes (Cambridge 1973).

MIRACLE, Josep, *Josep Maria Folch i Torres,* Tàrrega, 1971.

MOLAS, Joaquim, *El Modernisme i les seves tensions,* «Serra d'Or», XII (1970) núm. 135, 45-52.

——, *La prosa narrativa,* dins *De Joan Oliver a Pere Quart,* 1969, pàgs. 73-80.

PALOL, Miquel de, *Girona i jo,* 1972.

SALES, Joan, Pròleg a J. Coromines, *Lleures i converses d'un filòleg,* 1971, pàgs. 7-20.

SERRAHIMA, Maurici, *«Pilar Prim» de Narcís Oller,* dins *Guia de literatura catalana contemporània,* pàgs. 101-6.

——, *La recerca d'una prosa literària,* dins *In memoriam Carles Riba,* 1973, pàgs. 355-61.

SOBRÉ, Josep Miquel, *L'artifici de «La Plaça del Diamant», un estudi lingüístic,* dins *In memoriam Carles Riba,* 1973, pàgs. 363-75.
SULLÀ, Enric, Pròleg a Prudenci Bertrana, *Josafat,* 1972, pàgs. 5-15.
TERRY, Arthur, *A Literary History of Spain: Catalan Literature,* Londres-Nova York, 1972.
TRIADÚ, Joan, *Una generació amb novel·la,* «Serra d'Or», XIV (1972), núm. 165, 43-6.
ULLMAN, J. C., *The Tragic Week,* Harvard, 1968.
VALENTÍ FIOL, Eduard, *El primer modernismo literario catalán y sus fundamentos ideológicos,* 1973.
VILLALON, Josep, *J. M. Folch i Torres, l'escriptor que més ha fet llegir en català,* «Vida Nova», núm. 54 (1972) 37-42.

III. *Altres obres citades*

ALBÉRÈS, R.-M., *Histoire du roman moderne,* París, 1962.
BERGONZI, Bernard, *The Situation of the Novel,* Harmondsworth, 1972.
BESER, Sergio, *Leopoldo Alas, crítico literario,* Madrid, 1968.
BOOTH, Wayne C., *The Rhetoric of Fiction,* Chicago, 1961.
CASTELLET, J. M., *La hora del lector,* 1957.
CASTILLO, Homero (ed.), *Estudios críticos sobre el modernismo,* Madrid, 1968.
DAVISON, Ned J., *The Concept of Modernism in Hispanic Criticism,* Boulder (Colorado), 1966.
ENTRAMBASAGUAS, J. de, Introducció a *Las mejores novelas contemporáneas,* vols. IV-VI, 1959-60.
FERRERAS, J. I., *Tendencias de la novela española actual: 1931-1969,* París, 1970.
HOUGH, Graham, *The Last Romantics,* Londres- Nova York, 1961.
KERMODE, Frank, *The Sense of an Ending.* Nova York, 1967.
——, *Continuities* Londres 1968.
LLORENS, Rodolf, *Com han estat i com som els catalans,* 1968.
MANENT, Albert, *Literatura catalana en debat,* 1969.
MARCO, Joaquim, *Sobre literatura catalana* 1968.
MONTESINOS, José F., *Introducción a una historia de la novela en España, en el siglo XIX,* València, 1955.
——, *Costumbrismo y novela (Ensayo sobre el redescubrimiento de la realidad española),* València, 1960.
NORA, Eugenio G. de, *La novela española contemporánea (1898-1960),* 3 vols., Madrid, 1958-62.
ORTEGA Y GASSET, José, *Meditaciones del Quijote e Ideas sobre la novela,* 5a ed., Madrid, 1958.
PRAZ, Mario, *The Romantic Agony,* Londres-Glasgow, 1966.

RAIMOND, Michel, *La crise du roman* (*Des lendemains du Naturalisme aux années vingt*) París, 1966.
RENOURD, Yves, *La notion de génération en histoire,* «Revue Historique», CCIX (1953), 1-23.
RODWAY, Allan, *The Truths of Fiction,* Londres, 1970.
SAINZ DE ROBLES, F. C., *La novela española en el siglo XX,* Madrid, 1957.
SARTRE, Jean-Paul, Prefaci a Nathalie Sarraute, *Portrait d'un inconnu,* 2a ed., París 1956 pàgs. 7-14.
SCHOLES, R. i KELLOGG, R., *The Nature of Narrative,* Nova York, 1966.
STURROCK, John, *The French New Novel,* Londres, 1969.
TORRENT, J. i TASIS, R., *Història de la premsa catalana,* 2 vols. 1966.
TRIADÚ, Joan, *La literatura catalana i el poble,* 1961.
UNAMUNO, Miguel de, *El porvenir de la novela* dins *Obras completas,* vol. V, Madrid, 1958 pàgs. 833-7.
VALLVERDÚ, Francesc, *L'escriptor català i el problema de la llengua,* 1968.
VICENS VIVES, J., *Cataluña en el siglo XIX,* Madrid, 1961.
WELLEK, R. i WARREN, A., *Theory of Literature,* Harmondsworth, 1968.

Índex de noms citats en el text

Sumari